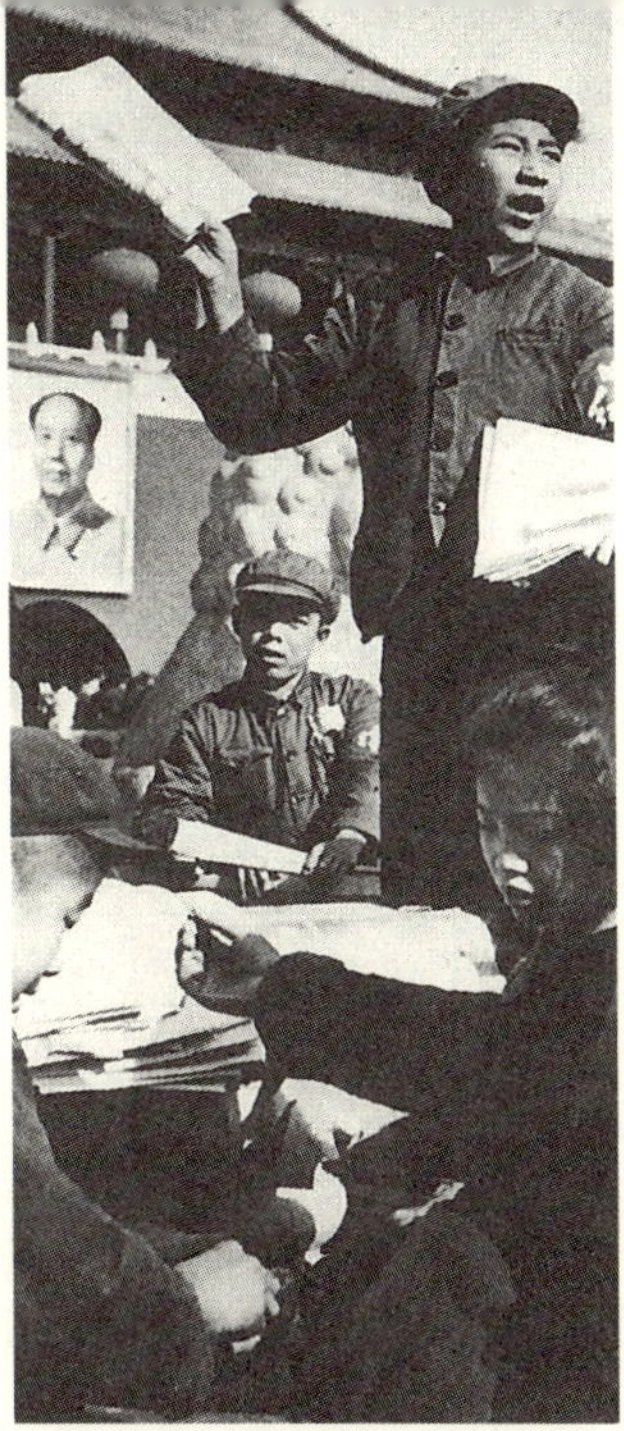

中国革命史私論

「大同の世」を求めて

姫田光義

桜井書店

目次

序章　なぜ中国革命なのか

中国30年代の平和な教育風景　子どもたちの風俗がよく表われている。南京・金陵女子文理学院。この2年後に，この学校を含めて南京は壊滅状態となる（1935年12月）。

なぜ、いまごろ中国革命を語るのか

新しい世紀に向かうに際して、過ぎ去った二〇世紀という時代がどのような時代であったのか、そのなかで中国革命とはどのような意味をもっていたのか、この世紀に生を受けてきた私たち日本人と中国、中国革命とはどのような関係にあったのか、こうしたことを私なりに考え語りたいと思う。

実のところ、このような話は大学の講義ではいつも気楽に平易に語っているつもりなのだが、これを文章にするとやたら肩ひじ張った堅苦しいものになってしまう。すると、ただでさえ活字離れしている学生諸君はもちろんのこと、本好きな読者でも退屈してしまって、最後まで読み通してくれない。これでは上記のような初志が貫徹できない。そこでたまには、事が事だけに談論風発とか小説風にとはいかないけれども、大きくてむずかしい話を、気軽に気安く読めて、それでいて少しは考えてみようかという気が起こるような本をつくってみたいと思い続けてきた。

そういうわけだから、本書は資料・文献類にいちいち照らしあわせたりしないで、私がこれまでに考えてきたこと、いま考えていることを一気呵成《いっきかせい》に書いてしまったものであり、実証性が欠けているとか偏ったものの見方であるとかの批判は、甘受するつもりである。本書の題名を『私論』とした所以である。

ところで、二〇世紀を考えるのに別段「中国革命」でなくてもよいわけで、なぜいまごろ中国革命なのか、という疑念が生じるだろう。そのわけは、なによりも第一に、中国革命が現代中国の出発点である中華人民共和国という新しい国家を生み出した——それは今世紀最大の事件の一つであった——ということにある。この国の誕生と存在そのものが、直接間接にわれわれ日本・日本人に深く大きな影響を与え、かつこれからも与え続けるということは、だれにでもわかる。そのことは昨一九九九年、中華人民共和国の成立五〇周年をテーマにした書物が、たくさん出版されたことからもわかるだろう。*1

しかし、現代中国ではなくて、それを生み出した過去の歴史そのものが、やはりわれわれ日本人に深刻な影響を及ぼしているということについては、意外にわが国では軽視されている（意識の外に置かれている）。中国革命は日本人にとって対岸の火事にすぎなかったか、すでに過去の忘れ去ってもよい出来事のように思われているかに見えるが、これは誤った認識である。しかも当今、中国革命が過去のものではなく現在にも生きているということを、つくづくと感じさせられるような出来事が、日中両国において次々に生じている。本当に気がつかないのか、気がつかない振りをしているだけなのかはともかく、過去の中国革命を認識しないと、われわれ日本人はまたもや過去と同じような誤りを犯しかねない。私が中国革命を重視する理由はここにある。

中国革命は近代の世界史的観点から見ると、戦争と革命の時代に発生した歴史的産物である。これを中国の一国史的観点から見ると、長い長い歴史的伝統の流れの上にできあがった歴史的産物でもある。この長短期の二つの歴史的要素によって革命の性格は規定されている。このことを無視したり軽視したりすると、中国革命の性格、本質だけでなく、それによって生まれた現代中国の特質をも見逃してしまうことになる。このことをぜひ知っておいてもらいたい。

過去と現在とは密接につながっている。それは未来にも必ずつながってゆくものである。過去と未来とをつなげる者、それが現在のわれわれである。そうだとすれば、現在に生き

*1　中華人民共和国成立五〇周年に際して出版されたものだけでも、平易な読み物として、小島朋之『中国現代史――建国五十年　検証と展望』（中公新書）、国分良成『中華人民共和国』（ちくま新書）、天児慧『中華人民共和国史』（岩波新書）などがある。なお、中国の歴史について包括的に叙述しているJ・K・フェアバンク『中国の歴史』（大谷敏夫・太田秀夫訳、ミネルヴァ書房、一九九六年）は、この著者の該博さを知るだけでなく、主な英語文献を知る上でも役に立つ。彼の『中国回想録』（巻末文献参照）とあわせて読めば興味深い。

るわれわれは現代の中国と向き合うだけではなく、過去に思いをはせ、未来に洞察の目を向けることは不可欠の姿勢である。

ところで、そもそも革命とは、「ブルジョア革命」「ブルジョア民主主義革命」といい、あるいは「プロレタリア革命」「社会主義革命」といい、一般的には一国の国内で、ある特定の階級階層・集団の人々が既存の政治社会体制・構造に不満をいだき、これを打倒して新しい政治社会体制・構造を打ち立てようとする運動である。その結果、そのような新しい体制のもとで新しい経済や文化が生まれ成長することが期待される。したがって、革命は一国内で完結するはずだが、実際にはそれは不可能である。なぜなら、その革命に反対する者、その結果としての新しい体制の存在と成長に不利益を感じる者たちが、国境を越えて世界中におり、これを潰そうとする動きもまた国境を越えて連合するからである。逆に革命に利益を感じる者たちも世界中におり、これはこれで国境を越えて連帯する。一国内の革命をめぐって、革命する側と革命される側との応援団が世界中にひろがり、両者の死活をかけた応援合戦が展開されるのである。

日本と中国革命との関係も例外ではない。二〇世紀の初頭以来、日本はずっと中国革命の邪魔をしてきたが（ごく一部に応援した人々もいたが、国としては応援したことはない）、それは中国革命に恐怖し不利益を感じる人々が、国の権力を握り国を指導してきたからである。その結果、日本という国は反革命反共の有力な国（アジアの反共の砦《とりで》）となり、それが戦後から今日までずっと続いている。今日では中国の「改革と開放」政策に協力、支援し（中国自身のいうところでは社会主義市場経済であるが）、あたかも中国革命とはまったく無縁の国と国との関係のように見えるが、後述するように実は精神的思想的、そして感情的にも中国革命の結果を両国関係の底辺にしっかりと残しているのである。

中国革命とは

ところで中国革命とは、帝国主義列強の侵略から国と民族を守る「救国救亡」の運動と、さらに進んで、完全に独立し統一された「強くて豊かな」国民国家を建設するという目標とが結合したナショナリズム運動としてくりひろげられた。それ以前の古い王朝体制（中華帝国）はこの目標を達成できないし、またそれを達成すべき「国民」は存在しなかった。それがこのナショナリズム運動、とりわけ日本軍国主義の侵略に抵抗する戦いのなかで国民意識が発展し国民統合の土台が築かれたのである。その意味では、中国革命とは民族革命以外のなにものでもない。

　ところがその過程で、社会主義の革命思想とロシア革命[*2]を手本とする国家建設の方法論が学ばれ、それらの実践者である中国共産党の指導のもとに新中国（中華人民共和国）を成立させることによって、中国革命は社会主義社会の建設をめざすものへと発展していった。民族革命から社会主義革命への転換である。しかし、この両者は二つの段階としてははっきりと区別できるものではなく、連続しかつ相互にからみあっている。このことは中国人自身も自覚しているように、ナショナリズムの課題も社会主義社会の実現という課題も中途半端に終わっており、その意味では中国革命は「いまだ成らず」（孫文《そんぶん》のことば）の感が否めない。このように中国革命というものは中国人全体の民族的国民的課題だったのであり、決して中国共産党の特許専売物ではなかったのであるが、日本の侵略という事実があってはじめて中国共産党に勝利の基盤を与えたのである。もし日本が中国を侵略してい

＊2　ロシア革命については、七八ページの＊11を参照。

なければ、今日のような中国共産党も中華人民共和国も存在しえたかどうかわからない。

さらに新中国の成立後、アジアにも冷戦体制という厳しい政治状況があって、アメリカの指導のもとに日本は反共国家としてこの新中国に敵対した。日中戦争の後始末がなされないまま、極東国際軍事裁判[*3]などのほかには日本の戦争責任は追及されず、日本人はそのことを忘れるか意識的に無視してきた。こうした事情は新中国において日本・日本人に対する疑心暗鬼を生み、今日においても愛国主義運動（中国的ナショナリズム）の核として日本批判を生じさせ、それがまた中国共産党を「民族の結集軸」だと自負させることにもなっているのである。いまや中国共産党は社会主義社会の建設者・指導者としての位置づけよりも中国的ナショナリズムの指導者としての意味のほうが大きいようにさえ思われる。さきに中国革命が日本と直接間接に、いまだに関係をもっていると述べたのは、このような意味からも言えるのである。

中国との触れあいと革命史研究

中国革命を、われわれ日本人が、なぜ、いまごろ意識し認識しなければならないかということを話してきたわけであるが、この革命そのものについては私たち（同世代のもの）は、学生のころから真面目に懸命に考えてきたものである。それというのも、私たちの学生のころは日中両国間に正常な国交はなく、「中国の唯一で正当な政府」とは台湾の「中華民国」のことであり、大陸の北京政府は「中共」（Communist China）と呼ばれていて、アメリカ合衆国の従属的地位にあった日本からは敵視されていたからである。私たちがどれほど中国に行きたい、中国人に会いたいと熱望していたか、正常な関係をもてないこと

＊3　通称「東京裁判」。一九四六年五月から四八年一一月まで、米英仏ソの四ヵ国によるロンドン協定にもとづき、ニュルンベルグ裁判とともに日本のA級戦犯を裁いた軍事裁判のこと（七人が絞首刑）。このほかに日本と戦った各国ではB・C級戦犯裁判が行なわれた。編集委員会編『東京裁判ハンドブック』（青木書店、一九八九年）、小田部雄次・林博史・山田朗編『キーワード・日本の戦争犯罪』（雄山閣、一九九五年）、新井利男・藤原彰編『侵略の証言』（岩波書店、一九九九年）などを参照。

にどれほど怒りを感じていたか、今日の学生には想像を絶するものがあるだろう。すべては政治、冷戦体制という国際政治とそのもとでの日本の反共政策に根源があったから、私たち学生もいやおうなしに政治問題を考えざるをえなかった。私たちは学園祭の展示物では必ず中国の実情（当時の制限された情報や資料から知ることのできる範囲の）を紹介するように努力したし、デモとか集会では必ず「日中国交回復」を叫んだものである。

私事で恐縮だが、実は国交正常化の前に、こうした強烈な憧れや夢を実現できるチャンスが巡ってきた。一九六五年夏、第一回学生訪中参観団というものが組織されて、それに加えてもらったのである。当時の参加費用の一〇万円というのは大学院生だった私には巨額だった（学生の育英奨学金が月額五〇〇〇円ほどだったころだ）。友人に借金し新婚ホヤホヤの妻に泣いてもらって工面し、勇躍出かけいった。この訪中自体が政治闘争だった。法務省や外務省が相手だったが、それをやってくれたのは学生中国研究会連合という組織であった。彼らの活躍のおかげで私も参加できたのだが、これが私の人生を決定づけたのである。

当時は中国に入る唯一の窓口は香港だった。香港から列車で国境の町の羅湖《らこ》につき、深《しん》圳《せん》河にかけられた小さな木の橋を渡ると大陸中国だった。列車の線路はそこで切断されており、橋の上にはお人形のような人民解放軍の兵士が立哨《りっしょう》していた。その前を通り過ぎて税関に入ったとき、胸がドキドキして感動にうちふるえた。「竹のカーテン」をついに越えたのである。そこから別の列車に乗って広州《こうしゅう》に行き、さらに上海―杭州《こうしゅう》を経て北京に入った。北京では、おりから第一回日中青年友好祭が挙行されていた（さまざまな政治組織の若者たちが、やはり困難を克服して訪中を実現させたものである）。私たちはただの学

左から２人目　周恩来　　５人目　彭真　　７人目　康生　　10人目　郭沫若
上段別枠に筆者も写っている

生旅行者にすぎなかったから、この人たちと合流するについては団内で激論が闘わされ、結局は日中友好のためにということでみんなが納得し、合流してさまざまな行事に参加した。そしてついに人民大会堂で中国の指導者たちに会見できたのである。

　北京でのある日、突然中国側から至急大会堂にくるようにと迎えがきて、なにがなにやらわからないまま私たちは出向いていった。すると間もなく、奥のほうからぞろぞろと中国人の一団が現れた。その先頭に立っていたのは、なんと写真でしか見たことのない毛沢東[*4]なのであった。彼から一歩下がる感じで劉少奇[*5]・

＊4　毛沢東（一八九三―一九七六）　湖南省湘潭県の人。若いころ長沙で学生運動を行ない、北京に出て陳独秀や李大釗の知己を得る。一九二一年、上海の中国共産党創立大会に代表の一人として参加。国共合作時期は農民運動に携わる。三〇年代前半の土地革命時期は中国工農紅軍を創設し、中華ソヴィエト共和国臨時中央政府主席。その後、長征により延安に根拠地を移し、抗日戦争を指導、四五年、中国共産党中央委員会主席となる。中華人民共和国建国後、初代の国家主席となる。中ソ対立を演出し「プロレタリア文化大革命」で個人崇拝を受ける。

＊5　劉少奇（一八九八―一九六九）　湖南省寧郷県の人。五四運動に参加後、ソ連に留学。一九二一年、中国共産党に入党。主として労働組合運動を指導した。抗日戦争中、延安で毛沢東思想の確立に貢献、党の第七回大会で中央委員、また政治局常

前列右から4人目 賀竜　7人目 鄧小平　3人目 劉少奇　1人目 毛沢東

周恩来*6・鄧小平*7・彭真*8らの首脳陣がつき従っていた。若者らが興奮し感激したのも無理からぬところである。みんなは歓声をあげて彼らに駆け寄り、握手握手である。毛沢東のちょっとブヨッとした感じの掌の温もり、劉少奇の堅くて大きくて冷たい掌などなど（鄧小平は当時すでに党の総書記で党内序列ナンバー4か5くらいだったが、毛・劉・周に比べれば知名度はぐっと下だったので、だれも彼のほうには行かなかったように思う）、感激はいや増しに増し、その夜はだれもが自分の手は洗わないといって笑いあったものである。

　そして記念撮影。この一枚

務委員となって党内ナンバー2になった。建国後、五四年、全国人民代表大会常務委員長として最初の憲法草案を報告、五六年に中国共産党中央副主席、六四年、国家主席となったが、文化大革命で失脚。監禁されたまま六九年一一月、病死した。なお「四人組事件」以後の八〇年に名誉回復された。

*6　周恩来（一八九八―一九七六）　江蘇省淮安県に生まれる。天津の南開学校で学んだのち、一九一七年、日本に留学。五四運動発生後、天津に帰り学生運動を組織（この頃の同志の一人がのちに夫人となる鄧穎超）、その後フランスに留学。二一年、中国共産党に入党。二四年秋、帰国して国共合作下の黄埔軍官学校の政治部主任（校長は蒋介石）。二七年、中央委員・中央政治局委員。国民革命の敗北後、瑞金ソヴィエトにおいて工農紅軍総政治委員として蒋介石軍と戦い、敗北後、長征に参加して

の写真はいまも私の宝物である。なにしろ中国の指導者たちと一緒に撮った写真なのだから。そして、とても重要なことに、上記の指導者たちが一堂に会して撮った最後の一葉なのだから。私が中国革命をライフワークにしようと決心したのは、この瞬間だった。私の当時の学習力からすれば、この写真のなかの人々こそが一致協力して、「偉大な」中国革命を指導し、勝利させ、新中国を建設したのであった。私は心底、そう思った。一致協力、団結、統一戦線といったことばが、きれぎれに私の脳裏を去来したことを、いまでも鮮やかに思い浮かべることができる。だが、なんということか……！

　帰国してから一年たって、突然、中国国内では「プロレタリア文化大革命」と称される「十年の動乱・大災難」が始まった。驚くべきことに、あの劉少奇・鄧小平・彭真らが「資本主義の道を歩む実権派」「修正主義者」として糾弾されているというのである。それに写真には出ていないが、中国人にいちばん敬愛されていた朱徳*9までもが、その対象とされていた。私はなにか悪夢でも見ているようで愕然《がくぜん》としてしまった。一葉の写真は墨で真っ黒に塗りたくられズタズタに引き裂かれたように感じた。それと同時に、一年前の北京や各地で温かく親切に迎えてくれた中国人たちの動揺と苦悩を思って心を痛めた。日本でも文化大革命を熱烈に支持し、「文化大革命は世界史上まったく前例のない、魂に触れる新しい革命であって、これを理解し支持しないものは中国研究をする資格がない」とまで息巻く研究者がたくさんいた。私は、なにか違う、こんなことを本当に信じる中国人がいるのか、これが本当に中国と中国人の幸せになるのかと惑い悩んだ。

　このころの中国にたいする憧れや夢と、同情や恐怖という矛盾した感情は、いまにして思えば社会主義の理念と現実とのあいだに存在するギャップ、矛盾というものにたいして

延安に行った。抗日戦争中は主として重慶で民族統一戦線工作を担当。中華人民共和国成立後、国務院総理、政治協商会議全国委員会主席、また党の政治局委員、中央委員会副主席などを歴任。文化大革命では多くの古参幹部をかばったことで知られる。

*7　鄧小平（一九〇四―一九九七）　四川省広安県の人。一九一八年、フランスに留学、二四年、共産党に入党。土地革命と抗日戦争の時期、政治・軍事面で活躍した。中華人民共和国では、国務院副総理。五六年、党中央総書記。文化大革命において劉少奇とともに批判され、失脚。七三年に復活し人民解放軍総参謀長、党副主席、国務院第一副総理などを歴任。七六年の第一次天安門事件でまたもや失脚したが、「四人組事件」後、復活。党の実権を握るにいたった。

*8　彭真（一九〇二―一九九七）

生じていた疑念の現れかもしれない。そしてそれは、そうした中国の現実を生み出してきた歴史上の中国革命——中国革命なしには現代中国・中華人民共和国は出現しなかった——にたいする再検討を要求する内面的な葛藤の始まりでもあった。熱烈に中国革命を研究しはじめようと決意した途端に、こんなむずかしい問題にぶつかってしまったのである。

このような混乱し矛盾した気持ちでいたところに、今度は突然、日本の頭越しにアメリカ合衆国のニクソン大統領が訪中し、それに続いて一九七二年秋、田中首相が訪中して日中国交正常化が始まった。

もう一つ私事にわたるが、当時、私は外務省から派遣されて香港総領事館で特別研究員という職にあった。七三年春に妻が一足先に帰国することになったので、ちょうどよいおりだから中国経由で帰国しようということになった。国交正常化後の最初の日本人という栄誉を担うはずだったのだが、案に相違して大使館設置などの事務的処理ができていないからダメだといわれた。それでは仕方がないから、せめて逆に、まだ事務関係の処理が終わっていない台湾経由で帰ろうということで、総領事館の許可も得、航空券も買って準備万端ととのえた。その出発の前日、外務省から急電がきて台湾渡航はまかりならぬとのお達し。結局、妻も私も大陸、台湾の双方に行きそびれてしまった。初めての訪中、それとはまったく異質の驚き、まるでドタバタ劇のようであった。

私事にわたることが多くなったが、要するに日本人として中国革命のことをもっと知るべきだ、知ってほしいという気持ちを吐露したつもりである。しかし、中国革命の全体を詳細に描くということは、とてもとてもできることではない。気が遠くなるほど膨大な記述（資料も文献も）になってしまって、自分一人の手に余るというだけでなく、それを詳

山西省曲沃県の人。一九二三年、中国共産党に入党。革命期間中は主として都市部で活躍。四五年、中央委員、政治局委員となる。建国後、北京市市長。文化大革命で失脚したが、七九年に名誉回復、全国人民代表大会常務委員会委員長。

＊9　朱徳（一八八六—一九七六）　四川省儀隴県の人。貧農の出身。一九〇九年、雲南の陸軍講武堂に入るとともに中国同盟会にも加入、革命的軍人の道を歩みはじめる。主として雲南軍閥系の軍人として活動したが徐々にマルクス主義の影響を受け、二二年、ドイツに留学しそこで中国共産党員となった。国民革命が敗北したとき「八・一南昌蜂起軍」の一部隊を指揮し、その敗退後、井崗山に入って毛沢東と合流、紅軍の創建と発展に努めた。中華ソヴィエト共和国の革命軍事委員会主席兼紅軍総司令官、抗日戦争期間は八路軍総指揮（のちに第一八集団軍

細に書いていたら、またもや学生諸君に読んでもらえなくなるだろうという危惧が先に立ってしまうからである。

そういうわけで、本書では大ざっぱに中国革命の流れを理解してもらうことに心がけ、歴史の節目になるような大事な事柄を中心に叙述しながら、「お話し風」の本にしたいと考える。だから本書を読んで本格的に学習してみようと思えたら、巻末の参考文献をひもといて研究してほしい[*10]。

日本人の歴史好きと革命の歴史

ところで日本の学生――というよりも日本人一般かもしれない――は「歴史好き」であるといわれるが、にもかかわらず近現代史、とりわけ日本の近隣諸国のそれを学ぶことは好きではないようである。日本で一番たくさん映画化されたものといえば「忠臣蔵」だそうだが、そのほかにも信長、秀吉、家康の類い、大岡越前、遠山の金さん、捕り物の類いなど、映画・テレビ・小説を含めて日本の「歴史」に関する作品は枚挙にいとまがない。そうかと思うと、中国ものでも司馬遼太郎、陳舜臣らはともかくとして、宮城谷昌光のようなひどくむずかしい作品までもが結構読まれているらしい。要するに、前近代の英雄、豪傑、才子佳人の活躍、悲喜劇に拍手喝采し、読者自身がその劇中の主人公になったような錯覚におちいるのである。幸か不幸か、どちらにせよ自分の生きざまをそれらの作品という鏡のなかに投影しているように思われる。

他方、現代の日本人にも直接つながってくる近現代の歴史話、ことに戦争（日本の場合は侵略戦争である）のことになると、途端にイデオロギー的というか感情的というか、頭

総司令官）として日本と戦い、戦後の内戦時期は人民解放軍総司令官。党歴では中国共産党第七回大会で中央政治局委員となり、その後死去するまでそのポストにあった。中華人民共和国成立後は元帥の位階を授与され、人民政府副主席、全国人民代表大会常務委員会委員長などを歴任した。革命の最大の功労者の一人だが、権力には恬淡としていたので「人民解放軍の父」といわれて中国で最も慕われた人である。またアグネス・スメドレー『偉大なる道』で世界中にその名を知られた。

*10　私も加わって書いた概説書としては、『中国近現代史』上下巻（東京大学出版会、一九八二年）、『中国20世紀史』（同上、一九九三年）があるので参照してほしい。

から拒否反応を起こしてしまう。ここでは歴史好きが一転して歴史嫌いになってしまうのである。日本の侵略と加害という事実が心に重くのしかかってくるし、そうなると話のなかに夢や希望の入りこむ余地がないし、面白おかしいところが皆無になってしまうからだろうか。戦争という鏡のなかに映る自分たちの姿は醜いから、見ることさえ拒絶してしまうということであろうか。

さきごろ、ＮＨＫの教育テレビで中国に抑留されていた日本人（戦犯）の記録が上映されたとき[*11]、これを見た一人の学生は、フィルム自体は事実だと認めながら、あんな映像は見たくないと言った。私はこの学生を非難するつもりはないけれども、このことばのなかに戦後の日本人の心象風景と学校教育の成果(?)が如実に露呈されているように思えた。多くの日本人は近現代の歴史事実を直視せず、したがって戦争責任からも目をそむけ、そしてさらには「日本の歴史を暗く描き過ぎる」とか「日本人の誇りを傷つける」とかと称して、近隣の諸国諸民族の痛みや悲しみに思いを馳《は》せずに、歴史をねじ曲げてでも、日本に都合のよい、日本人の心をくすぐるようなことしか言わない、書かない歴史書を大量にばらまいている。日本人の歴史好きとはこの程度のものかと思わせられて悲しい気分に陥るのであるが、それはあながち近現代の歴史云々というよりも、私たちの歴史の見方、歴史観の成り立ちそのものに問題があるように思うのである。

*11　一九九九年一二月一三—一四日に放映され、私もコメンテイターの一人として登場した「裁かれた満州国——中国に抑留された日本人戦犯の記録」。

歴史を学ぶために

私はつねづね学生に語ることだが、歴史の研究には基本的に「3・i」が必要だと思う。imagination（想像力・感性）、information（情報・資料の収集力）、incarnation（創造力・

叙述力）の三つである。

道端の石ころ一つや落葉の一枚、車窓に流れる風景や人々のほんのちょっとした暮らしぶりなどに感動し、これを観察しようとする感性なしには、新しい重要な資料の発見もないし、宝の山に入っても気がつかない。また、せっかく膨大な資料を収集してもそれを文章表現することなしには、人々に読んでもらい、歴史事実を理解し、自分の所説を納得してもらうことはできない。歴史研究とはそのような営みの絶えざる繰り返しなのであるが、以上のようなことがわかれば、歴史家でなくてもだれでも歴史を研究することはできると思うのである。学生諸君も、さっそく、自分史、家族史、地域史、企業史など手近なところから歴史の研究を始めてみようと、私は勧める。

ここで言いたいのは、まずなによりも事実を客観的に見つめる、発見することが大事だということである。次いでその事実に愛情をもって慈しみ深く接するということである。歴史というのは過去の人々の生活の営みを記録したものであるから、対象（たとえば道端の石ころや草花）への愛情なしには見過ごしてしまうものが多い。人々の喜びや楽しみ、悲しみや怒りこそ歴史を構成している基盤である。しかし、愛情過多とか逆に憎しみという感情が先行すると、歴史事実の選択にバイアスがかかって重要な事柄を無視したり意識的に排除してしまう。ここに早くも一つの歴史事実をめぐって「客観性と主観性」との矛盾が生じる。

かつて中国で「資（資料）をもって史（歴史観）を論じる」のか、「史（歴史観）をもって資（資料）を論じる」のかという議論があった。この問題は古今東西を問わずつねに論争の対象とされるし、実はこんなことを意識していない者でも、実際上は心のなかで葛藤していることである。歴史研究には冷静で客観的な姿勢が必須であるから、資料（歴史事実を示す材料、データ）こそ最も重要だというのが前者の主張である。いわゆる実証主義歴史学はこのような姿勢を正しいものとしているが、しかしその資料というのは、当時のだれかがなにかの都合で記録し書き残したものであるから、その人の主観を排した本当に客観性をもった事実かどうかは、厳密には証明できない。その上に、その資料を使う研究者自身が、己が生きている時代の影響を受け個人の生きざまをもっているから、完全に主観を排除して客観的であるとはいえない。実証主義に徹するというのもなかなかむずかしいのである。

こうした議論を踏まえて、中国ではまずマルクス主義の歴史観こそが最も重要だとされていた（「史」をもって「資」を論ずるである）。しかし最近では、中国でもかならずしもそればかりではなく、もっと客観性を重視した歴史研究をしなければならないという主張が多くなっている。

そういうわけで歴史研究、もっと平たくいえば歴史を見る目というものはなかなかむずかしい問題を抱えているのであるが、少なくとも自分に都合のよい考え方だけをもって、材料・資料を取捨選択してはいけないということだけはわかってもらえると思う。日本の歴史、とくに近現代史のみならず、中国革命の歴史を見る場合にもそうである。自戒の念をこめて書いたわけであるが、こうしたことを念頭に置いておけば、歴史研究というものはだれにでもできることである。もしそうした姿勢、観点、研究方法論をもっていれば、「歴史好き」も一段と進歩して、単なる「好き者」から歴史の「研究者」に、ひいては歴史の意識的な「形成者・建設者」に発展するだろうと思うのである。

中国というもの

前置きが長くなったが、もう一つだけ最初に言っておかなければならないことがある。それは本書で語っている中国とはなにかということである。

歴史上、「中国」という国家が存在したことはなかった。現在でもそれはない。中国には二千年以上も前から王朝は存在してきた。したがってその王朝名（秦《しん》・漢《かん》・唐《とう》・宋《そう》・明《みん》など。また異民族の少数者による支配のときでも金《きん》・元《げん》・清《しん》など）で国の名称が代替されてきたのであって、近代にいたってはじめて「中華民国」という国家ができたのである。「中国」は中国人が自称してきた通称にすぎない。どのような概説書にも書いてあると思うが、英語では「チャイナ」であり、フランス語では「シナ」であり、ロシア語では「キタイ」である。いずれも表音文字であって、その言葉自体に意味はない（これらの語源は「秦」とか「金」とか「契丹《きったん》」の音がそのまま西側に伝わったのだとする説がある）。

通称にすぎないといっても、もちろん中国人自身はその言葉のなかに輝かしい伝統への誇りをこめていたのである。つまり「中国」という表意文字がもっている意味は、「世界の中心の国」である。「中華」「中夏」「華夏」などもみな、そのような意味である。

「世界の中心」といっても、もともとは黄河中流域に漢民族といわれる人々（この「漢」と自称する人々の集団さえ、純粋に一つの民族なのかどうか異論があるし、また唯一の中国人の祖先だとはとうてい言えない）が狭い範囲で国をつくり一つの文化圏を形成した、その文化と政治体制を誇りに思い、自分たちのことを「中国」などと自称したものらしい。そして彼らが、周囲の国々や人々を文化の恩恵を被っていない野蛮人だとして蔑視し、「東の夷《えびす》、南の蛮《げん》、西の戎《えびす》、北の狄《てき》」と呼んだ。[*12] 古代ギリシア人が自らを誇り、周囲の異

*12 「東夷《とうい》南蛮《なんげん》西戎《せいじゅう》北狄《ほくてき》」という。

民族を「バルバロイ」と呼んで蔑視したのと同じである。

しかし中国の場合は、この狭い「中国・中華」の世界がどんどんと広がっていった。武力制圧とか慰撫政策による領土の拡張によるが、それによって中華の文化圏に入ってきた人々、民族を同化して漢民族化していった。そして同化された人々もまた自分たちのことを漢民族だと考えるようになり、「中国人・中華の民」と自称するようになったのである。

今日、いわゆる中国人たちは「中華民族」と自称するが、その場合、モンゴル、ウイグル、チベットなどのもともとはまったく異なる民族もひっくるめて、そのように総称しているわけである。これら諸民族は彼ら自身の長くて誇り高い伝統をもっているが、たまたま中国人によって征服され中国の領土に包摂されることになった。上記のように長い中国の歴史の過程では、中国の領土に取り込まれその文化圏に包摂された人々を「中国人・中華の民」と称することにはなんの差し障りもなかったわけであるから、もともとの中国人の側からすれば彼らもまた「中国人」なのである。しかし、征服され包摂された側の少数民族の側からすれば、同化される過程がまだ短く、彼ら自身の誇り、民族的自覚も根強く残っており、そのうえに過去の歴史とは違って近代以降の民族自決という問題意識も高いから、一概に「中国人・中華の民」とひっくるめられることには抵抗がある。

おそらく、台湾問題にも同じような性格の意識と認識の相違があるのに違いない。つまり大陸の中国人から見ると、台湾人は二千年以上にわたる中国人の末裔《まつえい》なのだから、当然中国人なのであり、台湾の側からすれば、一〇〇年以上も大陸の政権から離れ独自の政権のもとで生活を過ごし独自の文化圏を形成してきたのだから、もう「中華の民」などと言われたくないと思う人もあるであろう。いや、中華の子孫であっても、独立してなぜ悪い、独立がなぜ許されないのか、同じ人種、同じ民族が異なった国をたてるのは近くはシンガポール、遠くはアメリカのように珍しくないではないか、と考える人がいて不思議ではない。

しかし、中国人といわれる人々は台湾の独立は絶対に許さないと主張する。なにしろ外モンゴルが八〇年も前に独立したことをいまだに許せないと思っている人たちだからである。許すとか許さないとかと強く言うこと自体、私たちには理解しがたいものがある。「民族自決」の権利、国が独立する権利というものは、近代国家の基本原則であり、それこそその国の人々の固有の権利だと思うからである。

私たちがそのように言うと、中国人はほぼ決まって反問する。では、あなたがた日本人は琉球やアイヌの独立を認めるのかと。そこでひとしきり、琉球王国が日本に併合されたいきさつから、戦後の沖縄の「祖国復帰運動」までを説明しなければならなくなる。そして結論として、本当に沖縄の人々が独立を欲する、独立運動をやるということになれば、もちろん私は賛成しますと言ってやる。すると相手は妙な顔をして、こいつは話にならんと首を振りながら黙ってしまうのである。これはほとんどワンパターンだといってよい。

それはともかくとして、民族問題に関しては中国人ほど頑固に大民族主義に固執する人々は世界中にいないだろうと思わせられる。台湾問題はその脈絡のなかで考え議論しないと、とんだ「虎のしっぽを踏む」ことになる。しかし長い目で見れば、民族自決も一つの人権、自由と民主主義の問題であるから、中国国内にそうしたものがゆっくりと醸成されて人々の意識と認識を変えてゆけば、問題のあり方も自ずから変わってくるのではないかと思うのである。あの一九八九年の「天安門事件」にいたる民主化運動のなかで、ごく一部の人たちではあるが、チベットの自決をさえ口にした者もあったのだから。

ナショナリズムと人権・自由・民主主義は、ともに抑圧されている人々の解放をめざしたものであるから、両者をあわせて「民族民主革命」ともいう。さきに述べた社会主義革命というのは勤労人民の解放を意味しているから、中国共産党も社会主義革命への移行を宣言する前までは「民族民主革命」とか「ブルジョア民主主義革命」ということばを使っていた。換言すれば、民族革命―民族民主革命―社会主義革命は連続し、かつ一体のものという理解である。しかし上記したように、今日の中国共産党のようにやたら民族意識＝中華民族ということを強調すると、中国革命というのは一貫して民族革命だけであったのかと、皮肉の一つも言いたくなるのである。

本書の構成

以上が前置きである。本書は冒頭でも述べたように、中国革命のことを大ざっぱに知ってもらうために、私流の主観的意図をもって一気に語ったものであって、「中国革命史」の概説書でも学術論文でもない、あくまでも「私論」である。したがって読者が読みやすいように歴史（事件）用語、人物紹介などはみなそれぞれのページの下段に注記し、よりいっそうの学習を志す読者のためには本書の末尾に文献を一括して記しておいた。

本書の四分の三は書き下ろしであるが、残りはすでに発表したものを本書の構成に合わせて転載した。二〇年以上も前のものもあるが、私の考え方が変わっていない範囲内では、若干の修正を施しただけでそのまま読んでもらうことにした。それぞれの発表された時期と掲載誌は、各論文ごとに若干の注記とともに記してある。

第一章　中国革命の夜明け

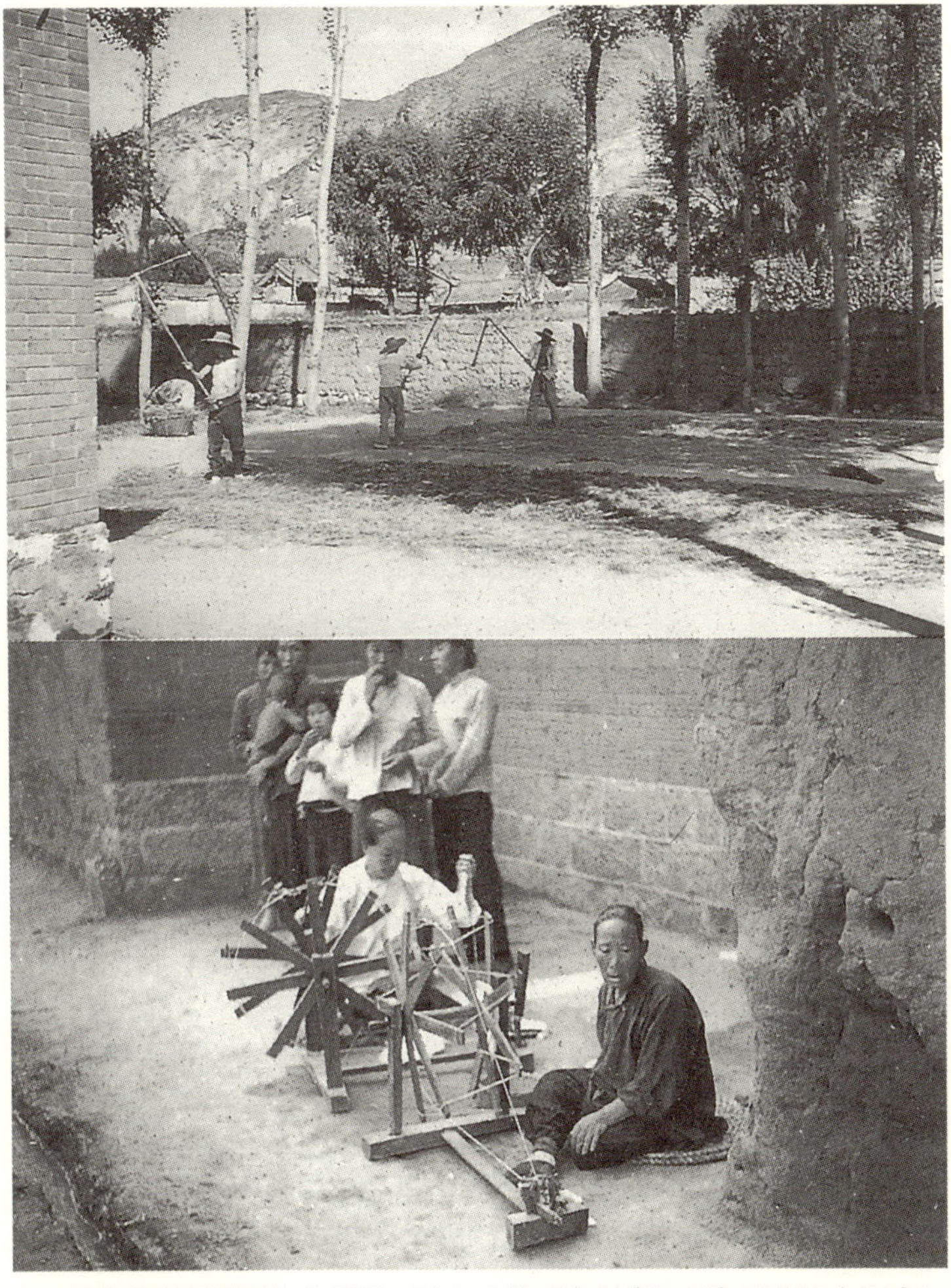

中国30年代の農村風景　上は脱穀，下は糸つむぎ。現在でも奥深い田舎では見ることができる（冀中，1938年）。

はじめに――夜明けとは

この章で語りたいこと

この本は、中国革命というものは、すでに述べたようにいろいろな性格といろいろな段階を経た広い意味での民族革命だったという認識に立っている。その意味では革命はまだ終わっていないと言えるのであるが、しかし、一九四九年に中華人民共和国という新しい国家＝政治体制が成立したことは、政治革命としての中国革命の一応の終結、ひと区切りだったとも考えている。

この章と次の章では、一応の終結をみるに至った中国革命の性格と特徴、そしてそれをもたらした歴史的な要因というものを概括的に語る。このような特徴は中国の長い歴史の一つの帰結であるから、その歴史と中国革命との関係、つまりは歴史の連続性という問題を考えざるをえない。歴史は一九四九年をもって断絶しているのではないこと、したがって革命後の中国、現代中国にもその歴史的な特徴・要因は大きな影響を与えているのである。序章で述べたことが、ここではやや詳細に論じられる。

中国革命のはじまり

中国革命とは、いつから、どのように始まったのであろうか。中国では普通「ブルジョア（資産階級）革命」と「プロレタリア（労働者階級・無産階級）革命・社会主義革命」とを分けて、前者は孫文《そんぶん》らが指導した辛亥《しんがい》革命*1（およびその準備過程）を指し、その結果、

*1 孫文と辛亥革命　孫文（一八六六―一九二五）は広東省香山県（現在の中山県）の人。号は逸仙、中山。厦門で医者をしていた頃、すでに革命の志を立て、一八九五年、武装蜂起を企てたが失敗し日本に亡命。一九〇五年、日本でさまざまな革命団体を合同して中国同盟会を設立、その総理となった。この前後、アメリカ、イギリスなどに渡って華僑のあいだで同志を募

中華民国が成立したとする。他方、後者は毛沢東らの中国共産党が指導し中華人民共和国を成立させた革命過程を指す。

　複雑な説明を省いてごく簡単に言えば、一般にブルジョア革命とは、前近代社会体制（封建制）のなかに新しく生まれてきたブルジョアジーが中心となって、そのような社会とその支配階級である皇帝、国王、封建領主・貴族などを打倒するために戦われた革命闘争を指す。フランス革命がその典型的な事例であるが、その結果、生まれる政権はブルジョア政権であり、そこから資本主義社会（ブルジョア社会）が本格的に形成、発展するものとされる。

　プロレタリア革命というのは、そのブルジョア社会の二つの階級勢力であるブルジョアジーとプロレタリアートとの階級対立・矛盾が極度に高まり、ついにプロレタリアートがブルジョア政権を打倒して社会主義政権を打ち立てる革命である。そこからその新しい政権が資本主義社会を社会主義社会に変えるために戦うことになる。ロシア革命がその典型的な事例である。

　ところが中国革命は直接、ただちに社会主義政権をめざしたものではなく、民族革命として始まった。それは「ブルジョア的課題」だとされる独立、統一、自由と民主主義、富強の中国の建設を目的としていた。その意味では中国革命はブルジョア革命の一種だったといっても差し支えない。しかしこの途中で、革命の指導勢力のなかに共産主義者＝中国共産党（プロレタリアートの前衛政党と称する）が加わり、上記のブルジョア的課題を共有しながらも、革命勝利の暁には中国を「非資本主義的道」に向かって進ませる――まだ社会主義社会ではないが――ことを前提に革命を指導した。つまり単純な民族革命ではな

り、いく度か武装蜂起を行なったが、いずれも失敗。しかしその影響はひろまり、一一年一〇月、武昌で武装蜂起に成功、清朝政府を打倒した。これを辛亥革命という。翌一二年一月一日、南京で中華民国臨時政府の成立を宣言、その臨時大総統となったが、その実権は袁世凱に握られたため、一四年、再び日本に亡命、中華革命党を組織して袁世凱打倒の運動を起こした。袁世凱は倒れたが、北京の政権は軍閥によって支配されていたため、広東に軍政府をつくり、以後ここが革命の根拠地となった。一九年、中華革命党を改組して、中国国民党とした。この後、コミンテルンとのつながりをもち、二四年一月、国民党第一回全国代表大会を開いて改組宣言を発表、国共両党合作（第一次）を実現した。これより「国民会議を開くことと不平等条約撤廃」を全国に呼びかけ、北京政府と合議するため北京に赴いたが、そこで病死した。

い性格がここに付け加わったわけである。こうして中国革命は、一般的に言われるブルジョア革命とプロレタリア革命の二つの革命をドッキングした特殊な革命という意味で、「ブルジョア民主主義革命」あるいは「新民主主義革命」だとされてきたのである。

中国革命の連続性とその夜明け

このように考えると、中国革命は二つの性格の異なる革命の連続であったから、そのはじまりは辛亥革命、および中華民国の成立にあったとするのが妥当なように思われる。しかし、もちろん今日の中国はそのようには考えない。やはり中国共産党が指導したことを最も重視しており、また中華人民共和国の成立というのは政権＝国家権力と社会の性格からして、それまでの中華民国とまったく異なるということから、「ブルジョア民主主義革命」の課題が客観的に明確になってくる一九一九年の「五四運動」[*2]をもって中国革命のはじまりだとしている。

私は中国共産党のような考え方にまったく反対ではないが（巻末に「付」として収録した「中国革命の世界史的意義」は、この考え方にしたがったものである）、旧革命の課題が現在でも完全に達成されていない（ブルジョア的課題、とくに自由と民主主義、すべての民衆の生活向上、民族問題）だけでなく、今日の中国共産党自身が資本主義的な経済原則に立って政治を行ない、社会主義の原理原則とはかならずしも一致しない一党独裁を堅持していること、古い伝統社会の残りかすが強く大きく残って、つねに現代社会に影響を与え続けていることなどの諸点から見て、どちらかといえば前者の考え方に立っている。

繰り返しになるが、革命の連続性とその性格の変化（不連続性、断絶性）という問題は、

＊2　五四運動　一九一九年五月四日、北京の学生が起こした反日愛国運動のこと。これよりさき、同年一月、第一次世界大戦の処理を巡ってパリ講和会議が開かれ、戦勝国の一つとして中国政府も参加し、山東の旧ドイツ利権の回収、日本の二一箇条要求撤回などを要求したが、ことごとく拒否された。これに反発して学生たちが講和条約の調印拒否、政府高官の罷免、日本商品ボイコットなどを叫んでデモをした。時の政府首班の段祺瑞がこれを弾圧したため、運動は一気に全国にひろがった。一般大衆がはじめてナショナリズム・革命運動の主体勢力になったことで知られる。

大変複雑で理論的にも実証的にも議論が大いに分かれるところである。その集中的な議論が、いわゆる時期区分の問題である。本書ではこの煩わしさを避けるため、また私の専門領域が中国共産党史であるために、とりあえず私の考え方としては連続性を強調するということを指摘しておいたうえで、叙述としては比較的にわかりやすい「五四運動」、つまり一九一九年以降の革命を「中国革命」として取り扱う。

以上のような考え方と叙述方法からすれば、「中国革命の夜明け」とは中華民国の成立前後までの中国の歴史全体を指すことになる。革命史だけでも全部を語るわけにはゆかないところへ、さらに中国史全体ということになると気が遠くなってしまう。そこで本章では、革命の対象となった古い社会の特徴、それを打倒しようとする革命の主体勢力の形成と発想、主体勢力間の対立抗争などについてのみ、限定して語ることにする。

第一節　前近代の農民と農民闘争

中国史上の農民闘争

「中国革命の夜明け」を語るには、この国の農民の生活とその反乱、闘争、あるいはもっとおおげさに言って農民戦争に触れておかないわけにはゆかない。なぜなら、中国革命の主役の一人こそ農民とその闘争だったからである。革命は伝統的な農民闘争の延長線上にありながら、その性格をドラマティックに変換させたものである。

農民闘争というのは、普段は貧しくて虐げられていながらも概しておとなしく生活している農民が、日常的に蓄積された欲求不満とエネルギーを爆発させて反権力・反政府闘争にまで発展していったものである。このこと自体は、農民というものがそうであるように、いつの世でも、どこにでも存在した。それが前近代の中国において、とりたてて重要な問題になるのは、歴代の王朝がほとんど軒並みにこれによって転覆させられたからである。

私などがもっている農民のイメージというのは、資料のなかにしばしば見られる「朝早く田畑に出かけて耕し、日が暮れれば家に帰って眠る」とか「男は耕し女は織る」といった自給自足的で閉鎖的な田園風景のなかに点描される、土地にしがみついて平穏に生きるお百姓さんの姿である。そこからは汗と土にまみれ、そのような生活を天命・宿命として黙々と忍従する勤勉で粘り強い人間像が浮かびあがってくる。私も少年期に田植え、田の草抜き、御蚕《おかいこ》の世話、牛馬の厩肥《きゅうひ》の始末から草鞋《わらじ》づくりまでやったことがあるが、その日常生活は単調で辛気《しんき》臭くて彩りに乏しいという印象が強く残っている。そんな農民が突然立ち上がって「天朝さま」に刃向かい、組織され集団的な凶暴さを発揮するのである。なぜ、どのようにと疑問をもつのは当然であろう。

すぐあとで述べるように、農民にもさまざまな顔があるし闘いの内容も多種多様である。概して言えば、飢えと土地がらみの争いが発端である。北方の農民の場合、水も十分でない痩せた土地に一陣の乾いた風が吹けば、地表の黄土は舞い上がって空を覆い、人々は飢える。彼らは食を求めてその愛着の強い土地さえも捨てて集団で流浪する。そうかと思うと、南に下れば大洪水があり、大洪水の跡は冠水して作物も実らないアルカリ性土壌になってしまったり、乾いた風が表土を吹き飛ばしたり、あるいはイナゴの大群が一木一草をも食い尽くしてしまうようなことが、周期的に襲ってくる。パール・バック[*3]の『大地』に

*3　パール・バック（一八九〇―一九六二）　アメリカの女流作家。中国に長く住み、その経験をもとに『大地』で中国民衆、とりわけ農民の生活を描き、世界二〇ヵ国以上で翻訳された。

描かれたような情景が何千年も繰り返し現れていたのである。

中国では、「よい鉄はクギにならない、よい人は兵隊にならない」とか、「気の弱い者は乞食になり、気の強い者は盗賊になる」といった意味の格言がある。農民の圧倒的多数は「よい人」であり「気の弱い人」である。スターリン[*4]は「兵士とは武装した農民」だと言っている。庶民、とりわけ農民は徴発されて仕方なしにか、自発的に日銭かせぎのためにかはともかく、兵士になれば王侯貴族や将軍、あるいはもう少し時代が下れば軍閥の鉄砲玉がわりか弾除けがわりにされてしまう。まともに土地にしがみついて生活するのが一番健全で好ましい暮らしなのに、兵隊になったり盗賊になったりせざるをえないというのは、不幸で惨めであったに違いなく、だれも好きこのんでそうしたわけではない。その怒り、恨みつらみと溜まっていたエネルギーの矛先が、ある時は地主に、ある時は天朝さま＝政府に向けられるのである。

しかし、おそらくは、農民集団だけで事を起こしてもそれほど大きな反乱や暴動にはならなかったであろう。そこには前近代社会特有の宗教がらみ（救世主を渇望し千年王国の到来を期待するような）、また盗賊（庶民の側からいえば義賊）とかアウトローたちがからんでくる場合が多かった。古くは、日本人もよく知っている『水滸伝』の世界のようなものが想定されてよいだろう。中国革命の指導者となる中国共産党とは、農民から見ればまさに近代的な装いをもった義賊だったのである。

＊4　スターリン（一八七九―一九五三）　ソ連邦首相、ソ連共産党書記長として強大な権力をふるった人。レーニン死後（一九二四年一月）、その後継者の座をめぐってトロツキーらと争い、政敵を追いおとすため三〇年代に大粛清を行ない権力を握った。その力はコミンテルンなどの国際共産主義運動にも及び、中国共産党もその影響下にあった。スターリンへの個人崇拝はあらゆる面にわたり、その死後の五六年、ソ連第二〇回党大会でフルシチョフがスターリン批判を行なったことによってやんだ。

土地と農民諸階層

ところで農民というのは一般的な言い方であって、その内実は実に複雑多岐にわたっている。中国では「農民階級」といっているが、農民にはたくさんの階層があって一つの階級とはいえない。おそらく、中国社会の基礎としての直接生産者（地主を除く）という意味で階級としているのかもしれない。

さて、中国の近代では、一番豊かな農民といえば土地持ちの「地主」である。彼らは自分の土地を自分とその家族だけでは耕作できないから小作に出している。早い話が小作料のあがりで食っているわけだが、そのあがりから国＝王朝に税金（土地税と頭割り税）を収めているから、国からは大事にされる。それだけではない。耕作のできる土地は限られているから農民のだれもが土地をほしがり、なんとかして少しでも多くの土地を持とうとする。土地持ちでない農民はなおさらであるが、当面の生活のためにどうしても土地を借りざるをえない。だから地主は威張っている。豊かな耕作地ほど借り手側の競争は激しいから、地主は土地をエサに彼らに圧力をかける。すなわち、農村での権力を握ることができることになる。

国は地方官僚を派遣して行政（徴税と治安の維持など）から裁判までを一手に執り行なうが、官僚が派遣されてくるのは、だいたい県クラス（日本の郡に相当。二千以上もある）までである。したがって、もっと末端の、つまり農民の生活に密着した村々の行政は、どうしてもその地方の有力者に依存せざるをえなくなる。しかもその官僚自体、一般には地主階層から出て科挙試験に合格した者たちである。その人たちは官僚になって金を溜めると郷里に土地を買ってより大きな地主になる。[*5] 地主と官僚とは堂々巡りの関係にある。高級官僚になれなくても（つまり科挙の上級試験に合格しなくても）下級試験に合格した者たち、あるいは合格をめざす者たちはたくさんいて、地主と結びつきながら官僚予備軍と

＊5　中国では遺産相続は男子に均等配分されるので、いったんは細分化される。それを買い戻し買い増しして、また大地主になる者が現れる。

なって地元で威張っている。[*6] こういう人々を「豪紳」といい、そのなかでも悪辣で酷い所業をする者を「土豪劣紳」といって一般の農民たちに恐れられ憎まれていた。

地主ほどの土地持ちではないが、自分の土地を持ち自分の力だけで生活できる農民は自作農（自耕農、自営農民）である。そのうち多少余分に土地を持ち、人を雇い入れて（土地を小作に出すのではなく）耕作を手伝わせている農民を「富農」という。彼らはもちろん自分も働くし、人に手伝わせるのは農作物を売りに出すためであるから、金儲けには熱心である。だから資本主義的農業に最も近い農民、あるいは一部分が資本主義経営をしている農民だとされた。しかし、実際には資本主義的大農業経営ではなく、やはり土地に執着する伝統的な農民に属すると考えたほうが確かである。

中国の農民で最も多いのは「貧農」といわれる人々である。貧農といってもわずかな自分の土地で生活を営む自営・自耕農民もあれば、他人の土地を借りて小作している「小作農」、そんな土地さえもたずに他人の田畑に雇われて日銭をもらっている「雇農」[*7] などがある。

この貧しい自耕農は日本流にいえば「水のみ百姓」である。地域によって異なるが貧農のなかでも多数者に属する。彼らは必死になって狭い土地にしがみついているが、かならずしも小作農民より豊かだとはいえないし、自由だともいえない。つねに小作農民に転落する危機にさらされており、自分の土地だけでは生活を営むことができない場合は小作もする。「自小作農」といわれるものがこれである。彼らは国の納税者の中核であるというだけでなく、勤勉で健全な農業社会の基礎である。したがって国は彼らを大切に扱おうとするが、彼らが没落するのをいつも積極的に救おうとするとはかぎらないし、そうはでき

＊6　中央から派遣されてくる地方官僚は「原籍に帰らず」「三年止まらず」という原則がある。地元で強大な権力をつくらせないためである。しかし、退官後は地元に帰れるから地主となり勢力を振う。

＊7　雇農のうち長期に雇われるのを「長工」といい、短期の臨時雇いを「短工」といった。

ない場合が多い。あまりにも数が多すぎるし、税金は絞り取らざるをえないし、地主による土地の吸い上げ、併呑を阻止することができないからである。

抗租・抗糧闘争から太平天国へ

こうして彼らは、没落の危機と国への反感から農民闘争の主力となる。歴代の王朝を倒した農民反乱——後世、飢餓暴動とか貧窮革命といわれるものの多くは、戦乱、過重な租税徴収と労役、自然災害などが重なって我慢できなくなった彼らが、貧しさと飢えに迫られてやむなく立ち上がったものである。ひとたび彼らが決起すると、飢えと不満が各地の貧農の共感と支持を得て燎原《りょうげん》の火のように燃えひろがり、すさまじいエネルギーとなって政府＝王朝に立ち向かうことになる。ちなみに国に納める租税のことを「糧」といい、納める農民を「糧戸」といったので、租税不払い運動を「抗糧」闘争といった。

小作農民や雇農は、土地が豊かで農業経営が多角的な揚子江流域から南のほうに多いといわれる。にもかかわらず耕地自体は狭いから小作農間の競争は激しく、したがって地主の威張り方も並大抵ではない。生産物の五割、六割を小作料として吸い上げるのは普通で、そのうえに身分差別、人身隷属の度合いも酷いものである。彼らの不満とエネルギーは北方と違って国に直接向けられるのではなく、地域的にも限られた地主への小作料引き下げ闘争（中国では小作料のことを田租といったので「抗租」闘争といわれる）に向けられることが多く、頻度も高い。

これらの地域地域の闘いが横につながると、経済的な要求運動だけでなく身分差別、人身隷属との闘いを内在しているために、小作農民だけでなく他の貧農層の共感をも得てよ

＊8　太平天国　一八五一年から六四年の一五年間にわたり洪秀全を指導者とする拝上帝会が中心となって起こした反清運動のこと。広西省金田村から始まり、

り幅広くて激しい闘いになる。つまり「抗租・抗糧」闘争の結合とか高利貸、問屋への不満などが合流するのである。中国革命以前の最大の農民闘争である太平天国が[*8]、こうした傾向を顕著にもっていたことはよく知られている。中国共産党が指導するようになる時期の農民闘争が南方に多かったのも、基本的には同じ理由からであろう。

以上の説明は、基本的には毛沢東や中国共産党が革命の最中に分析した論文などに依拠している。三〇年代前半までの中国共産党の活躍地域の中心は南方であったから、その農業・農民分析も勢い南方が主となるが、しかしその考え方や分析の内容は革命中の土地改革運動や新中国の樹立後でも適用され継承されているので、ここでも踏襲した。

農業社会主義と社会主義農民

こうしたことから、中国革命は農民革命と土地革命[*9]の色彩が濃い。革命中の中国共産党の六、七割は農民出身者だったし、その武装組織である紅軍とか八路軍とか解放軍という共産軍の大部分はなおさら農民が多かった。まさに「兵士とは武装した農民」なのであった。この事実が中国共産党の性格と毛沢東の個人崇拝を考えるうえで最重要事項の一つであるし、同時に中国革命の過程と特徴を見るうえでのキーポイントの一つでもある。

ここで語るにはちょっと早すぎるかもしれないが、中国革命が社会主義社会を意識し、それを射程内においたとき、どうしても農民と土地の解放が最優先課題とされる傾向にあった。それは換言すると、農業社会主義的な考え方が優先される可能性があるということである。農業社会主義とは、資本主義（資本と賃労働による大工場での商品生産、利潤獲得と資本蓄積、市場の開拓等など）を否定し、その諸要素を排除して農業中心でも社会主

南京を攻め落として、これを首都とし、「太平天国」と称して一大反政府勢力となったが、外国傭兵部隊に助けられた清朝軍によって鎮圧された。前近代の中国における最大の農民運動であるだけでなく、その禁欲主義、対外政策、資本主義的な発想などで新しい性格が見られた。

＊9　土地革命・土地改革　中国共産党においては、一九三〇年代初頭の瑞金ソヴィエト時代に実施した地主・富農の土地没収と貧農への再分配がはじまりである（このころは「土地革命」といわれた）。一九三三年に「階級分析」の基準が設けられ、それは中華人民共和国の土地改革法でも継承されている。孫文時代は「耕すものに土地を」というスローガンが叫ばれ、蒋介石政権も小作料の引き下げなどを実行しようとしたが、地主の反発で十分に実行できなかったことが、この政権の命取りになったといわれる。

義は実現できるとする考え方である。その典型的な、戯画化された悲劇的な事例を私たちはカンボジアのポル・ポト政権にみることができる。この政権は資本主義にかかわるすべての諸要素、農業関係以外の生産諸要素を暴力的に排除し（何十万何百万の人々が撲殺、銃殺された）、農業中心の社会主義社会の国を建設しようとした。それは中国革命をモデルにし、それゆえ毛沢東ら中国指導部の人々の共感と支持を得て実行された。

　工業と都市をはじめ資本主義が一定程度発達していた中国では、さすがに革命のさなかにこの誤りに気づいて、毛沢東ですらこのような農業社会主義的傾向に警告を発していた[*10]。しかし、建国後の毛沢東は、自分が警告したことを軽視してこの傾向に走った。ところが建国後の経済再建には重工業を柱とした工業の発展が必須であったから、乏しい国の資金と資源は工業に重点的に回された。しかし実際上、工業発展のための資金は農業生産、すなわち農民の血と汗から生み出さざるをえなかったのである。

　伝統的な農民闘争の流れのなかに位置づけられる中国革命の、その主力であった農民は、一度は土地改革のおかげで熱望していた土地を手に入れたが、今度は社会主義社会の建設と国の「強国化」のためとしてその土地を取り上げられ（人民公社[*11]）、口では誉めたたえられながら、実質的には最貧のなかに置き去りにされてきた。今日でこそ農民は比較的に自由な商品生産にもとづく金儲けが許されるようになっているが、しかしこんどは、国をあげての市場経済化のための安い労働力として都市の工業、建設業や商業、サービス業などに雇用されるようになり、その地位と立場はいぜんとして不安定で貧しいものである。これが中国革命と社会主義の結果だといわれたら、農民は当然激怒するであろう。これこそ一見華やかな市場経済化した中国社会の最も深刻な問題だと思われるのである。

*10　農業社会主義の傾向とそれへの毛沢東の警告については、私は、野沢豊・田中正俊編『講座・中国近現代史』第七巻（東京大学出版会、一九七八年）に書いている。参照されたい。

*11　人民公社　一九五八年、共産主義社会をはやく実現しようとする毛沢東の呼びかけにより、それまでの高級生産合作社（農業生産協同組合）を合併して、さらに大きな生産組織としたもの。生産だけではなく、政治・経済・社会などが統一された一大生活共同体で、中国の政治社会の基層組織でもあった。それはソ連型の社会主義とは違う中国型社会主義の代表的な組織と見なされたが、農民の要求とかけ離れていたために、農業生産でも社会生活でも失敗して、八二年には廃止された。

第二節　天子、天朝と反政府闘争

天朝さまの御代《みよ》

農民のことをさきに語ったが、この圧倒的多数の下層農民こそ中国社会の基盤、農耕社会における最も重要な直接生産者（地主は除く）である。中国社会は彼らを底辺に、その頂点に天子＝皇帝をいただくところのピラミッド型の政治構造に統括されている。

ところで中国で唯一の自由な人格は天子だけであり、その他は一般に「士農工商」といわれるような社会的身分で分類される政治構造のもとにおかれていた。しかし、日本のように厳密な制度としての身分差別はなかったようで、身分・地位と職能とが重ね合わさったような分類の仕方である。それはたとえば、すでに述べたように上層ではあるが「農民」の一部である地主こそが、官僚層である「士」を生み出す基盤であること、またそのような地主層が高利貸・商業を営むことがあるなどの事例からして窺えるであろう。

ここでいう「士」とは日本の武士階級にあたるといわれるが、中国ではもう少し幅広い意味をもっている「士大夫《しだいふ》」のことである。貴族階級とか武士階級といえば言い過ぎで、当今ではこのことばは知識階級（「読書人」）とか官僚層とかいった漠然とした訳語があてられる。それには根拠がある。

天子＝皇帝に仕える官僚たちというのは、地主を主体とした人々が科挙試験に合格して仕官した者たちである（男子に限られる）。官僚になった者たちと、受験準備段階から初級・中級と昇ってゆくまでのあいだの受験生、受験勉強中（中国語では「勉強」とは、どちらも無理やりやらせられるという意味がある。だから私は学生たちに「勉強」ではなく「学習」「研究」をしなさいと言う）の学生たちは地方におけるエリート層であり、そうした人々こそが中国社会のなかの知識人・教養人といえるのである。もちろんその「知識」とか教養というのは儒教の素養を中心に詩詞、書道、絵画などの幅広いものであり、実践的な政治――政策立案から行政・司法にいたるまで――は実行したり訓練されたりしてはいない。実際に官僚になってポストについてから実践するわけである。しかし、さきにも述べたように、村々町々に居住するこうした人々は、官僚経験者（リタイアした者たちも含め）と受験勉強中の官僚予備軍とを問わず、郷里に公然隠然たる勢力をふるっている。

いずれにしても天子に近い人々（こういう言い方をすると宦官《かんがん》*12とか女官とか天子の身辺での奉仕者も含められてしまうが、ここではとりあえず除外しておく）、高級か下級かを問わず天子の命に従って人民を上から統治する側に立つ人々は、いわゆる支配階級であり「士大夫」であり知識人なのである。

「農」についてはすでに述べたので書かない。

*12 男子で去勢された者が宮中（日本流には大奥など）で天子の側近くに仕えていた。もとは罪を得て去勢されるのだが、天子に重用され勢力をふるったので、わざわざ自分で去勢する者も現れた。

商工業者

「士農工商」の「工」とは手工業、手工業者を指す。中国の特産物は鉄（鉱産物類も）・塩のような厳密に国の統制下にあるものや、米穀のように税糧として徴収されるもののほかにも、陶磁器、絹織物、お茶、桐油、麻類、ろうそくなどがあり、日常生活品の製作を含めて手工業者が生産する。しかし、いちばん人口が多い農民は、前にも紹介したように「男は耕し女は織る」といわれるように、綿織物など日常の衣服類はほとんど自給自足である。つまり商品を購買するといったことはほとんどない。
上記のような特産物類は多くの場合、宮廷や官僚社会の使用品、嗜好品として消費され庶民の生活品としては回ってこない。もちろん金持ち連中があの手この手を使って入手することは、どこの国でもあるわけだが、一般流通商品としては大量に生産することが制限されている。そのうえに手工業者たちは、彼らの特権的地位を守るために同業者組合（ギルド）を結成して独占的排他的な生産活動を行なっている。ここにも大量生産ができない理由がある。

「商」とは商業・商人である。金融業・高利貸もここに入れてよいかもしれない。身分的にも職業的にも最も卑しいもの（賤業）とされているのは、日本でも同じである。物を直接に生産しないで右から左に移し替えるだけで巨利を得るのを下等、下品と見るわけである。しかし、時として彼らが最も富裕な階層になることも日本と同じで、とりわけ国の特許を得た米塩商人、貿易商人は莫大な利益をあげうる。それだからこれらの密売人、密貿易者も多いわけで、彼らは国の統制を逃れ、また役人の追及をかわすために強い結束力をもつ組織をつくることがしばしばである。そうした地下組織が宗教的な色彩を帯びて「兄弟仁義」の契りを結んだりすると、さまざまな「秘密結社」[*13]として活動することになり、反乱や暴動の中核勢力となることもある。

商人たちは金持ちでも卑しい身分だとされ、あまり派手に稼いだり生活すると「お上」からにらまれる。そこでそれを隠すためにも土地を買い入れ、地主身分を取得することになる。高利貸や両替商などの金融業者も同様である。したがって地主―商人―高利貸は「三位一体」だといわれるのである。

*13 あとに出てくる三合会、天地会などである。

これら「士農工商」のほかにも、「農」にも属さない家内奴隷のような扱いを受ける農民（今日流にいえば農奴、隷農である）、「農」にも「工」にも属さない雇農（中国では人に雇われて労働力だけを売る者を「雇工」というが、農業でのそのような者を「雇農」といった）、社会各層からドロップアウトして流民化したりアウトローとして物乞い・盗賊・娼妓・秘密結社などで生きている多数の人々がいた。

「天朝さまの御代」というのは、このような社会の仕組みを政治的に統括していることを表現したものである。「士」以外の「農工商」の庶民がこのことばを使うのは、王朝政治がうまく機能して平和と平穏が保たれていることを好意的に謳歌したものであって、その逆の場合ではない。また、庶民が天子を直接見たことがないのはもちろんであって、それが雲の上の人であったことも、日本の天皇と同じである。しかし、中国と日本とが決定的に異なる場面が、歴史のうえにしばしば登場する。「革命」がそれである。

革命——天に替わって道を行なう

「雲上人」の天子が突然、地上に落っこちてきて庶民になってしまうことは中国史上珍しいことではなかった。日本の天皇のように「万世一系」「神聖にして犯すべからず」などというわけのわからない存在ではなかったのである（人はみな万世一系であって木の股から生まれたものでもコウノトリが運んできたものでもない）。なぜそうなるかというと、「革命」が起こったからである。

もともと中国では「天」という万物の創造主がいて、この世の中の森羅万象あらゆることを司っており、世の中のこと、人間の運命はみな天が決めていると考えられていた。だから人間がどうあがいても、あらかじめ定められた運命に逆らうことはできないのであり、天子の子に生まれたのも貧乏百姓の子に生まれたのも、みな宿命＝天命であるとして人々に受け入れられてきたのである。

しかし同時に、天は地上の人間を懲らしめることはあっても、基本的には幸せをもたらすものとも考えられていた。その際にその幸せは地上の代理人、すなわち天子を通してもたらされるのであるから、天子は天命に従って人々を幸せにする責務があった。それが「まつりごと＝政事《まつりごと》＝政治」なのである。歴代の天子の最も重要な「まつりごと」は天をまつることであり、地上に幸せをもたらしてくれるようにと天に祈ったのである。したがって地上に幸せをもたらすことのできないような天子は、天命に逆らうものであって天子の資格はないということになり、「天の命を革《あらた》める」すなわち「革命」は当然だとする考え方が生まれた。

ところで、中国の天子＝皇帝は日本の天皇と違ってその家の姓をもっている。天皇は「天皇家」であってだれもその姓を知らないが、中国では、漢朝は劉であり、唐朝は李であり、宋朝は趙であり、明朝は朱であり、異民族の清朝も愛新覚羅《あいしんかくら》という姓をもっていた。したがって「革命」によって王朝（その主宰者たる何々姓の者）をひっくりかえして（革命して）新しい姓の王朝を興すことは「易姓革命《えきせいかくめい》」と言われた。

もちろんここでいう「革命」とは、近代におけるレボリューション（revolution）の意味ではない。だから易姓革命の意義を否定する人は、これを単なる王朝の交替にすぎないという。結果だけを見ればそうである。繰り返し繰り返し、同じような王朝が倒れ同じような王朝が興る。永遠の輪廻《りんね》のようである。だが革命を起こした人々の側からすると、そう単純に言い切れるかどうか。

天子の施政が悪すぎて人々が苦しい生活を強いられると、革命が起こった。革命を推進するのはほとんどが農民である。その苦しみが最もしわ寄せされる人々だからである。農民闘争、農民の反乱は最初は小さな不平不満に始まり、役人に弾圧されて鎮まる場合が多いが(したがって歴史上に現れてこなかったゴタゴタがたくさんあったはずである)、起こした本人たちがびっくりするほど急速に広範囲にひろがる場合も多々あった。そうすると何万、何十万、何百万という農民、それに便乗したその他の人々も加わって大闘争になってしまう。彼らを一つの組織として結集させ、一つの目的に向かって結束させるために、みんなに共通したスローガンがなくてはならない。さきに紹介した「抗租・抗糧」もその一つだし、宗教の教義もそうだが、いちばんわかりやすくて広い範囲の人々に説得力があるのは、「天に替わって道を行なう」というスローガンである。天朝さまに刃向かっているのではなくて、天朝さまの悪逆非道を糺《ただ》し正常なまつりごとに戻させるのだという意識だったのかもしれない。それが正義であり正道だったのである。

さらに、「刼富済貧《ごうふせいひん》」(豊かな者から奪って貧しい者を救う)というのも一般的だった。そこには原始共産主義的な平等と公平をめざす意識が働いているので、のちのち「均産」一揆と呼ばれた。

このようなスローガンが提起されてくること自体に、飢餓暴動的な貧しくて教養のない農民とは違った教養人、知識人の影がチラチラする。それはある場合には不平不満をもつ「士」であり、闇の世界に勢力を張る密売人であり秘密結社であった。したがって農民一揆のあとに新しい王朝を興すのもこうした人々のなかから出てくることが多かった。

大同の世

王朝の交替劇は、決して政治と社会の根本的な変革を意味してはいなかった。近代の革命と違うというのは、そのような意味合いでである。しかし反乱者たちが、古い王朝とは異なった世界をつくり出そうと努力したことも否定できないことである。あとに述べるように、彼らには新しい社会とはどのようなものなのかが、わからなかっただけなのである。

中国人が一般的に理想的な社会と考えてきたのは、いわゆる「大同の世」である。それは孔子の『礼記《らいき》』礼運編[*14]に出てくることばである。身分制度や秩序と規律を厳格に守ること（すなわち「礼」である）を強調するところを除けば、上記した原始共産主義的な社会が理想化されていることがわかる。この儒教の根本的な政治思想ともいうべき社会像こそ、さきの「天命」を地上に現実化したものといえる。その一節を紹介しておこう。

「（大道が行われる世の中では）人びとはひとりわが親をのみ親とせず、ひとりわが子をのみ子とせず、老人はみな安泰に世を終えることができ、壮者はみな働く場所があり、幼児はみな成長することができ、老いて妻なき、老いて夫なき、幼くして父なき、老いて子なき、身障者・長患いなどの人びとも、みな看護してもらうことができる。これを大同という」

このような社会像は、歴代の王朝とそこでの政治指導者たちがつねに念頭においていただけでなく、今日の政治指導者たちもそうである。それは毛沢東もそうだが、その次の「偉大なる舵取、設計師」といわれた鄧小平が、今世紀末までに中国を一気に「大同の世」にはできないから、次善のレベルである「小康の世」にしたいと主張した、その「小康」ということば遣いのなかにはっきりと現れている（やはり上記の『礼記』のことばである）。

＊14　『礼記』『中国古典文学大系』第三巻（平凡社、一九七二年所収）。

おそらく、こうした気のつかい方のなかには、社会主義とか共産主義というものを伝統的観念の世界から説明するのが一般民衆にはわかりやすい、通りやすいという認識があったのであろう。また、天命としての大同の世を実現できないようなときには、民衆が「革命」を起こすかもしれないという危惧の念がちらついていたのかもしれない。

第三節　資本主義の未成熟とウエスタン・インパクト

資本主義の発展はなぜ遅れたのか

中国は前近代（少なくとも一五、一六世紀以前）の世界において、最も科学技術が発展していた国である。「四大発明」はすべて中国にかかわっている（紙・火薬・羅針盤・印刷術）。これは私がたいへんな研究業績の一つだと信じるジョセフ・ニーダムの『中国の科学と文明』[*15]に書かれていることである。また、余英時という人の『中国近世の宗教倫理と商人精神』[*16]という本では、いかに商業・貿易が発展し商人が富裕であったかが述べられている。しかしまた他方では、中国人自身が脚本を書き映像に残した『河殤《かしょう》』[*17]というドキユメンタリー・フィルムでは、中国がいかに長い歴史の伝統のなかで沈滞し苦悩していたかを克明に描いている。これらのほんの一部の著作、作品を見ただけでも、いろいろ矛盾したことが言われているように思えるが、どれも本当のことを語っているのである。

　すでに述べてきたように中国は農業立国・農業大国である。農業生産を基礎とし農業を国の根本産業であり政治・社会・文化の根幹だと考えている点で、農本主義といってよい。

*15　ジョセフ・ニーダム『中国の科学と文明』（東畑精一・薮内清監修、蛎波護・杉山二郎ほか訳、思索社、一九九一年から第一巻刊行。原文は一九五四年より）。

*16　森紀子訳、平凡社、一九九一年。

*17　『河殤』のシナリオは、蘇暁康『黄河文明への挽歌』（鶴間和幸訳、学生社、一九九〇年）。

したがって当然のことながら、科学技術というものも農業生産、農耕技術にかかわるものが基本である。それは同時に、軍事関係にも密接に結びついてくる。鉱山の開発や冶金術の発達にともなう鉄器や火薬を含む大量の武器武具の生産にそれが見られる。また、文字の国としての技術（紙と印刷術）もそうである。中国は文化文明国であるだけでなく軍事大国でもあったわけである。

これらのものは国（王朝）の経済基盤、軍事力の強化とともに、王朝体制そのものの必要を満たすものでもあった。一般庶民が貧窮と耐乏生活をおくっているときに、宮廷、貴族・官僚（士大夫）社会は豪奢な生活をおくり、また大国としての体面を保つために大量の物品を必要とした。つまり、周辺の「蛮族」から貢ぎ物（朝貢）が贈られてきたのに対する返礼品などである。

こうした事柄は消費物資の大量の需要と生産とを求め、かつ可能にしたのであるから、一見すればあたかも大量消費の社会を生み出したかのように思える。[*18] しかし、それはあくまで社会の上層の統治階級の必需品としてであって、庶民生活の改善と豊かさを約束するものではない。たとえば、鉄器の生産は武器武具に回されても農耕生産に大量に回されるということはなかった。近代にいたるまで（それどころか現代でも）木製の農器具が使われていたし、優秀な器具、動力としての家畜、井戸や潅漑施設なども村の有力者の手に握られていることが多かった。

商業・貿易（限られた都市ではあったが）・手工業・金融業などの発展は都市の成長をもたらし、都市の消費人口は急増する。したがって上層社会に出回っている物資が、自由に大量にこれらの都市に流通していたなら、そしてそれによって利潤があげられることが

＊18　一九五〇年代、中国で『紅楼夢』論争があった。それは清朝の曹雪芹の『紅楼夢』という小説のなかに宮廷貴族社会で大量の消費物資が使われていることを、生産と消費の両面からどのように考えるか、つまり新しい資本主義的な社会が生まれていたのではないか、という議論である。これとも関連して、この前後に「資本主義萌芽論争」があった。いずれも前近代中国が、決して停滞した社会ではなくて、少しずつ新しい社会と時代に向かって変化しつつあったことを証明しようとするものであった。

わかって、それらの生産に資金が投資されていたなら、資本主義の発展も世界で有数の早さと規模を誇りえたかもしれない。だが、中国ではそうはならなかった。農本主義的発想が工業と商業のより一層の発展、商品貨幣経済の浸透を喜ばなかったからである。余分な金は国の税金として吸い上げられるか、土地に回されて地主を再生産し、商品生産と流通には向けられなかった。また、同じ発想は農民を土地に縛りつけることを強制した。たとえ農業において破産しても、土地を離れて都市に出て行くなどということは許されなかった。膨大な流浪の民が食を求め政府役人の阻止を振り切って、あてのない旅に出て行かざるをえない状況は、もはや政府そのものに力がなくなっていたことを物語っているが、しかし都市の勤労大衆を形成するまでにはいたらなかった。

かくして表面上の華やかさ賑やかさにもかかわらず、見えないところでの資本の蓄積と自由な賃労働の創出は容易ではなかった。商品貨幣経済は国の隅々まで浸透しなかった。すなわち資本主義の発展が遅れたのである。

中国の近代とウエスタン・インパクト

資本主義の未成熟がなぜ問題なのか。まずなにより、国内市場が発達せず、また統一されず、したがって「国」の統合の基礎ができず、大衆とか庶民は膨大に存在しても近代社会を支える市民（それは大量の商品の生産と貨幣を使っての消費の双方の担い手である）が形成されない。フランス革命における反乱者は、勤労大衆を構成する市民とか新興資本家のブルジョアと呼ばれる人々だが、いずれも市民社会を形成する主体であった。彼らは自らを市民だと意識していた。そうした市民と市民社会が基礎となって生まれるのが国民国家である。

また、資本主義は自由競争という名において必ず世界市場へ進出するが、それは名は自由競争だが、実際上は国家の力を背景とした海外進出、独占的排他的な商品と資本の市場の確保である。それに遅れをとるということは、それによって影響を被ったり侵略されることを意味している。国民国家の形成の必要性はここからも理解できる。

世界が資本主義によって支配されはじめたころ、中国は王朝体制のもとでいぜんとして中華思想にドップリと浸りこんでいた。世界中の人々は貢ぎ物を持ち頭《こうべ》を垂れて中華帝国の恩恵を乞いにくるのが当然だと信じこまされていた。商業とか貿易は下等な職業であり、下賤な者たちが従事するものであって、せいぜい貢ぎ物を持ってきた連中に恩恵としての返礼品をくれてやるのが物品の交換であり交流なのであった。もちろん対等・平等の交換・交流などではなかった。

しかし、資本主義は必死で市場の開拓に乗り出してきているのである。それは、いままでパンツとかシャツとか靴下とか（すなわち商品――主として綿製品である）を着る習慣のない人々に、それらを身につけること、したがって貨幣によってそれらの商品を購入することを要求する。それが新しい文明の礼儀であり、健全で健康な生活習慣だとか理屈をつけながら。

しかし、中国人の基本的な生活習慣は、さきにも述べたように「朝起きて田畑に出て働き、夕べには帰って眠る」農耕生活であり、そこでは「男は耕し女は織る」自給自足的生活サイクルが定着していた。そのうえに中華思想による王朝＝政府の妨害である。商品の流入は強い抵抗を受けていた。膨大な数の中国人に商品・貨幣経済を叩きこむこと、これが先進資本主義国の使命であった。

よく知られているように、その先頭に立っていたイギリスはいわゆる「三角貿易」の商品として中国にアヘンを持ちこんだ。それによってイギリスから中国への銀の流出（いまでいえば、さしずめイギリス側の出超であろう）を阻止し、あわせてアヘンという特殊な商品を買わせることによって、中国人の血と汗によって商品貨幣経済のなんたるかを知らしめたのである。ここに世界で最も汚い商品を阻止しようとする中国と、それを無理やり持ちこみ買わせようとするイギリスとのあいだで「世界で最も汚い戦争」、すなわち「アヘン戦争」が始まった。

アヘン戦争は中国近代の幕開けとなった。中国人はアヘンに怒りと憎しみをもって立ち向かいながら、他方ではイギリスの軍事力、すなわち当時においては最先端の科学技術と、国家の意志として発動された戦争に大きなショックを受けた。「ウエスタン・インパクト」とは、それらを総体として表現したものである。そしてそれらの背後にあるもの、すなわち資本主義の経済とその政治に否応なしに注目せざるをえなかった。中華帝国を維持しながら、この新しい資本主義というものにどのように対応してゆくか、あるいは対応してゆけるのか。それがアヘン戦争以降のほぼ半世紀の中国統治階級の最大の課題であったといえよう。

中国資本主義の特徴

中国人がアヘン戦争までなにもしないで眠りこんでいたと考えるのは誤りであろう。その準備期間が長すぎたにすぎないと私は思う。だからウエスタン・インパクトによって衝

＊19　普仏戦争　ナポレオン三世（第二帝政）のフランスと

撃を受けたのちは、中国人のなかにもただちに資本主義をめざして努力すべきだと考える人々が出てきたのも当然であろう。欧米列強と異なるのは、国家の意志として資本主義をめざしそれを支援する態勢がとれたかどうかだと思われる。とりわけ後開発国の明治維新（一八六八年）以後の日本、普仏戦争[*19]（一八七〇―七一年）前後のプロシア（ドイツ）と決定的に違うのは、そこのところであろう。先進資本主義国である欧米列強は、日本ほど露骨でなかっただけである。

中国人が資本主義をめざす場合、その最もよき見本は日本であった。というよりも欧米列強に遅れをとるのは仕方がないとしても、隣国の弱小国と見下げていた黄色人種の日本にだけは負けたくないという気持ちが強かったと言ったほうがよいかもしれない。このような気持ちは一方で明治維新とその後の欧化政策を学ぼうとしながら、他方では政治体制としての王朝体制を必死で守ろうとする姿勢のなかにも現れている。日本が天皇制統一国家を樹立し、そのもとで資本主義化しようとしているのだから、中国でも古い王朝体制を残したまま、新しい資本主義を受け入れることはできないわけがないし、そうしなければならないというわけである。

したがって、中国の資本主義はどうしても王朝体制―専制君主のもとでの改良主義的方向に進まざるをえなかった。王朝体制のなかの資本主義を意識する人々、とりわけ高級官僚（士大夫）が、外国人を見よう見まねで資本主義的方法を取り入れた（「中体西用」[*20]による洋務運動である）。その場合、外国人と中国人とのあいだをとりもつ役割を果たしたのが「買弁」[*21]であった。高級官僚と買弁とが結びついて資本主義的企業を興したので、後世では「官僚買弁資本家階級《ブルジョアジー》・官僚買弁資本主義」といわれた。

ビスマルク、モルトケらの指揮するプロシア（プロイセン）とのあいだの戦争。この結果、ドイツ帝国が成立、他方、フランスではプロシアとの屈辱的な講和条約に反対するパリ市民の蜂起（パリ・コンミューン）があった。

*20　「中体西用」ということばは、洋務派大官僚だった張之洞のもの。本質は中華で形とか実用は西欧のものという考え方である。

*21　買弁　コンプラドール。もともとはポルトガル語の「購買者」の意味であるが、外国企業と中国側とのあいだで商品取引などに従事した。今日でいうブローカーに似ている。貿易商社、銀行、船会社、保険会社、鉱山などに存在していた。今日の中国では原義を拡大解釈して、外国人に取り入って大儲けをする従属的な商売人を軽蔑的に呼んでいるようである。

このような資本主義は、やはり国家によって制限された特権的な人々のものであって、自由な人格を基盤とし自由競争を前提とした資本主義ではなかった。それは少数ではあるが発生しはじめた資本家たち――自由で自立した人格を求め、自由な競争を求める企業家精神の持ち主たち――からすれば、むしろ真の資本主義の発展を阻むものにほかならなかった。こうした資本家たちのことを「民族資本家《ブルジョアジー》階級・民族資本主義」といった。

彼らは欧米のように資本主義を発達させる政治社会体制を欲するが、同時に、後進資本主義としては国家の保護育成をも求めた。その両方がかなえられるのは、新しい強力な統一国家――国民国家を創設するほかにないとする考え方が、一部の人々のあいだに台頭してきた。時あたかも列強の中国侵略はますます激しく露骨になってくる。中華民族と中国という国がどうなってしまうのかという危機感をもつ人々は増えていった。中国ナショナリズムの発生と発展である。

ブルジョアジー・プロレタリアートそして農民

一般的にいえば、「官僚買弁ブルジョアジー」は帝国主義列強に癒着している古い国家体制に依存しつつ資本主義を取り入れようとする人々であり、「民族ブルジョアジー」は、そのような帝国主義の支配の拡大に反対し、古い国家や社会体制を自分たちの利益にそぐわないと考える資本家たちだといえる。したがって、民族ブルジョアジーは必然的に新しい国づくりを求めて急進的な政治姿勢をもつことになる。彼らが国と民族の危機をより強く感じざるをえないというのは、外国の侵略や経済進出が自己の存立基盤を脅かし、しかもそのような危機に際して古い体制のままの国が自分たちを支持し保護してくれないからである。こうして彼らの多くは、古い王朝体制の打破をめざす「革命派」になったり、これを支援することになる。

　ところで、すでに何度も指摘してきたように、資本主義というのはブルジョアジーだけで成り立つものではなく、必ずその対極に労働者階級《プロレタリアート》をも生み出す。官僚買弁資本主義といい民族資本主義といい、いずれにしても安くて大量の賃金労働者が必要となる。彼らはもはや熟練労働者でなくてもよい。チャップリン*22の『モダン・タイムス』という映画が描いたように、織り子は紡績織機のほんの一部だけを見ておればよいのであり、旋盤工は自分の旋盤だけを注視しておればよいのである。したがってこの労働者群は、ひとつにはこれまでの熟練労働を必要とした手工業分野からはじき出されてくる。ギルドの親方も徒弟も没落と失業の危機にさらされる。しかし、より大量の労働者群は、いうまでもなく農村から吐き出される。

　中国の農民はほかのどこの国の農民よりも土地に執着する。その土地を所有する地主が、商品生産をめざす資本主義的経営に乗り出したならば、農村においても資本主義は発展したかもしれない。だが、中国の地主たちは相変わらず小作料を貪っていた。工業が発達して都市が形成されるようになると、土地を失い生業に事欠く農民たちは都市へと溢れ出そうとする。しかし、中国の資本主義はまだ十分に発達していないため、農村にもいることができず都市に行っても職のない浮浪民が、宙ぶらりんの形で農村と都市とのあいだをさまよう。

　そうした状態のもとでも、中国の資本主義は一定程度は発達する。それはほかの資本主義国と同様に紡績業を中心とした軽工業から発達する。女工や童工（児童）が安くて劣悪

*22　チャールス・チャップリン（一八八九―一九七七）　アメリカの映画俳優にして監督。『モダン・タイムス』『独裁者』などで知られる。五〇年代初頭のマッカーシズムの「赤狩り」でアメリカを脱出、スイスに住んでいた。

な条件のもとで酷使されている。人身売買、人さらいが都市と農村のあいだに横行し、収容しきれない工業からあぶれた男女があちこちにスラム街を形成し、車引き、小売行商人、ボーイと女給（ウエイトレス、メイド）、そしてなにも手に職のない物乞いや屑拾いといった貧しい人々が右往左往している。ギャング、どろぼう、売春婦などが、暗黒街をバックにうごめいている。

重工業は武器弾薬製造業、造船業、鉄道や住宅の建設業、鉱山業など、ごく限られた政府・官僚・買弁ブルジョアジーの手で経営されている。外国航路にはたくさんの船乗り（船員）と荷揚げ人夫を必要とし、鉄道の敷設には鉄道員や線路工事人夫を必要とする。

やや毛色の変わったところでは、都市の形成とともに新しいタイプの行政関係者や学校の教員といったホワイト・カラーを生み出す。中国では同じ賃金労働者・サラリーマンでも、ホワイト・カラーは「職員」といい、ブルー・カラーは「工人」である。職種の違いが身分・待遇の差別（人々の見る目の違い）を生み出しているが、両者はあわせて一般に「職工」と呼ばれている。上記したような職業・職種の人々が、いったいどのくらいいたのか厳密な統計はない。純粋の工業労働者はせいぜい二〇〇〇万―三〇〇〇万人くらい、その他のホワイト・カラーや雑業をあわせても二〇〇〇万―三〇〇〇万人ほどであったろうか。[*23] これがいわゆる中国のプロレタリアートである。この数と内容は、中国革命を語るうえで大変重要なので、記憶にとどめておいてもらいたい。

＊23　さしあたり、若林敬子『中国の人口問題』（東京大学出版会、一九八九年）、同『中国人口超大国のゆくえ』（岩波書店、一九九四年）などを参照。

第四節　革命と反革命の位相――中華民国の成立から国民革命へ

革命と反革命の位相とその相互転換

以上において、中国の前近代社会の特徴と、そこに欧米列強が侵入してくることによって近代が始まったこと、その近代の最も顕著なメルクマール（特徴、画期点）は資本主義であり、中国ではその資本主義は先進資本主義国と異なった様相をもったこと、そしてさらに資本主義の発展のためには古い王朝国家体制ではダメであり、これを転覆しようとする革命派が登場せざるをえないことなどを語った。

以下においては、その革命派が中心となって起こした辛亥革命とその結果樹立された中華民国のことを語り、さらにその中華民国の初期の運命から国民革命までのことを語る。この部分はどの概説書にも書かれており、詳細はそれらに委ねるとして、ここでは私流の整理の仕方で必要最小限のことを大ざっぱに語ることにする。歴史の流れを把握してもらえれば、それでよいと思うからである。

また、この「中国革命の夜明け」という章に中国国民党や国民革命のことを語る理由は、この党が中国史上はじめて近代的な政党（明確な政治綱領をもち、革命の内容と展望を提示して同志を募り、党に対する忠誠を誓わせる）として登場し、古い時代から新しい時代への橋渡し役を果たしつつ、自らも今日まで生き残って中国（台湾）政治の主役を演じ続けているという点に注目してもらいたいからである。*24 だからこの党のことは、次章に回して新しい時代のなかで語っても差し支えないわけであるが、私としてはこの党が新しい時

＊24　二〇〇〇年三月の総統選挙で野党の民進党の陳水扁が勝ったから、国民党が主役の時代は終わりつつあると言うべきだろう。

代の革命の課題を担い、その任務を遂行するに際しても、古い時代の残りかすを色濃くもたざるをえなかったことを、のちのちのためにあらかじめ指摘しておきたかったのである。中国共産党についても、ここで語ってもよいと思うが、ロシア革命との関連性が強いので後章に回した。

ところで国共両党は、「レーニン主義の一卵性双生児」という人もいるくらい、その出自、革命目標、運動方法論・組織論、それにロシア革命の影響の受け方などにおいて似通ったところがある。*25 レーニン主義―ロシア革命の系譜からすれば、中国共産党は直系で国民党は傍系といえるが、近代の中国革命の系譜からいえば、逆になる。どちらも自分こそは真の革命派だと自認している。国民党の主義主張にもとづく国家建設を「革命」だとすれば、それに反対し邪魔する中国共産党は「反革命」になるわけだし、国民党と国民政府を「反革命」だと断じる中国共産党の側からすれば、それを打倒する運動こそ「革命」なのである。

同じく革命といっても、その目的意識（新しい国家と社会のイメージ）が異なり、その実現のための手段・方法が異なり、その過程と実現された国家・社会で得られるはずの利益が異なれば、価値観がまるで反対になるのは当然である。おそらく、今日からこの時代を振り返って見る人々の目も、同じくさまざまな価値観を基礎に置いているわけだから、どちらを革命というか、反革命というかも自ずから異なったものになるだろう（ただ今日では、ほとんどの人々が革命とか反革命という概念に大きな価値を見いださないから、両者の区別をうるさく厳密に言い立てないだけのことである）。座標軸をどこに置くかによって、革命と反革命の位相は相互に転換する。

*25 たとえば、田弘茂（中川昌郎訳）『台湾の政治――民主改革と経済発展』（サイマル出版会、一九八九年）などに見られる。

革命派の台頭

さて、さきに革命派・革命家集団としての国共両党のことを語ってしまったが、実は中国近代史上において最初に「革命派」と自他共に称した人々がいた。孫文らの同盟会などに結集する人々である。彼らは康有為《こうゆうい》*26、梁啓超《りょうけいちょう》*27らのように、清朝そのものの改革によって中華の危機を回避しようとする人々に飽き足りなかった。結局、本当に中華民族（中国という国家ではなく）を救うためには、中華の危機を招いた少数の異民族（満州族）による支配をまず排除し、その政治体制を壊して、日本の明治維新によってつくられた明治国家のような新しい国家をつくる以外にないのではないか。彼らの思想と革命論のたどり着いた結論は、このようなものであった。

当初、彼らの革命論は「滅満興漢」（復明）とか「駆除韃虜《くじょだつりょ》、回復中華」（いずれも満州族を追い出し中華民族——漢民族であり清朝の前の明王朝でもある——による支配を復活する）という、いわば大漢民族主義的で排外主義的な傾向が顕著であった。満州族の政治体制は少数異民族支配ではあるが、しかし中華民族そのものを否定するものではなく、逆に少数民族が（その武力によって支配者の地位を保ちながらも）中華民族に同化し多数者である中華民族を利用することによって、中華世界の主権者たりえたものであった。したがって、満州族を排除して中華民族の統治（政治体制）を復活するということは、中華の民から少数民族を除外して漢民族だけの国づくりをするということになって、伝統的な中華民族の概念そのものに改変を加えるということになる。

孫文もその矛盾に気づいていたと思われるが、なによりもまず古い王朝国家を打倒し新しい国家を建設することに執念を燃やしていたから、とりあえずは被抑圧民族である中華

*26　康有為（一八五八—一九二七）広東省南海県の人。一八九八年、光緒帝に依拠して「変法維新」の改革運動を起こしたが、西太后によって弾圧され日本に逃亡。一九一三年帰国し、依然として立憲君主制を唱え続け、孫文らの革命派と対立、また五四新文化運動の攻撃対象となった。孔子を尊崇してその「大同の世」（前述の『礼記』に出ている）を理想社会としたことは有名。

*27　梁啓超（一八七三—一九二九）広東省新会県の人。若くして康有為に師事し、ともに改革運動に加わるが、西太后に弾圧され康有為とともに日本に逃亡。横浜で『新民叢報』を刊行、改良主義を宣伝し、孫文らの『民報』と論戦した。一九一二年帰国。翌一三年、進歩党を組織し、政治活動を行なうとともに、以後ジャーナリストとしても活躍した。

民族の誇りと自信に訴えかけたものであろう。それはすでに述べた易姓革命でもあるし、またモンゴル民族の元朝を倒した明朝や、清朝を倒そうとした太平天国になぞらえた種族革命でもあった。政治社会体制を根本的にひっくりかえして、新しい政治社会体制を築くという、のちの革命とは性格が異なるものであった。

そこに当時の孫文らの限界性が見られるが、しかし彼らにはその欠点を素早く自覚するだけの能力があった。新しい帝国主義の時代に新しい国づくりをするという場合、実は中国＝中華世界の危機はより根本的には外側の帝国主義の侵略にあり、中華世界内部の矛盾と争いは早急に解決して、中華民族の全力をあげてこれに対抗すべきだという考え方に進んでゆく。

辛亥革命と中華民国――その新しさと限界

革命派の意識の根底に中華思想にもとづく種族革命的な大漢民族主義があったとしても、中国の危機を政治体制の根本的な転換によって切り抜け、さらに新しい国づくりによって帝国主義列強に対抗してゆこうという意図と構想は壮大なものであったと評価しなければなるまい。辛亥革命とその結果つくられた中華民国という新国家が、それである。

辛亥革命は少数のエリート集団ともいうべき革命派だけでなく、その思想に共鳴する、あるいは革命に利益を見いだそうとする清朝軍隊の将兵（いわゆる新軍）の武力があって、はじめて勝利したものである。

辛亥革命については中国でもわが国でもたくさんの研究成果があって、ここでいちいち列挙し紹介するわけにはいかない。中国近代史研究の主流ともいうべきで、学習したい人は下注にあげた野沢豊氏の本などを読んでほしい。[*28] また、中華民国についても最近は研究成果が着々とあげられていて、その一端は『日本の中華民国史研究』[*29]という本に見られる。そういうわけで迂闊《うかつ》なことは語れないのだが、やはり私なりの理解の仕方、整理によって簡単に中華民国の歴史的な意味を考えておきたい。

中華民国というのは、中国で初めて出現した近代的な国民国家である。いうまでもなくこの新国家の構想、理念、組織などの国づくりには、初代大総統（臨時）に就任した孫文の三民主義（民族・民権・民生）が大きな影響を与えており、また彼の国づくりのモデルとしてはアメリカ合衆国の議会制民主主義が想定されていた。この新国家の基本的な理念と方針は「臨時約法」に現されているが、そこでは国が「中華人民」によって組織され、その主権は（君主ではなく）国民にあること、「中華民国の人民は一律に平等で、種族、階級、宗教の区別がない」こと、人民には言論・出版・集会・結社などの「自由権」、および選挙権と被選挙権、議会への請願権や行政官庁を訴える権利があることなどが定められていた。国民の義務としては、納税と兵役があげられている。

また政治は、各地方から選出された参議員からなる一院制の議会（参議院）が立法し、そこで選出された大総統（大統領のこと）が政務を総攬すること、大総統は議会の承認を経て総理をはじめ国務院（内閣）を任命し、それが行政を執行することなどが定められていた。

この臨時約法は、「国民」という概念と「人民」（「中華の人民」、「中華民国の人民」という二通りの表現がある）という概念とがあいまいに使われていていること（「中華民国の人民」には「種族の区別」はないとされてはいるが、「中華の人民」と同意義なのかど

*28　野沢豊『孫文——革命いまだ成らず』（誠文堂新光社、一九六二年）、同『辛亥革命』（岩波新書、一九七二年）など。古い書物だがいまだにその生命力を失っていない立派なもの。比較的に新しいものは、辛亥革命研究会編『中国近代史研究入門——現状と課題』（汲古書院、一九九二年）、小島晋治・並木頼寿編『近代中国研究入門』（岩波書店、一九九三年）を参照。

*29　野沢豊編（汲古書院、一九九五年）。

うか）、選挙権・被選挙権の規定、および「地方から選出」される議員との関係があいまいであること、大総統の権限が強大なことなどの欠点が指摘されうる。しかし、それにもかかわらず、中華民国が封建王朝時代に終止符を打ち、とにもかくにも帝国主義時代の荒波のなかで中国が生き抜き、かつ強国へと発展していくために、まず「バラバラの砂」（孫文のことば）のような中国人を一つの「国民」として結集し、統一された国民国家として立ち上げていくことをめざしたという点で、歴史上、画期的な意味をもつ。

もちろん、中国を一気に近代的な国民国家に変身させるいうことは、だれが考えても気の遠くなるような仕事である。古い政治社会構造と人々の精神・思想・感情は、そのまま受け継がれているわけだし、そのなかにドップリと浸かってきた古い体質の政治家とか軍閥が、時こそ到れりとばかりに暗躍したのである。中華民国の建設も孫文の理念も、彼らの私的な利益に利用されやすい面もあったことは確かである。辛亥革命に貢献があったとはいえ、清朝時代の政治的軍事的遺物である北洋軍閥[*30]が力をふるい、その代表格の袁世凱《えんせいがい》[*31]が孫文を追い落として大総統の地位に就き、さらには帝政復活を望んだとしても、易姓革命の伝統からすれば当然だった。こういう連中を革命に利用しなければならなかったところに、孫文や当時の革命家たちの限界性があったのである。

中国国民党[*32]の成立と改組

孫文は「三民主義」（民族主義、民権主義、民生主義）を掲げて中国の「半植民地」（孫文はこれを「次」とか「亜」植民地といった）からの脱却、つまり民族解放と全国統一をめざして同盟会を指導してきた。しかし、孫文という人は、「先知先覚」論に見られるよ

*30　北洋軍閥　中華民国初期、袁世凱の育て上げた軍人たちが、袁世凱の死後、それぞれの地方に地盤を築いて北京の政治権力を争った。その内部に安徽派、直隷派、および傍系的な奉天派の三派があり、これらを総称して北洋軍閥という。それ以外にも全国に軍閥が割拠し、互いに勢力を競いあったので、一九二八年の蒋介石による全国統一までは、中国全土で軍閥の混戦が続いた。なお、軍閥とは英語では war lord といって日本とは違って政治力のある軍人そのものを指すのではなく、地方の地主階層に地盤をおき、経済力と軍事力によってその地方の政治支配を行ない割拠勢力を築いている者、その一族と取り巻きなどを総称していう。出自は上記の清朝時代、とくに太平天国の鎮圧に貢献した地方の有力な漢族軍人であるとされる。中国では旧い勢力の代表的な存在のようにいわれているが、最近の内外の研究ではそれぞれの軍閥が

うに一種のエリート革命を信じる英雄主義的なところがあって、人民大衆のエネルギーと力を信じ、これに依拠して革命を遂行するという発想が少なかった。だから辛亥革命のときもしかり、中華民国の成立後の袁世凱に反対する闘争でもしかりで、みな「先知先覚」のエリートや、あるいは既製の武力をもった勢力に依存して戦ったのである。しかし、それらの勢力、人々の多くは自分の出世、権力や名誉のために戦うのであって、本当に革命のため、「三民主義」のために戦うことは少なかった。だから孫文を一時的に指導者として奉り、その命に従うことがあっても、その戦いが勝利に終わるとすぐに自分たちのエゴが表面化して、孫文に背くということになる。

そんなことの繰り返しのなかで、孫文は大いに悩み惑った。ちょうどそのおりにロシア革命が起こり、革命を指導する強固な中核組織（前衛党）と、人民大衆のエネルギーと力によって強大な権力が打倒されるということを目の当たりにしたのである。これは孫文のエリート主義を満足させただけでなく、彼が軽視していた「後知後覚」「不知不覚」の存在をも認識させることになった。そこで彼は、一方で革命の中核になるような政治組織として国民党を改組し、他方で人民大衆に依拠して大衆的な革命運動を遂行しようとして発足した中国共産党にも、協力させようと考えたわけである。

孫文はコミンテルンの助言を受け入れて、「連ソ容共、扶助工農」（ソ連と連合し共産主義〔者〕を受け入れ、労農大衆を助ける）という有名な「三大綱領」を定めた（これについてはのちの蔣介石・国民党は解釈が違う）。これが中国共産党側からすれば革命的三民主義だというわけで、中共が国民党に協力する原則になった。ただし孫文は、中国共産党を容認し、これを受け入れて協力するとはいっても、あくまでも革命の主体と指導権は国

近代化のために努力したことが指摘されている。

＊31　袁世凱（一八五九―一九一六）　河南省項城県の人。一八九八年の変法派の弾圧に貢献し、李鴻章のあとを継いで直隷総督兼北洋大臣に就き、清朝軍隊内の最大の実力者となった。辛亥革命が勃発すると、清朝政府は袁世凱に全権を委ね事態を収拾しようとしたが、逆に袁世凱は革命派と交渉して革命の側につき、中華民国が成立すると、孫文に代わって臨時大総統となった。さらに彼は、英仏独日露銀行団の借款に頼って軍費を調達し、軍事力を背景に正式に大総統となった。一九一五年、日本の二一箇条要求を受け入れ、それとの交換で新しい皇帝になろうとしたが、全国各地の反対に遇い、翌一六年、帝政を取り消し、憂悶のうちに死去した。袁世凱と孫文との関係については、横山宏章『孫文と袁世凱』（岩波書店、一九九六年）を参照。

民党にあると考えていたから、共産党員が国民党に入ってきて国民党に協力するのだという立場を貫いた（これを党内合作という）。いずれにせよ国共両党の合作が成り、それに合わせて国民党内部の改造も進められた。中国で最初の統一戦線が結成されたのである。

孫文が国民党の改造（改組といった）のように、政党というものに強く執着したのは、いうまでもなくソ連共産党（ロシア革命当時は社会民主党ボルシェヴィキ）のような強力に革命を遂行し、かつ執権の党として政権を担いうるような中核的指導組織（これもまたエリート集団である）をつくるという点にある。そのような組織・集団を通して革命を遂行するとともに、新しい国家も建設してゆこうと考えた。

彼は三民主義のなかに「民権主義」（民主主義）を掲げ、新しい国民国家の行く末は憲法にもとづく民主政治であるという理念をもっていた。しかし、当時の政治社会状況からすれば、そのような民主政治を一気に実現できるものではなく、最初は軍事力によって、したがって軍事力をもつ人々によって「軍政」を敷かざるをえないとした。しかし、軍政は当然、軍閥政治を正当化してしまう。そこで次に、三民主義に忠実でその理念を遂行するエリート集団＝国民党が政治を指導する段階を想定した。これが「訓政」である。国民党が指導し組織し訓練した軍隊（国民革命軍）、政治団体、大衆団体などを使って、国家機構を構築し国民国家としての中華民国を実体化し、こうして革命の理念を実現してゆくのである。しかし、訓政はいわば一党独裁を正当化し合法化した「党治」であって、「臨時約法」に謳《うた》われた国民主権、人民の自由権を中心とした民主政治ではない。その訓政時期は短ければ短いほど、つまり民主政治を実行する基盤が早くできればできるほど、最後の段階、憲法にもとづく民主政治の実現も早まる。これが「憲政」段階である。

＊32　中国国民党　一九一九年一〇月、中華革命党を改組して、中国国民党となる。二四年一月、コミンテルンの仲介で「ソ連と連合し、共産主義者を受け入れ、労農大衆を援助する」という三大政策にもとづいて改組され、国民革命の指導勢力となった。二七年四月、蔣介石は上海でクーデターを起こし、共産党を追放し、国民党内でも指導権を握った。本文に書いたように「三序」では「訓政時期」に党が独裁的権力を握ることは正当化されているので、党イコール国家のような形（いわゆる党国体制）になったが、さらにそのなかでも権力を個人に集中すべきだという考え方があり、蔣介石の独裁を容認する傾向が強かった。国民党の歴史については数多くの著述があるが（前掲＊29の『日本の中華民国史研究』参照）、最近の深町英夫『近代中国における政党・社会・国家』（中央大学出版部、一九九九年）が初期のころの国民党について

孫文のこの「軍政―訓政―憲政」の各段階を通して民主政治を実現するという考え方は、「三序」といわれる。このような発想はきわめて理想主義的な政治を、きわめて現実主義的に実現してゆこうとする彼の政治スタンスをよく現わしている。一党独裁もやむをえないと考えていたのかどうか議論が分かれるところだが、結局、国民党もそうなってしまったし、中国革命を引き継ぐ中国共産党もそうなってしまった。どうしてそのようになってしまうのか。それは中国の長い長い封建王朝体制の影響が新しい人々にも深く及んでいたことを示すと同時に、二つの政党とその運動が戦争と革命の時代に存在していて、その枠組みから逃れることができなかったことを示している。この点を以下に論じよう。

興味深い見解を提示している。とくに「先知先覚」「後知後覚」「不知不覚」の三者の関係についての分析が面白い。また、今日の台湾の公式見解は、陳鵬仁『中国国民党略史』（近代中国出版社、一九九四年）が参考になる。

第二章　戦争と革命の世紀

延河のほとり八路軍が行く　黄土の丘の中腹に窰洞が点々と見える（1944年）。

はじめに――破壊と建設の狭間《はざま》で

この章で語りたいこと

平和と平穏な世が長く続いた時代に、戦争とか革命とか声高に叫ぶのは狂気の沙汰《さた》のように思われるであろう。そう感じるのが正常な感覚である。実際、革命というものは平穏無事の日々をおくっている普通の庶民に人為的に無理やり押しつけることはできず、普段は平和で静かな生活を楽しんでいる人々が変革を求め、政治権力からの圧政や抑圧に耐えかねて、そのような権力をひっくりかえそうとして立ち上がるものである。もちろん、そこには革命政党とか革命家といわれるような一群の指導者集団がおり、決起の必要性、戦いの方法、その戦いの後の政治と社会の見取り図などを人々に指し示し、共感を得るとともに、その指導を受け入れさせることが絶対に必要である。

戦争もまた人々――この場合は国民の多数――の共感と支持を得なくては始めることはできない。当然、戦争への準備と動員のために国の指導者たちは政治宣伝、教育をはじめ国民への強制的な法令、命令を下し、それに逆らう者たちに懲罰、報復、見せしめなどを与える。平和な時代から見れば戦争は国民的発狂――国粋主義的ナショナリズム――以外のなにものでもない。

この章では、平和と平穏な時代から見ると、狂気、凶暴性、破壊性において共通するものをもっているように思える戦争と革命の相違および関連性を考え、そのような時代相（世界史の動向）のなかで発生し、ひとつの結末をつけることになる中国革命のありさま

＊1　蔣介石（一八八七―一九七五）浙江省奉化県の人。原名は瑞元、改名して中正と称す。一九〇八年、日本の振武士官学校に留学、このころ孫文の中国同盟会に加盟。辛亥革命後に帰国、一九一三年の第二次革命に参加、二二年、広東軍閥・陳炯明の反乱鎮圧に貢献し孫文の信頼を得る。翌二三年、ソ連の軍事情勢を視察、黄埔軍官学校の設立にともない校長となる。二六年、国民党中央執行委員。この年三月、中山艦事件に際して第一軍（蔣が軍長兼務）から中国共産党関係者を追放、当時、広東国民政府主席であった汪精衛は累が及ぶのを恐れて外遊に出たので、国民党・国民政府のなかで勢力を拡大、二六年六月、北伐戦争の開始にともない国民革命軍総司令官となる。二七年四月一二日、上海で反共クーデターを決行、国共合作を破壊して独自に南京に国民政府を樹立。翌二八年、北伐を続行して基本的に全国を統一、国民政府主席

（実相）を語りたい。第一章が中国の歴史の縦の流れのなかに中国革命を位置づけるものだとすれば、この章は二〇世紀という一定の時期の断面（横の広がり）を分析するということになろうか。

ところで、中国の近現代史を語るのに、戦争と革命の時代であったことを抜きにするのはナンセンスである。中華民国初期の軍閥政権にしても、蔣介石[*1]の南京と重慶の国民政府[*2]にしても、そして中華人民共和国にしても、今日から見て、どうしてあんなことができなかったのか、わからなかったのかと思えるほど、ずいぶん酷《むご》い誤りとか非道無残なこともやっている。だからそれらの欠陥、欠点、誤り、不十分なところなどを指摘することは、それらを評価することよりもはるかに容易である。そうしたマイナス面の大部分は、戦争と革命というギリギリの生き死にの瀬戸際で考えられ行なわれたこと、そして選択せざるをえなかったことから生じている。平和で平穏無事の時代をモノサシにして判断すると、おかしな話になってしまう。

中国の歴史書を読むと、中国革命と中国共産党を絶対的に高く評価するあまりに、中国を取り巻く国際情勢や革命前の時代との関連性を軽視する傾向が見られる。また、革命の対象物であった国民党とか蔣介石らに対して、さらには中共内部でも「毛沢東路線」以外の人々に対して、ひどく辛口《からくち》の否定的な評価がくだされている。換言すると、中国革命は中国共産党が最初から最後まで指導し、党と人民が自力で独自の方法で勝利したものだというのである。最近ではそうでもなくなってきたので、ここでことさらに指摘するまでもないことだが、このような認識と研究方法論では中国共産党と革命勢力以外の諸勢力、諸要素が排除されてしまいかねず、中国共産党の党史と革命史だけを学べば、中国革命のこ

となって統一政権の強化に努めていたが、三六年一二月、「西安事件」によって日本の侵略に立ち向かう抗日民族統一戦線（第二次国共合作）に踏み切り、全面的抗戦を開始した。戦後、国共内戦のさなかの四八年四月に国民大会を開催、中華民国初代総統となる。内戦の戦局悪化にともない四九年一月にいったん下野、同年一二月、台湾に脱出、台湾において再び中華民国総統となり、大陸反攻を呼号しつつ台北において死去した。

*2　国民政府　孫文が存命中、北京の軍閥政権に対抗し国民革命によって全国を統一するために「国民政府組織案」がつくられていた。孫文死後、広東を根拠地として一九二五年七月一日、中華民国国民政府が広州に設立された。その後、二六年七月一日、広州国民政府は北伐宣言を発して、全国統一のための北伐戦争を開始、一一月二八日、政府を武漢に移転した。二七年四

とも、それどころか中国の近現代史のことも、みなわかってしまうといった誤解を生んでしまう。そんな学習と研究をしてはならない。

もっともこのような批判的観点が行き過ぎると、今度は逆に、中国共産党史や革命史を学ばなくても、あるいは考慮に入れなくても、中国の近現代の歴史は語ることができるといった、へんな学習と研究がなされかねない。これはさきの誤りよりももっとひどい誤りである。

戦争と革命について

ところで、戦争とは、だれでも知っているように国と国とのあいだに発生した対立・紛争を、外交手段（政治という話しあい）によって解決できなくて、ついに武力・暴力によって最終的に決着をつけようとすることである。このような解釈はクラウゼヴィッツの『戦争論』*3を借りるまでもなく、中国でも古代の「孫子の兵法」*4にその萌芽的発想を見ることができる。

その政治的に解決できない対立・紛争とは、領土（植民地を含む）と領界、人種と民族、宗教、経済利益など数多い。ある国の領土や国境線の独占的・排他的利益の追求は、当然その他の国の利益と対立する可能性が高い。人種や民族や宗教の対立は、それぞれの誇りや歴史的伝統がからまっていて第三国には理解しがたいだけに、いったん紛争が激化したりすると手に負えないことになる。経済的利益の対立はどこにでも、いつの時代にもあるが、今日のように多国籍企業が世界的規模で活動し国際経済が複雑化している時代には、どこでどのように発生するのか見きわめにくいし、いったん発生すれば一国や二国ではす

月一二日、蒋介石は上海でクーデターを起こし、武漢の国民党左派・中国共産党勢力と袂を分かち、四月一八日、南京に独自の国民政府を樹立した。その後、武漢でも汪精衛が中国共産党を追放、蒋介石と合流したので、国民政府は南京一本に絞られた。これ以後、三七年一二月、日本軍によって攻略されるまで南京が中国の首都であった。南京から追われた国民政府は首都を重慶に移し（短期間だけ武漢に置いたことがある）、ここを抗日戦争の基地として日本軍と戦った。四五年八月一五日、日本が降伏したのち、四六年五月五日、蒋介石らは再び南京に帰ってきた。これより中華民国国民政府は再び南京を首都として戦後中国の復興に努めたが、中国共産党との内戦に敗れ、四九年一月以降、広州、重慶などを転々とし、ついに中国での統治権を失い、中華人民共和国によってとって代わられた。

まない問題に発展するだろう。それに経済問題が基礎であっても、環境問題のように国境を越えた（ボーダーレス）、原因と結果とがかならずしも明確ではないような問題が、今後もますます増えてくるに違いない。

こうした対立・紛争を解決するためにこそ重要な役割を担っている国連や国際司法裁判所などの国際機関も、あるいは二国間や多国間の条約・協定類も、ある特定の大国によって動かされる可能性があるので、決定的には信用することはできない。

また、戦争といっても、侵略戦争とそれに対してやむをえず立ち上がる抵抗戦争、自衛・防衛戦争がある。侵略する側にも自分を正当化する理屈は用意したうえでのことに違いないから、侵略国と被侵略国・被害国との言い分はかならず食い違い、またそれぞれの応援団がいて話を複雑にしてしまう。

他方、革命はほとんど一国内の出来事だが、やはり国内の諸矛盾＝階級対立が政治的手段、政策、話しあいによって和解することができなくなって、暴力的に最終的決着をつけようとするものである。その場合、議会の多数を握ることによって平和的に政権が移行することもあるが、ほとんどの場合、内戦とか武装蜂起という形をとっている。戦争が主権をもった対等の二国間あるいは数ヵ国間の戦いであるのに対して、革命は支配階級と被支配階級という平等・対等でない両者の対立において、本来は弱者である被支配階級が決起して支配階級のつくった政治体制をひっくりかえすのである。

暴力と破壊、廃墟と悲惨のなかの建設

「戦争とは地獄である」（サム・キーン『敵の顔』[*5]）——勝っても負けてもそうである。戦争

＊3　クラウゼヴィッツ『戦争論』は岩波文庫に収録されている。

＊4　「孫子の兵法」の翻訳・解説書としては重沢俊郎（日中出版、一九八一年）のがいちばん面白い。

＊5　サム・キーン『敵の顔——憎悪と戦争の心理学』（佐藤卓己・佐藤八寿子訳、柏書房、一九九四年）。

は発明の母だといった古代ギリシャの哲人がいるが、たしかにその時期その時代の最先端の科学技術を駆使し、ありとあらゆる知恵（悪知恵？）を絞り出して勝とうとするのが戦争である。時代が新しくなるにつれて「総力戦」の様相が顕著になる。しかし、その技術とか知恵とかは、みな殺戮と破壊のために発明され使われるのであるから、戦争によってなんらかの進歩・発展があったとしても、文化文明の進歩・発展であるかどうかは問題である。

暴力と破壊を必然的にともなうという意味では、革命もまた地獄である。戦争も革命も、そのような犠牲を払ってでも未来に希望があるのだと人々に信じさせることなしには、決行できないという点でも似通っている。しかし、戦争（とくに侵略戦争）は、少数の人々・階級・階層の利益が最優先されるから、多数の大衆は希望が幻想に終わることが多い。逆に革命は、多数の被抑圧大衆が少数者に握られている権力に対して決起するものであるから、少なくとも一時的には大衆に解放感を与え、革命後の国の建設に大衆を動員し邁進させることができる。

戦争も革命も多大な犠牲と廃墟の上に国の再建と新建設を行なうが（そのような希望か幻想を大衆にいだかせる）、戦争はそれまでの支配者と政治社会体制をまったく変更するものではないから、勝っても厚化粧の上に厚化粧を塗りたくるようなもので、本質的にはなにも変わらない。革命はそれ以前の政治社会体制をひっくりかえすものであるから、大衆に新鮮な息吹を吹きこむことは間違いなく、廃墟のなかの建設も力強さが断然異なる。どちらも幻想に終わるにしても、大衆の希望の持ち方やその持続性は（そして幻想の持ち方も）異質のものになる。

少なくとも中国の場合、その戦争が侵略への抵抗戦争であったことが基本になっていたことから、革命の勝利によってもたらされた平和の享受は、再建への希望を倍加させた。中国共産党は平和の招来と再建の喜びという二重の成果を、大衆に感じさせたのである。

以上、抽象的に語ってきたことを、多少重複する部分もあるが、もう少し具体的に中国に即して見ていこう。

第一節　戦争と革命との関係

戦争と革命の相関図

すでに述べたように、中国の近代はアヘン戦争によって開幕した。戦争によって近代が始まったというにとどまらず、それがイギリスが仕掛けた侵略戦争であり、それに対する中国側の抵抗戦争であったということはきわめて象徴的である。これ以降、中国はフランス、ロシア、そして日本などとの数々の受け身の抵抗戦争を戦わざるをえなくなる。そしてそのすべてに敗北し、賠償金を支払い、不平等条約を強制されて領土の割譲と租界の設定、国境線の不利な変更、関税自主権の喪失、一方的な特恵の譲渡などを押しつけられる。

こうした事件の連続は、少数の異民族支配のもとで眠っていた中華意識を目覚めさせた。中華の民（と自覚する人々）から見れば、このような国と民族の滅亡の危機は、この異民族支配がもたらしたものだということになる。したがって、この支配体制＝清王朝を打倒することから、国の建てなおしをすべきだという発想が当然出てくる。これが辛亥《しんがい》革命につながる。それをだれが担ったのか、その結果としてどのような国家（中華民国）がつくられたかということは、第一章で述べた。

中華民国の創設後、第一次世界大戦が勃発した。この戦争で中国は初めて戦勝国の側に名を連ねたが、しかし戦勝国としての名誉も地位も実質上の利益も得ることはできなかった。日本とのあいだの不平等な関係は、日本の強引な横槍によって改善されなかった。そのため、中国はベルサイユ講和条約に調印することを拒んだ。また、戦後のアジアの秩序は、いわゆる「ベルサイユ・ワシントン体制」[*6]によって保たれようとしたが、それは大国間の談合や条約・協定によって利益、分け前を確定しようとしたものであるから、弱国であった中国から見れば不公平不平等との感はまぬかれない。

こうして屈辱感と帝国主義列強への不信感（とくに日本の二一箇条要求[*7]への非難、抵抗）が高まり、「五四運動」が始まった。この運動自体は山東における日本の利権の回収が主目的ではあったが、中華民国という新しい国家を壟断《ろうだん》している北京軍閥政権への批判と重なって、帝国主義反対、軍閥反対のナショナリズム運動として全国にひろがった。

それより前、第一次世界大戦のさなかに、欧米列強がヨーロッパでの戦闘に集中していて、政治的軍事的にも経済的にも中国への圧力を弱めていた時期、中国人の経済力は大きく強くなっていた。中国資本主義の最初の発展期が訪れたのである。民族ブルジョアジーの勢力が伸び、同時にプロレタリアートもその数を増した。

本来、一つの国において対極的な階級関係にある二つの勢力が、帝国主義と軍閥に反対するという双方の共通の利益のために、共同で戦うことを可能にした。一九二七年までの革命運動を国民革命、あるいは大革命ともいうのは、革命運動のこうした性格、運動主体

＊6　ベルサイユ・ワシントン体制　第一次世界大戦後の一九一九年、パリのベルサイユで開かれた講和会議、およびその後の二一年一一月から二二年二月、ワシントンで取り結ばれた四ヵ国条約、九ヵ国条約などによって、第一次大戦後の世界秩序が再構築されようとした。中国は五四運動において、ベルサイユ条約に反対したし、また九ヵ国条約も関税自主権の回復や治外法権の撤廃を謳っていないとして反対してきた。

＊7　二一箇条の要求　一九一五年一月、袁世凱政権に対して日本が突きつけた要求。ドイツの山東権益の継承、東北・満州での権益拡大など中国人にとって受け入れがたい要求が含まれていたので、これを承認した五月九日は「国恥記念日」と呼ばれるようになった。

勢力の構成からいわれたことである（中国共産党はこれを第一次国内革命戦争といっていた）[*8]。

第一次世界大戦という戦争と中国革命とのかかわりは、このようなものであるが、そこにロシア革命という世界史上はじめての社会主義革命が加わったことによって、中国ナショナリズムが社会主義革命に傾斜する契機を与えられた。

以上簡単に、中国を舞台とした戦争と革命の相関関係の最初の段階だけを述べた。この関係はこれ以降ますます濃密になってゆくので、節をあらためてより具体的に述べることにし、この節では両者の内面的な関連性について、もう少し語っておきたいことがある。

戦争を内乱へ——革命戦争

対外戦争を内乱へ——これはレーニンの有名なことばである[*9]。この場合の戦争とは、不正義で反人民的な帝国主義戦争のことである。古典的な解釈では、帝国主義とは、資本主義が高度に発達して金融独占資本による寡頭支配が完成し、植民地と領土の分割・支配がほぼ終わって、植民地・領土・資本と商品の市場をめぐってさらなる再分割・再配分の争いが現れてくる時代の資本主義ということである。

すなわち、帝国主義列強間の競争と矛盾が激化するのであり、その仕掛け人は当然、後進資本主義国である。ドイツ・ロシア・日本などがそれである。第一次世界大戦はそのドイツが仕掛けたといわれており、その大戦のなかに資本主義の最も弱い環といわれたロシアで革命が起こったのである。ロシアは革命によって資本主義・帝国主義体制から脱落し、敗戦国ドイツもドイツ革命によって脱落しかけていた。このころ帝国主義の敗北、資本主

*8　ついでに言えば、中共党史では次の時期は第二次国内革命戦争、一九四五—四九年までは第三次国内革命戦争といわれている。革命とは内戦だという発想であるが、本書ではこの考え方はとらない。

*9　レーニン（一八七〇—一九二四）　ロシアのマルクス主義者・革命家、ソ連邦の創設者。ロシアの官吏の息子として生まれたが、大学時代に学生運動に参加して逮捕された。その後も逮捕、シベリアへの流刑などがあったが屈せず一貫して革命家としての道を歩んだ。一九〇〇年、流刑を終えて国外に出ると、外国で雑誌を発刊して革命の論陣をはるとともにロシア社会民主労働党の組織強化をもはかり「メンシェヴィキ」を批判して「ボルシェヴィキ（多数派）」路線を確立した（のちのソ連共産党の起源）。一九〇五年、第一次ロシア革命当時は国外にいて国内の運動を指導するとともに、

義の崩壊は間近だという認識が世界中にひろまっていた。

帝国主義国間の戦争は国民、なかんずくその戦争によってなんの利益も地位の向上も得られない人民・市民（兵士の大部分でもあるプロレタリアート、農民、その他の庶民）には犠牲と悲惨を強いるだけであった。それだけではない、敵対国の人民もまたそうである。戦争によって利益、名誉と地位を得るのは少数の資本家、地主と将軍たち、そして皇帝だけである。「一将功成って万骨枯る」とは、このようなことを指す古人の名言である。

このような戦争は早くやめるべきだ、共通の利害と立場をもつ各国の人民は手をつないで戦争に反対しやめさせるべきだ、そのためには戦争を推進している支配者たちとその政治構造を打倒すべきだ、そしてそこから新しい社会・経済構造をつくり出すような新国家を建設すべきだ。「戦争を内乱（革命）へ」というのは、このような意味をもったスローガンなのであった。

戦争とは普通、対外戦争を指すが、それが内乱に転化した場合は、革命もまた戦争という形をとることが多い。革命が国内戦争（内戦）になったようなときに、これを革命勢力の側からは革命戦争という。

人民戦争と民族解放戦争

ロシア革命後、新生ロシア＝社会主義のソヴィエト連邦を若死にさせようとする帝国主義列強とその追随国が、国内の残党（反革命勢力）を支援しつつ干渉戦争を行なった。日本はその先頭に立って七万もの将兵をシベリアに送りこみ、いわゆるシベリア干渉戦争[*10]を行なった。ソ連の側からいえば、いわば祖国防衛戦争を強いられたわけである。

第二インターの修正主義との戦いを通じて国際主義を貫徹、のちの第三インター（コミンテルン）の思想的精神的基礎を築いた。第一次世界大戦中に『帝国主義論』を発表、帝国主義戦争の必然性と罪悪性を明らかにして戦争の無条件即時停止の論拠を与えた。一七年三月に革命が起こり帝政ロシアが倒れると帰国し、「四月テーゼ」を発表、また八―九月には『国家と革命』を発表してツァーリズム倒壊後のプロレタリア革命（社会主義革命）を主張、ついに一一月七日の蜂起によってプロレタリア政権を樹立し、初代ソヴィエト政府（人民委員会）議長となった。建国後、ただちにドイツと講和条約を結んで平和を取り戻し、同時に、列強のシベリア干渉戦争に抵抗しつつ反革命派を粛清して国内経済再建に取り組んだ。それと同時に国際共産主義運動の組織化とプロレタリア国家・社会主義の擁護のために一九年三月、第三インター（コこれは革命と反革命との内戦に対外戦争がからんできたもので、かりに反革命勢力が勝って革命が鎮圧されたとしても、内政干渉であり侵略戦争の一つのパターンではある。このような図式は、これ以後も、中国革命において、朝鮮戦争において、ベトナムにおいて、ごく新しい時期ではカンボジア、アフガニスタン、さらにはユーゴスラヴィアにおいても見られる。革命による社会主義政権の樹立と社会主義社会への転換を阻止するためとか、逆に社会主義政権を防衛するためとか、干渉する側はいろいろと理屈をつけて正当化するが、内政干渉であり侵略戦争の変形であることに変わりはない。

このような外国の侵略にただちに抵抗する戦争、あるいはそれまでの外国による支配を排除する戦争は、民族解放戦争である。それは革命戦争と違って全民族的な愛国闘争（ナショナリズム）であるから、階級階層を問わず参加する（民族統一戦線の結成）。しかし、その中核になる勢力は、理論的にも実践的にも、確信に満ちた、組織力と統率力のある人々でなければならない。

ロシア革命の後の干渉戦争に対する中核は、もちろん共産主義者であった。中国の抗日戦争では国民党・国民政府と中国共産党であったが、国民党が動揺的で日和見《ひよりみ》的であったことが共産党の勢力を拡大強化する一つの要因となった。ベトナムの民族解放戦争においても、やはり共産主義者が中核となった。それ以外に民族主義者が中核になる場合も多かったが、民族解放戦争においてだれが中核になるか、指導権を握るかは、その後の新たな国づくりの方向性を決定するうえで最も重要な意味をもつ。

他方、革命戦争は支配階級に対して被支配階級が戦いを挑むものである。革命の側からいえば、被支配階級とはプロレタリアート・農民などの被支配者、すなわち人民勢力であ

ミンテルン）を結成、これを直接指導した。国内政策としては二一年に大胆に資本主義的政策をも取り入れた「ネップ」を実行、また二二年に連邦制を取り入れて「ソヴィエト社会主義共和国連邦」を結成するなど国づくりを推進したが、その完成を見ないうちに病死した（後出の＊11「ロシア革命」も参照）。

なお、日本ではレーニンより早く幸徳秋水（一八七一―一九一一）の『廿世紀之怪物帝国主義』（一九〇一年）があり、「帝国主義」をはじめて科学的に論じようとしている。

＊10　シベリア干渉戦争　ロシア革命によってソヴィエト政権が成立した後の一九一八年、大戦中に拡充されたオーストリア捕虜を中心とするチェコ軍団が武装解除命令を契機に反乱を起こしたことを利用して、日本、アメリカなどが本格的にシベリアに軍隊を派遣し、ソヴィエト政権を攻撃した。干渉戦争への批

るから、人民（解放）戦争ともいう。中国流の「人民戦争」という場合には、一つの特殊な性格とパターンをもっているが、ひとことで表現すれば、「人民の海のなかに敵を埋没してしまう」のであって、人民の支持と参加なしには実現できないものであった。

革命戦争、解放戦争がたとえ正義の戦いであるとしても、一国だけで単独に勝利するということはむずかしい。私の知るかぎりでは、キューバ革命しかないが、それもまた冷戦という熱くない戦争状態のさなか、その二大陣営の対立の構図を利用したというか、その構図が作用したというべきか、いずれにせよ単独で孤立して戦われたとはいえないように思われる。

以上のように、革命と戦争（対外戦争）とは内面的にも外面的にも密接な関係がある。戦争さえなければ革命は起こらなかったか、少なくとも革命は勝利しなかったのではないかということは、十分に理解できよう。

しかし、革命自体は、社会主義革命であろうと民族解放（革命）運動であろうと、抑圧され虐げられた人々が存在するかぎり、かならず発生し、なんらかの形を残すことになる。もしそのような革命運動に干渉する者（外国）があれば、それは民族抵抗戦争、民族解放戦争に転化する可能性が高く、むしろ鎮圧されるよりも勝利する可能性のほうが大きくなる。これは歴史が証明していることであるはずだが、今日でもいぜんとして干渉しようとする者（外国）があるというのは、歴史の教訓から学ばぬ所業というべきであろう。以下、中国の歴史に即してもう少し具体的に語ろう。

判により各国が撤兵方針を示すなかで、日本軍は二二年まで撤兵しなかった。

*11　ロシア革命　一九〇五年の第一次革命と一九一七年の第二次革命をあわせて広義のロシア革命というが、一般には一七年一一月七日の武装蜂起によってソヴィエト政権を成立させた革命をいう。第一次革命は、一九

第二節　ロシア革命と中国革命

ロシア革命の衝撃

ロシア革命[*11]が起こったとき、中国国内においてそのニュースの重大な意味を最も切実に受けとめたのは、救国救亡のためにさまざまな理論、方法を模索していた知識人や学生たちであったであろう。マルクス主義の思想と理論そのものは、それまでにもさまざまな思想や理論とともに中国にも入ってきていた。しかし、それらのいずれもが、中国の実情に適用できるかどうかという点で五十歩百歩であり、根本的に危機的状況にある中国を救う起死回生の指針となるようには見えなかった。マルクス主義の受容は、単なることばの上ではなく、ロシア革命と新しい人民大衆の国家（ソ連邦）の樹立という事実によって、中国人にひとつの具体的なイメージを与えたといえよう。

若い学生と知識人たちはむさぼるように革命のニュースを聞き、学ぼうとした。それは今日の私たちには想像もできないほど真剣で切実感をもっていたに違いない。彼らがマルクス主義の文献をどれほど読んでいたか、どれほどその理論を理解していたかということは、たいした問題ではなかった（理論とか理屈をよく知っているという点では、当時もいまも日本人のほうがはるかによく学んできたといえる）[*12]。問題の核心は、中国人の頭の上に乗っかっている帝国主義、軍閥の権力というものがどういうものか、その本質はなんであるか、それを打倒し排除するにはどうしたらよいか、そしてさらに古い権力を打倒したあとに打ち立てられる社会主義権力とはどのようなものかを、少なくとも道筋だけでもロ

〇五年一月、ロシアの首都ペテルブルグで聖職者に率いられた労働者らが皇帝に対して待遇改善、政治的自由の獲得、日露戦争の中止などを直訴したが、官憲によって発砲され多数の犠牲者が出た「血の日曜日事件」に端を発する一連の革命運動を指す。また第二次革命も、一一月革命の前に、一七年三月ペトログラードでのストライキが発展し、ロマノフ朝を倒し共和政に移行した「三月革命」があった。これによって成立した政府をケレンスキー内閣というが、この政権は労働者、兵士らの不満を呼び、直接ソヴィエト政権（労働者・兵士・農民の代表者会議）を樹立する革命へと発展した。これが「十月革命」（新暦の一一月七日）である。

*12　たとえば、「共産党」とか「共産主義」という用語は、日本から逆輸入された漢字の熟語である。

シア革命が事実によって証明したところにあった。それは実践的な理論、方法論であり、社会主義を実現できる新しい政治・社会だと受け止められ、中国人に現状打破の可能性と未来への希望を与えた。ロシア革命後の新生ロシアがどれほど貧しく厳しい状況にあったとしてもである。

　そのような中国人の一人に瞿秋白《くしゅうはく》*13という青年がいた。彼はのちに若くして第二代目の中国共産党総書記になる人物であるが、新聞記者として再建が緒《いとぐち》についたばかりのモスクワへ取材に行った。そこで彼が見たものは、戦争と内乱による物資不足、大混乱によって飢えと寒さにふるえる人々の姿であった。彼はそれを直截に「飢餓の郷《さと》」と表現したが、しかしそれを絶望的な悲惨さとは見なかった。彼はそこで明日への希望に輝く人々の目の光り、美しさを見たのである。

　現実に新生ロシアの苦悩するありさまを実見した瞿秋白でさえ、このようであった。美しく力強い文章で紹介される記事や論文を読むだけの中国人たちは、なおさら想像力をかきたてられて、実際以上に素晴らしく希望にあふれたものとして、ソ連邦を心に描いたに違いない。それは実は中国人だけではなく、世界中の人々――虐げられ抑圧されている人民と民族――が、やはりそうであったのである。そのことを知っていないと、これ以降の半世紀近くにわたって世界中の人々に与え続けてきたソ連のイメージとその影響力を理解することはできない。

　それはともかくとして、ロシア革命の衝撃は、中国人に「ロシア革命とソ連邦への道」を真剣に模索させることになった。マルクス主義理論だけでなく、人民大衆の結集と決起、その核心となり大衆を指導する前衛組織こそが必要で、革命成功の秘訣だという認識が少

*13　瞿秋白（一八九九―一九三五）　江蘇省常州県の人。北京でロシア語を学び、一九二〇年『晨報』の記者としてモスクワに赴き、そこで中国共産党に入党。二三年帰国後、共産党機関紙『新青年』『嚮導』を編集。国共両党合作に際しては、国民党候補中央執行委員となる。また、二五年一月、中国共産党中央委員、国共両党分裂後の二七年八月、党の責任者として「八七緊急会議」を主宰。暴動政策をとったためコミンテルンに批判される。二八年、モスクワで開かれた中国共産党六全大会で中央委員、政治局委員となる。三〇年に帰国し、魯迅らと上海で左翼文化運動を組織したが、三四年、瑞金に赴いて中華ソヴィエト共和国の人民教育委員となった。この年の一〇月、党中央と紅軍主力は長征に出て行ったが、瞿は残り、三五年二月、国民党によって捕らわれ、六月一八日、処刑された。魯迅との交友は有名である。彼のモスク

数の人々のあいだにひろがっていった。さきに触れた「五四運動」は人民大衆のエネルギーの所在を明確に示したという意味において、画期的な意味をもっていた。その先頭に立っていたのが、北京大学の教授で初代の中国共産党総書記となる陳独秀《ちんどくしゅう》、*14同じく北京大学教授の李大釗《りだいしょう》*15らであった。北京大学の図書館で働いていた若き日の毛沢東もまた、この運動のなかで認識を深め活動の方法を見いだしはじめる。のちに中国共産党と中華人民共和国の指導者となる劉少奇、周恩来、鄧小平らはみな、それぞれの道筋において自らの進むべき方向を見定めてゆくのである。

中国共産党の成立とコミンテルン

中国革命を社会主義に連続する革命と規定するならば、その主役は中国共産党である。今日、この党の誕生日（成立記念日）は一九二一年七月一日とされている。しかし、実はこの日付には以前から諸説があって、結局、後世の中国共産党が〝エイヤッ〟と決めたものである。この決め方や日付そのものに私は疑念をもっているわけではなく、それほど決めるのがむずかしかったという点に、読者の注意を向けたいのである。

中国共産党の創設に貢献があったのは、すでに述べたマルクス主義の受容と学習に努力した陳独秀らインテリである。彼らはロシア革命にならって「プロレタリアートの前衛」、革命の強固な指導部を組織しようと考え、まずマルクス主義の研究団体のなかの俊秀（理論学習に優れているだけでなく実行力、活動能力もある若者たち）を中核に共産主義小組*16を結成し、それによって政治情勢の分析と労働組合の組織化を試みた。こうして準備段階ともいうべき活動をやりながら、コミンテルン*17が派遣した人々（孫文と密接に協力したマ

ワ報告『飢餓紀程（飢餓の郷）』は『革命のモスクワへ』（増田渉訳）として『中国現代文学全集』第三巻（平凡社、一九六三年）に収められている。また、後述の『言わずもがなのこと』は、同上、第一七巻にある（新島淳良訳）。

*14　陳独秀（一八七九―一九四二）安徽省懐寧県の人。一九〇二年、日本に留学、西欧の啓蒙思想を学び、帰国後、雑誌『青年』（のちに『新青年』）を創刊。一七年、北京大学文科学長となる。以後、北京大学を中心として「民主と科学」および「文学革命」を提唱。五四運動の主要な組織者となった。この頃からマルクス主義を受け入れ、コミンテルンと連絡をとって上海に共産主義小組を組織し、それを発展させて中国共産党を組織した。以後、中国共産党の中央執行委員会委員長、総書記として国共両党合作と国民革命を指導した。しかし二七年、革命

ーリン[18]とかヴォイチンスキー[19]といった人々）と陳らとが協力して中国共産党の結成大会にこぎつけたものである。この時の党員は五十数人、上海の創立大会に参加したもの一三人だったとされている。[20]

この党の前には問題が山積していた。まずなによりも革命とはなにか、なぜ革命をやらなければならないかという認識、革命理論の問題である。

第二に、「プロレタリアートの前衛」といっても中国の労働者階級にはしっかりとした労働組合がなかった。だから、そこから労働者出身の党員を育てるということはむずかしく、勢いインテリ党員が中心とならざるをえなかった。労働者階級のなかに組織をひろげ、理論的にも組織活動でも優秀な人材を育てること、これが党の発展のためには必須条件であり、コミンテルンが指示し続けたのもこの点であった。学生出身の党員が各地の労働者、とりわけ鉄道、鉱山、港湾など近代的な産業、企業が存在するところに派遣されて献身的なオルグ活動（オルガナイザー）を展開した。もちろん、それは非合法であり極秘の活動であった。帝国主義列強はマルクス主義や社会主義が資本主義の最も危険な敵であることを熟知していたから、その影響下にある地域、企業では厳しく追及したし、北京政権と軍閥も「アカ」を徹底的にシャットアウトしようとしていた。

若き共産党員たちは命懸けで労働者のなかに潜りこみ、だいたいにおいて最初は合法的な仲よしクラブや互助会、学習会のような集会を開いて人を集め、そのなかの信用のおける者を見いだしては自分の本当の姿、目的を明かして味方につけるというように活動した。そしてそれらの人々を中核として初歩的な労働組合をつくり、労働者の要求を掲げて団体交渉やデモを行なわせ、それからさらに、組織の強さに応じてストライキにまでもってい

敗北後コミンテルンによって批判され、二九年、党を追放された。その後、彼はトロツキー派と結びコミンテルンに反対していたが、三二年、国民政府によって捕らわれ、三七年、抗日戦争の開始直後に釈放された。以後、独自の立場で抗日戦争論を展開していたが、四二年五月、重慶で病死した。なお、息子の陳延年と喬年の二人も共産党の幹部として活躍していたが、国民革命の敗北時、国民党によって捕らわれ処刑された。

*15　李大釗（一八八九—一九二七）　河北省楽亭県の人。早くから日本に留学し、一九一六年帰国、新文化運動に参加。一八年、北京大学図書館主任となり、雑誌『新青年』の編集に参加、多くのロシア革命とマルクス主義に関する論文を書いて、それらの普及に貢献した。二〇年、北京大学にマルクス主義学説研究会を、次いで北京共産主義小組を組織、翌二一年、中国共産

った場合もあった。

党の結成前の「五四運動」のおり、多くの青年・学生たちが帰郷運動を行なって日本に反対すること、帝国主義に反対することを地方にも伝える活動をしていた。マルクス主義の意識に目覚めた者たちは、そのなかでマルクス主義や社会主義についても語っていた。それを聞いた地方の学生・若者たちこそ、共産党がひろがる基盤であり人材であった。

そういうわけだから、生まれたての中共の全国代表大会は極秘のうちに、密偵や密告を避けつつ挙行しなければならなかった。現在も上海に残されている会議場のほかに、会場を途中で移動させたりしたので、会議の議事日程とか討論内容とかがはっきりしていない。参加者の回想をもとにいろいろなことが言われているにすぎないので、創立記念日というものもそのなかの適当な日にちを決めたと思われる（おそらく、その他の記念日——労働節＝メーデーは五月一日、建軍節は八月一日、建国記念日は一〇月一日なので、それに合わせたものであろう）。

ところで、中国共産党の創設前後の党建設の目的、資金、組織、人材登用などについてはコミンテルンの役割が大きかった。コミンテルンというのは、Communist International の略で、一九一九年、レーニンらが中心となって世界の共産主義革命、労働運動のセンターとして設立されたものである。

コミンテルンが中国に期待したことは二つあった。一つはいうまでもなく中国の共産主義革命と労働運動のセンターとしての前衛党をつくり、発展させることである。もう一つは「社会主義の祖国」としてのソ連邦を守り安定させるために、周辺諸国諸民族の反帝国主義運動を発展させる必要性があり、それらの国の内部での有力な政党政派や指導者たち

党の成立とともに入党した。二四年、孫文を助けて国共両党合作を実現し、国民党中央執行委員となった。その後、主として北京において活躍していたが、二七年四月六日、上海での蒋介石のクーデター前に奉天系軍閥の張作霖によって捕らわれ処刑された。

*16　共産主義小組　中国共産党の成立以前にその準備組織として各地につくられた。上海（陳独秀、李大釗ら）、北京（李大釗、張国燾ら）、武漢（李漢俊、董必武、包恵僧、陳潭秋ら）、長沙（毛沢東、蔡和森ら）、広東（譚平山、陳公博ら）、そのほか、済南、東京、パリにも組織された。

*17　コミンテルン　一九一九年三月、世界の共産主義運動・労働運動の統一センターとしてレーニンらによってモスクワに成立。世界の共産党、労働者党などは、コミンテルンの支部とし

を、共産主義者を通してコミンテルンに協力させる、あるいはコミンテルンの指導方針を彼らに伝えるという任務であった。

中国共産党（中共）の創設前後、コミンテルンはまだ中共を信頼するところまでいっていなかった。むしろ「ブルジョア・ナショナリスト」としての孫文と国民党に大きな期待をもっていた。つまり、中共からいえば第二の任務に重点が置かれていたというべきであろう。コミンテルンは孫文と直接の接触を深めて民族解放運動の発展を促しつつ、他方で中共の組織の強化と労働運動への関与を深めさせていたのである。一九二四年一月、中国国民党第一回全国代表大会で国民党が改組され、国共両党の合作が成功したことは、中国におけるコミンテルン戦略の勝利だったといえる。

しかし、中共はコミンテルンだけに依存していたのではない。独自の活動として、労働運動、学生運動、それにわずかではあるが農民運動にも着手しはじめていた。また多くの著述物を出版してインテリの支持も得るようになっていた。革命的で、かつ愛国的な熱情に燃えた若者たちが続々と中共に結集しつつあった。*21

国共両党の合作

さて、中国共産党の発展にとって画期的な出来事だったのは、労働運動でも社会主義運動でもなかった。上述した国共両党の合作、中国で最初の統一戦線の結成である。普通これを第一次国共合作といって、一九三七年の抗日民族統一戦線の結成（第二次国共合作）と区別している。これ以降、国民革命が驚くべき発展を遂げ、同時に中共も急速に発展するのである。

てその指導を受け入れることが義務づけられていた。中国共産党は二一年に成立し、翌二二年七月、正式に加盟、コミンテルン中国支部と称した。レーニン死後、ソ連邦の外交手段として、あるいはスターリンの権力支配の道具として利用されたと非難する向きもあった。なお、中国では「共産国際」あるいは「第三国際」（第三インターの訳）ともいう。第二次世界大戦においてソ連が連合国側に立って戦っていたので、それまでの使命を終えたとして四三年六月、解散。研究では、W・フォスター『三つのインターナショナルの歴史』（インターナショナル研究会訳、大月書店、一九六七年）、古いソ連の公式見解を示すものとして、国際労働運動研究所編『コミンテルンと東方』（国際関係研究所訳、協同産業出版部、一九七一年）、ソ連共産党中央委員会マルクス・レーニン主義研究所編『コミンテルンの歴史』（村田陽一訳、大月書店、一九統一戦線というのは、階級階層、思想信条の相違をこえて人々が結集し、ある特定の目標をめざして闘うことをいう。コミンテルンが明確にこのような統一戦線（人民戦線）戦術を打ち出すのは、もう少しのちのことだが、ナショナリズム運動に人民の勢力を結集するという意味での統一戦線は、このときすでに提起されていたのだと考えてもよい。

中国でのこのような統一戦線の結成は、いうまでもなく国共両党の必要性から発想され、コミンテルンの仲介があってできたものである。繰り返しになるが、孫文の国民党の側からいえば、「民族主義」すなわち国の独立（帝国主義列強の侵略の排除）と統一（軍閥割拠の排除）、「民権主義」すなわち民主主義の実現、そして資本の恣意的な発展の抑制とか、貧しい農民の土地所有権の確立を含む人民大衆の生活権の確保という「民生主義」など、すなわち「三民主義」の実現のために、中国共産党の協力を必要とした。中国共産党には労働者、農民、学生とインテリなどのかなり広範な支持があるし、その背後にはコミンテルン＝ソ連がいると考えられていたわけである。

他方、中国共産党の側からいえば、その終局的な目標が「無産階級革命（プロレタリア革命）による社会主義社会の実現」にあるにしても、まず国の独立と統一（すなわちナショナリズム）がなければその目標に向かって邁進することはできない。しかも、当面のところ中国の一般大衆に最も信頼され人気があるのは孫文の国民党であるから、それを支持し協力する過程で（それを利用しながら）中国共産党自身の力を蓄え発展させてゆき、最終目標に到達する。つまり二段階の革命（ブルジョア的ナショナリズムから社会主義革命へ）が想定されていたわけである。

のちに、毛沢東によってこのような第一段階の革命は「ブルジョア民主主義革命」だと

七三年）などがあり、批判的な見解としては、たとえばE・H・カー『コミンテルンの黄昏』（内田健二訳、岩波書店、一九八六年）などがある。最近ではソ連邦の崩壊とソ連共産党の解体によってコミンテルン関係資料が続々公開され、新しい研究が開始、発表されつつある。なお、戦後の冷戦時代に入って、ソ連（スターリン）は再び国際共産主義運動の情報局としてコミンフォルムを結成するが（四七年）、コミンテルンほどの結集力はなかった。

*18　マーリン（一八八三―一九四二）　本名スネーフリート。オランダ出身の革命家で、オランダ領インドネシアでの共産主義運動を組織、コミンテルンに赴きレーニンに協力して、一九二〇年、第二回大会の有名な民族植民地問題に関する決議の起草に貢献した。その関係で中国に派遣され、孫文と会見、国共両党合作の基礎を築いた。第二

規定され、そこから第二段階の社会主義革命には間断するところなく連続して突入するとされた。これを二段階連続革命というが、国共合作のころの中国共産党には基本的にはこのような考え方がすでに存在していたが、かならずしも「連続」革命という認識で一致していたのではなかった。第一の革命の段階では国民党が中心となりナショナリズムを完成させ、それから中国共産党が指導権（ヘゲモニー）を握って社会主義革命に入るというように、機械的に分離して考えていたようである。そこのところがのちに厳しく批判され、陳独秀の「日和見主義路線」などとレッテルを貼られることになる。

国共合作は両党のいずれからしても、おいしいところを互いに利用しようという同床異夢であった。だから当然、そこには理論的にも実際的にも対立、衝突を避けようとするあいまいさや、ご都合主義が残る。とりわけ中国共産党の側からすると、共産党員が孫文と三民主義に忠誠を誓って国民党に加入する（これを党内合作という。つまり二重党員である）という形をとったから、中国共産党独自の思想・戦略・組織活動をどうするのかという点で、つねにあいまいさと妥協性をもちながら活動せざるをえない。他方、国民党の側からも、中国共産党はなにをしているのか、本当に国民党に忠誠を誓って国民党のために真剣に活動しているのかという疑念、不信感が持ち出される。

孫文というカリスマが存在し、みんなが夢中で国民革命に全力投球をしているあいだは、双方から出てくる疑念や不信感は表面化しなかったのである（国民党の一部の右派と呼ばれる人々は、組織を割っても国民党の純粋性を保てと主張して、国共合作に反対した。また、中国共産党のなかにも合作に疑念を表明する人々もいた）。また、孫文が死去したときに、いわゆる「三大綱領」（ソ連と連合し共産主義者を受け入れ、労働者・農民を援助

次世界大戦中、ナチスに殺害された。

＊19　ヴォイチンスキー（一八九三―一九五六）　一九二〇年、コミンテルンの東方局書記として中国に派遣され、中国共産党の創設にかかわった。また、孫文に協力して、国共両党合作に貢献した。

＊20　中国共産党創立大会　最近では一九二一年七月二三日、上海で挙行されたとする説（『新編中国共産党史簡明辞典』）が一般的である。正式には、全国の代表一二名と陳独秀の代理・包恵僧の計一三人が出席、また、コミンテルンの代表としてマーリンとニコルスキーも出席したとされている。大会は三〇日に中断されたが、会場を嘉興の南湖に移して、八月一日に続行されたという説（上掲書）、七月三一日に閉幕したとする説（『中国共産党史事件人物録』）などがある。

する）を遺言したとして、それが国民党内の人々（主として左派）に信じられているあいだは、両者はしっかりと提携し協力しあえたのである。

国民革命

国共両党の合作を中心とした統一戦線は、いままで帝国主義や軍閥に反対し現状に不満をもちながらも、政治的にはどっちつかずの状態にある人々をも巻き込んで膨大なエネルギーを結集することができた。1足す1が2になっただけでなく、3にも4にもなったといえる。これが統一戦線の強みである。「反帝・反軍閥の国民革命（大革命ともいわれた）」が始まったのである。

国民革命というのは一九一九年の「五四運動」から始まるという説、一九二六年の北伐戦争から始まるという説などがあるが、私はこの国共両党の合作から始まると考える。この合作のおかげでコミンテルン＝ソ連が公然と中国革命に援助することができた。孫文はそれを利用して、地盤の広東に黄埔《こうほ》軍官学校*22（陸軍士官学校）をつくり、ソ連赤軍流の政治委員制度を設けて党に忠実な軍事組織、軍隊建設の基盤を築いた（もちろんソ連の場合は社会主義と共産党の思想教育、政治指導が主であり、中国の場合は三民主義であるが）。いまや広東は北京軍閥政権に対抗する一大革命根拠地となった。国共両党の党員が続々と集結し、政治、軍事、経済の基盤を築き、それはついに広東国民政府の樹立という形で結実した。孫文は死去し、その片腕とされたた廖仲愷《りょうちゅうがい》*23が暗殺されるなどの不幸な出来事はあったが、孫文の遺言である全国統一の戦いは北伐戦争という形で実行に移された。革命の根拠地は中国のより中心に近い武漢に移され、ここに国民政府の首都が置かれた。まさ

*21　初期の中国共産党と民族解放運動について当時、実際に中国にいて身近にそれらを見ていた日本人、鈴江言一が『中国民族解放闘争史』を書いている（石崎書店、一九五三年。原文は一九二九年、南満州鉄道〔満鉄〕の調査資料として極秘に刊行されていた『中国無産階級運動史』）。また、この人は『孫文伝』という本も書いており、どちらも日本人が書いた中国の初期革命史についての古典的書物といえる。なお、鈴江言一については、衛藤瀋吉・許淑真『鈴江言一伝――中国革命にかけた一日本人』（東京大学出版会、一九八四年）がある。

*22　黄埔軍官学校　一九二四年六月、国民党中央執行委員会に直属する陸軍士官学校として広州市郊外に設置された。学校総理・孫文、校長・蔣介石、国民党代表・廖仲愷、政治部主任・周恩来。ソ連赤軍にならって政治委員や将校を養成したもので、

にそれは辛亥革命の発生の地であり、かつての孫文の念願はここから全国に発信され、全国統一は間近に迫ったかのように見えた。

この間に、国民党の旗を掲げながら中国共産党が指導する人民の諸闘争も発展していた。労働者の運動は、それまでにも鉱山労働者、鉄道労働者、港湾労働者などが各地で組織的な活動と戦いを展開していたが、これ以後はより一層大規模で政治的にも明確な意図を掲げた戦いがくりひろげられた。広東国民政府をバックにした香港・広州スト（港湾労働者、海員だけでなく、香港のメイドやボーイたちまで参加した省港スト）[*24]は一年以上も続き、イギリス帝国主義に大打撃を与えた。労働者が最も多く集まっていた上海では、一九二五年の「五・三〇」[*25]事件以降も引き続き労働運動が発展し、北伐戦争に呼応するゼネストと人民政府の樹立にまで発展、上海の軍閥勢力は一掃された。

農民の運動も国共合作のもとで花開いたといえるかもしれない。それまでも各地で農民闘争があり、そこに中国共産党の影響がなかったわけではないが、大手を振って中国共産党が指導したり先頭に立って活躍することはむずかしかった。たとえば、有名な日本留学帰りの澎湃《ほうはい》[*26]という人は、日本から帰って農民運動の重要性を認識し、一人で農民のなかに入りこんで組織化を始めた。その苦労話などは一種の活動写真（古い表現だが映画とか劇画といってはニュアンスが感じられない）を見るようである。それが広東に根拠地ができると、国民党の指導のもとで農民運動講習所が設立され、中国共産党員の毛沢東らが（国民党党員の資格で）公然と活動できるようになったし、そこで育てられた農民が出身地に帰って農民運動の中核になったのである。

このような人民大衆の献身的で犠牲的な戦いなしには、北伐戦争の予想外に（北京の軍

国共両党合作の一つの成果といえる。二八年三月、南京に移されて中央陸軍軍官学校となるまで、合計六期一万二〇〇〇人余りを養成し、北伐戦争において大いに威力を発揮した。

*23 廖仲愷（一八七七―一九二五） 広東省恵陽県の人。サンフランシスコの華僑の家に生まれ、香港で学んだのち、一九〇二年、日本に留学、中央大学で学ぶ。日本で孫文と知りあい、中国同盟会に参加。辛亥革命後、孫文の片腕として国共両党合作を実現させ、国民党中央執行委員会常務委員、工人部長、農民部長、黄埔軍官学校党代表などを歴任し、国民党左派として孫文の三大政策を忠実に守ったが、二五年八月二〇日、広州において暗殺された。夫人の何香凝、息子の廖承志はともに革命家として有名。

*24 省港スト 一九二五年六月、上海の五・三〇事件を支援する

閥政権も帝国主義列強も、そして革命を待望していた人々にとっても）急速な発展はありえなかった。革命支持者たちは熱狂的に国民革命軍、国民党を迎え（もちろん国民党の旗を掲げた中国共産党をも）、革命に反対する者たちはパニックを起こした。

　そのパニックのなかで、当然のことながら革命潰しの陰謀があちこちではかられた。日本をはじめとする帝国主義列強は革命軍の進撃、全国制覇をなんとか阻止しようとした（これとは逆に、日本国内では中国に干渉するなという運動が起こった）[*27]。上海の大資産家たちも恐慌をきたしていた。もともとナショナリズムに賛同してきた中小の民族資本家たちも、革命の急進化に恐怖を感じ始めていた。軍閥たちももちろんであるが、彼らは自分の勢力圏を保持するのに汲々としていて、結束して革命軍に対抗するというわけにはいかなかった。

　あらゆるこれらの反革命の諸要素、諸勢力が革命のより一層の発展を阻止する方策を模索しはじめた。もはや真正面から革命に立ち向かうことのできるような情勢ではなかった。ではどうするか。彼らが具体的に一致協力したとか共謀したというのではないが、革命軍・革命勢力のなかにクサビを打ちこみ内部崩壊させることはできるのではないかという考え方が、急速にひろがった。衆目の一致するところ、国民革命軍総司令官の蒋介石という格好の人物がいたからである。

統一戦線か単独の革命か

　一九二七年初頭以来の革命と反革命の激しいせめぎあいのなかで、もしも蒋介石という人物が存在していなかったら、反革命のシナリオも書かれず演出もされなかったであろう。

ため反帝デモが広州で行なわれた際、租界の警察がデモ隊に発砲、多くの死傷者を出した。これに抗議して香港と広州で統一ストライキが行なわれ、二六年一〇月まで一六ヵ月もの長期間にわたって続行され、イギリス帝国主義に大きな打撃を与えるとともに、広州国民政府の基盤を固めた。

*25　五・三〇事件　一九二五年五月一五日、上海の日本系紡績工場で中国人が殺害されたのをきっかけに、これに抗議する運動がひろがり、五月三〇日、上海で大デモが行なわれた。これに対して租界の警察が発砲し、多数の死傷者を出したので、中国共産党の指導する上海総工会（委員長は李立三）を中心に、学生・商人も含むゼネストが開始された。それは全国にひろまり、各地で一七〇〇万人もの群衆が反帝運動に参加したといわれる。なお、上海のゼネストは六月二六日まで続いた。

なぜなら、蔣介石こそこの大転換劇を自作自演したからである。彼は革命に忠実な部下として孫文の信頼を得、しかも日本の陸軍士官学校出身者ということで軍事関係の責任を委ねられた。孫文の命令でソ連赤軍を視察し、広州の黄埔軍官学校の校長に任命された。中国共産党は彼を国民党内の左派でも右派でもない「中間派」だと考えて、あまり警戒せず、しかも彼が軍事力を握ることにも強く反対してこなかった。国民党の左右両派の大物が孫文死去後の権力闘争のなかで暗殺されたり追放されたりして、次々に表舞台から姿を消す一方で、蔣介石は自然と地位と立場を強めていったという面もあった。

革命派（国民党左派と中国共産党）が気づいたときには、彼は軍事力を直接しっかりと握り、それをバックにもはや簡単に動かすことができないような政治力を行使しつつあった。彼は革命的姿態（独立と統一の主張）を演じながらも、決して帝国主義を即座に追い出せとか、ましてや大ブルジョアを打倒せよといった過激なことは叫ばなかった。彼は、もともと上海の暗黒街の顔役たちとつながりがあったと言われていた。この連中を通して、上海のブルジョアジーが労働者の支配を極度に嫌い恐怖していることを知っていたし、また、列強は自分たちの既得権益が損なわれないかぎり国民革命軍には干渉してこないことをも知っていた。そしてさらに、こうした革命の敵対者たちが彼に期待をかけつつあることも。

このようにして一九二七年四月一二日のクーデターは演出され、そして完全に成功した。このとき上海は武装蜂起した労働者・市民・学生らの手によって軍閥勢力が一掃され、国民革命軍を歓呼して迎え入れるはずであった。ところが軍を率いて上海の郊外まで来ていた蔣介石は、あろうことかギャングに先導させて上海人民を大量に虐殺したのである。

＊26　澎湃（一八九六―一九二九）　広東省海豊県の人。一九一七年、日本の早稲田大学に留学し、二〇年帰国。郷里の海豊県で農民運動を開始した。二四年、中国共産党に入党。四月、広州に設立された農民運動講習所初代主任。主として農民運動の指導者として活躍、第五期、第六期中国共産党中央委員。国民革命敗北後、海豊・陸豊ソヴィエトを組織して、国民党と戦った。二九年、国民党に捕まり処刑された。

＊27　「対支非干渉運動」という。栃木利夫・坂野良吉『中国国民革命』（法政大学出版局、一九九七年）を参照。

＊28　中山艦事件　一九二六年三月二〇日、蔣介石が「中山艦が黄埔軍官学校を砲撃しようとしている」というデマにもとづいて海軍局代理局長兼中山艦艦長であり共産党員だった李之竜と数十名の共産党員を逮捕し、広

蔣介石は孫文の「三民主義」を忠実に踏襲し、その実現を邪魔している過激な「アカ」を排除するために、このクーデターを決行したのだと宣言した。反共・反ソ連（コミンテルン）の旗印のもとに、革命の進展と過激化に恐怖する多くの雑多な勢力、人々が馳《は》せ参じた。列強諸国も例外ではなかった。蔣介石個人の権力欲というよりも、これらの人々のさまざまな思惑と利害が蔣介石という一点に集中したのである。

中国共産党はこれを指をくわえて眺めていたわけではなかった。しかし、手足を縛られていたことも確かだった。さきにも触れたように、北伐戦争開始前までは中共は蔣介石を中間派とみなしていたが、一九二六年三月、いわゆる中山艦事件*28以降は警戒心を高めていた。全軍の指揮権を彼に委ねて権力を集中することにも疑念があった。しかし、彼と決別することは国民党との合作を破壊することにならないかという懸念が優先した。コミンテルンもそれを許さなかった。蔣介石と妥協しその権力の増大を許してでも国民党との合作を維持するのか、断固として彼と手を切り、新たに国民党左派を結集してこれと手を結ぶのか。

中国共産党がこのように躊躇しているあいだに、蔣介石の権力と中国共産党を排除するという彼の意志は固まってしまった。上海の場合も、労働者たちは絶対に武器を手放さないと主張したが、中国共産党指導部は率先して蔣に武器を渡してしまったのである。*29

残された革命勢力（国民党左派、中国共産党、労働組合と農民協会など）は武漢国民政府に結集して、上海から南京に移ってここを国民政府の首都としようとする蔣介石と対抗した。しかし、武漢の指導者の汪精衛《おうせいえい》*30（日本では汪兆銘《おうちょうめい》の名のほうがよく知られている）もまた、革命の急進化、過激化を恐れて蔣介石と接近、「清党」の名において中国共産党

州に戒厳令を発令し、周恩来をはじめとする黄埔軍官学校と国民革命軍第一軍の共産党員を追放した事件。

*29　このあたりのことについては、アンドレ・マルローの小説『人間の条件』やアイザックス『中国革命の悲劇』（鹿島宗二郎訳、至誠堂、一九六六年）に生き生きと描かれている。

*30　汪精衛（一八八三―一九四四）広東省三水の人。日本の法政大学に留学。東京で中国同盟会に加盟。孫文の知遇を得て中国国民党の要職を歴任、二五年、孫文の死後、国民党左派の指導者として広東国民政府の初代主席に選出されたが、中山艦事件のとき外遊してしまった。その後、武漢の国民政府で蔣介石と国民党の指導権を争った。蔣介石が国民党・南京国民政府の権力を掌握すると、国民党改組派を組織してこれと対立。日中戦争（抗日戦争）では日本と

勢力を追放した。非合法化された中国共産党とその支持勢力である労働者たちは、極秘活動を続けるごく少数の者を除いて、すべての都市から一掃された。一九二七年、革命のピーク時に五万数千人に達していた党員は、一挙に一万人前後にまで落ちこんでしまった。

中国共産党にとっての革命は完全に敗北し挫折した。ナショナリズムの旗のもとに国民党・国民革命軍とともに戦ってきた中国共産党は、いやおうなく統一戦線を解消して単独で戦わざるをえなくなった。

中国革命の最初の挫折と中国のソヴィエト

中国共産党は、こんどは蔣介石の樹立した国民政府を相手に戦いを挑むことになった。ナショナリズムとしての国民革命の性格は変わったわけではないが、国民政府の性格が反人民的・反民族的なものに変わったので、これを先に打倒しなければ真の民族的民主的な中国にはならないと考えるようになった。しかし、このような革命の戦略と戦術が、すんなりと中国共産党全体の認識になったわけではなかった。中国共産党の組織は崩壊し指導部もバラバラになっていた（初代総書記の陳独秀は解任され、瞿秋白がトップに立ったが、それも翌一九二八年には誤った指導をしたとしてコミンテルンによって解任された）。コミンテルンでもスターリンとトロツキーの対立が激しくなっていて、中国革命に対して明確な指針を与えることができず、革命の敗退に際してなんら有効な処置もとれなかった。

大混乱と深刻な挫折感のなかで、とにもかくにも中国共産党が消滅したわけではないこと、中国革命の継続を内外に宣明し、革命の新たな地平を切り開くために、各地で散発的な武装蜂起が戦われた。一九二七年八月一日、まだ「国民党左派」と国民革命軍の名称を

の和平を追求し、日本と協力して四〇年、南京国民政府を樹立したが、日本の傀儡政権の枠を出ることはできず、落胆のうちに四四年、名古屋で客死した。

*31 南昌蜂起　一九二七年八月一日、江西省南昌で国共両党分裂によって武漢国民政府を追われた中国共産党が、単独で国民革命の継続を叫んで武装蜂起を起こした。この軍は朱徳らに率いられ広州へ向けて南下したが、途中で国民党軍に阻止され敗れて、一部が井崗山の毛沢東らと合流した。今日、人民解放軍の「建軍節」とされる八月一日はこの蜂起を記念したものである。

*32 秋収蜂起　武漢で国共両党が分裂し、南昌蜂起軍が南下したのち、一九二七年八月七日、中国共産党中央の緊急会議が開かれ、その決定にもとづいて湖南、湖北などで農民の武装蜂起が決行された。秋の取り入れシーズンに展開されたので秋収蜂

使っていた中国共産党主導の南昌蜂起[*31]が決行された（今日の建軍節とされる日）。湖南・湖北を中心に秋収蜂起[*32]があった。広州でも国民革命軍が北伐に出征したあとの残存左翼勢力を主体に「広州コミューン[*33]」が樹立された。澎湃が指導する広東省の「海豊・陸豊ソヴィエト[*34]」が樹立された。

これらの武装蜂起と地域的な革命政権の樹立は、みな政府軍によって各個撃破され、血の海のなかに没し去った。その生き残りが、三々五々、井崗山に集まり、朱徳と毛沢東によって再結集、再組織化され、「中国工農紅軍」となる。それは政府軍のたびたびの攻撃に耐え抜き、発展して瑞金にソヴィエト権力（中華ソヴィエト共和国臨時中央政府）を打ち立てることになる。

「ソヴィエト」（中国語では、「蘇維埃」と書く）とは労農兵代表者会議という意味である。立法府と行政府が別々に存在し、それぞれの機能を果たしている（ブルジョア的）議会制民主主義が、本来の民主主義的意味を失って行政府が権力の実態をなしていることに反発して、両府を統一した強力な人民政権をつくる目的があった。このことは記憶にとどめておいてよい。今日の中華人民共和国も、一応立法府と行政府とが分離してはいるが、立法府の権限、存在感はほとんどないからである。

中国人、とくに瑞金時代の革命根拠地の人々——圧倒的多数は農民であった——は、この外来語の意味がわからなかった。ただなんとなくすごく偉くて強い権力（者）だと思っていたので、有名な共産党員の「蘇」という人だと信じ、「蘇先生、蘇先生」と言っていたそうである。

中国のソヴィエトはもちろんソ連邦を模倣しようとしたものである。したがって、ソ連

起といわれる。その敗残軍が毛沢東に率いられて井崗山に入った。

*33　広州コミューン　一九二七年一二月一一日、国民革命の敗北を挽回しようとして、広州に残留していた共産党員、労働者などの革命勢力が武装蜂起した。当時は「広州公社（コミューン）」と呼ばれ、中国で最初の人民政権となったが、一二月一三日には列強の支援を受けた広州の軍閥によって鎮圧された。その敗残部隊は海豊ソヴィエトと合流したが、これもまた敗北した。

*34　海豊・陸豊ソヴィエト　蒋介石の「四・一二クーデター」が発生したのち、これに反撃しようと中国共産党員の澎湃らによって指導された武装蜂起によって、広東省海豊・陸豊の二つの県にまたがって成立した中国最初のソヴィエト政権。一九二七年四月三〇日に蜂起して翌

がそうであるように、中国も社会主義社会をめざす「プロレタリア独裁」の政権であろうとした。しかし、中国の辺鄙《へんぴ》な農村のなかにつくられた「農民の国」に——圧倒的多数の「国民」は地主経営のもとにある貧農で、基礎産業は農業であり、工業は手工業程度にしか発達しておらず、商業も山越えで広東・福建・湖南といった地域と往来していた——、プロレタリアートを政治主体とし中央集権的な計画経済によって工業化を実現しようとするソ連型の政権（レーニン流にいえば「ソヴィエト権力プラス電化」である）が、モデルになるわけはなかった。もしこのような「国」を社会主義社会にしようとすれば、それは農業社会主義しかありえなかったであろう。

　理屈はプロレタリア革命であり社会主義社会であるが、実情は農民革命であり農業社会主義社会だという矛盾は、もちろん中国共産党員たちも承知していたはずである。そこでこの矛盾を解決するために、中国共産党は理論的に非常な努力と無理をした。コミンテルンの指示にあからさまに逆らうことができなかったからである。つまりプロレタリアートはいないけれども、共産党と紅軍がその代替物としての「プロレタリアートの前衛」になり、農民をプロレタリア的な意識と精神をもつ存在に変えることによって「プロレタリア化」し、地主・富農に対する独裁と中央集権的な計画経済を実行することができるというのである。そのために計画立案され施行された（されようとした）憲法をはじめ、政権の組織法、土地法、労働法、婚姻法、反革命鎮圧法などは、非常に急進的で過激なものであった。これが当時「労農独裁」政権とされていたものの実態である。

　しかし、これにはどうしても無理が生じる。第一に、「ソヴィエト権力」そのものに中国人は馴染《なじ》みがない。第二に、「プロレタリア独裁」のプロレタリアートは実際には存在

二八年二月まで持ちこたえたが、敗北。

*35 王明（一九〇四—一九七四）本名は陳紹禹。安徽省六安県の人。小商人の出身で一九二四年、武昌商科大学予科に進み、二五年九月に共産主義青年団に参加、同年一〇月、中国共産党に入党、同時に国民党にも入党した。同年一一月、党の命令でソ連に留学、孫逸仙大学第一期生となる。パーベル・ミフの知遇を受け頭角を現し、大学内での反トロツキー闘争で活躍、スターリンに認められた。二九年三月帰国、宣伝工作に従事し、反李立三闘争で活躍。ミフの指導のもとで開かれた中国共産党第六期第四回中央全体会議で中央政治局委員となり党の実権を握り、李立三追放に貢献した。その後、瑞金ソヴィエトには行かず、モスクワに帰り中国共産党駐コミンテルン代表となり三七年一一月まで留まった。この間、コミンテルンの統一戦線路

しない。実際の政策は地主の消滅と富農の抑圧、貧農への土地再分配である。第三に、中央集権的な計画経済を実行するほど革命根拠地は集中しておらず広くもなく、しかも不断に敵の攻撃にさらされている。敵と戦うこと、そのために紅軍を急速に拡大し訓練して前線に送り出すこと、党・政権と軍の食料、武器弾薬の製造と調達（それらのための資金調達）が、最重要、最優先課題にならざるをえなかった。農民（とくに貧農）の支持、協力、そしてなによりも軍への参加が必須であったから、彼らに土地を分配するためには地主と富農への弾圧、土地没収は苛酷をきわめざるをえず、その過程でしばしば行き過ぎとか不平等といった問題を生じた。これまで農村経済の基盤であり生産力の担い手であった貧農以外の農民は、このような恐怖政治と強制によって逃げ出したり生産意欲を失ったので、貧農の意気盛んなのとは逆に、生産力が低下するということがしばしば起こった。

　中国共産党のなかで毛沢東のように、農民出身で農民革命を重視する人々は、こっそりと、しかし意識的に「ソヴィエト政権」「ソヴィエト革命」ということばよりも「革命根拠地」「土地革命」という実態に即したことばを好んで使っていた。「プロレタリアート」の不在を事実として認め、貧農こそ革命とその政権の基盤だと考えていた。とりわけ抽象的な議論、夢のようなプロレタリア独裁よりも、現実の党と紅軍を大事にし、全力をあげてその充実発展に努めた。コミンテルンの指示、方針を忠実に守ろうとする人々と、現実主義的に事を処理しようとする人々とのあいだで、党内にはたえず議論が闘わされ暗々裡に権力闘争がくりひろげられていた。のちに述べる毛沢東と王明《おうめい》*35や李徳《りとく》*36との闘いはその典型であった。

　中華ソヴィエトの存在は、中国国内において二重政権が形成されていたことを物語って

線への方針転換にもとづき「八一宣言」を起草したといわれる。帰国後、中国共産党の統一戦線に忠実たろうとして毛沢東と対立、延安整風運動で主要な批判対象となり、「第三次左傾路線」の主たる責任者として批判され続け、失意のうちに五〇年一〇月、再びモスクワに帰った。その後、一時的に帰国したことはあるが、五六年にモスクワに行き二度と祖国に帰ることはなかった。なお、文化大革命時期に王明自身が毛沢東を批判して書いた『王明回想録』（浅野雄三・高田爾郎訳、経済往来社、一九七六年）がある。また、王明については、田中仁編著『王明著作目録』（汲古書院、一九九六年）を参照。

*36　李徳（一九〇〇―一九七四）ドイツ人、本名はオットー・ブラウン。一九二三年、ドイツ共産党に入党。非合法活動に従事中に逮捕されたが、脱獄してソ連に亡命。モスクワでは

いる。蔣介石の国民政府の側から見れば、統一といえば軍閥割拠をなくすことだったのに、やっと北伐で全国をほぼ統一したと思ったら、また厄介なソヴィエト政権などというものが現れたわけである。しかも、軍閥の地方権力と共産主義者のそれとはまったく異質のものだった。軍閥は利益誘導や武力による脅しで、中央政府たる国民政府のなかに取りこむことができるが、共産主義者はそのようにはできないし、これを絶滅することなしに中国の真の統一はないという認識である。

蔣介石は日本を除く列強の支持と支援をとりつけながら、不平等条約の撤廃や関税自主権の回復をめざして懸命に努力し、同時に、国内の経済建設にも邁進していた。[*37] 独立と統一を果たして近代的な国民国家を実現するというナショナリズムの課題は、彼と国民政府の錦の御旗であり、その方向性を失えば国民政府のアイデンティティーや存在理由《レーゾンデートル》は失われるのである。

こうした課題を早期に達成するには、平和的で安定した国の内外の政治情勢が不可欠であった。それはちょうど今日の中国（中国共産党）が、中国を「強国化」するためには「改革と開放」政策の成功が必要であり、その実現のためには平和と安定が必須条件だと強調していることと同じである。今日のこのような主張を聞くと、まるで蔣介石の亡霊を見るような思いがする。しかし、皮肉なことに、蔣介石のその理念と政策を妨害した最大のものは中国共産党とソヴィエト・紅軍だった。当然、蔣はこの障害物の排除に全力をあげた。そしていま一歩というところで、日本の中国侵略が本格化するのである。

フルンゼ陸軍大学で軍事を学び、三二年、コミンテルン派遣の軍事顧問として訪中。三三年、瑞金ソヴィエト区に入り、紅軍の軍事作戦を指導した。国民政府の第五次討伐戦に敗れて「長征」に参加、その途中の遵義会議において批判され失脚、延安にたどり着いたのちも閑職に追いやられた。失意のうちに、三九年、モスクワに帰ったが、スターリンの粛清をまぬかれ戦後まで生き延びた。五四年にドイツに帰国（四九年説もある）。ドイツ社会民主統一党で活躍、東ドイツ作家同盟の第一書記となったこともある。なお、経歴に関しては、ドイツ語については、島崎晴哉氏から『ドイツ労働運動史のための国際科学通信』一九九一年三月、第二七巻第一号をご教示いただき、英語については、土田哲夫氏より *Twentieth-Century China*, vol.23, no.1, November 1997 をご教示いただいた。また、オットー・ブラウン自身が書いたものとし

閑話一服　革命の聖地、瑞金を行く

いまから一〇年ちょっと前、南京で中華民国史の国際シンポジウムがあって参加した。そのついでに長年の念願であった革命の聖地、井崗山《せんこうさん》と瑞金《ずいきん》を訪れることにした。南京留学中の若い畏友、土田哲夫、高田幸男の両君との珍道中であった（彼らはいまでは立派な大学教師である）。私はこの年、『中国革命に生きる』（中公新書、一九八七年）と題して、コミンテルンから派遣されてきた軍事顧問、ドイツ人オットー・ブラウン（中国名は李徳）のことを一冊の本にしていたのだが、恥ずかしいことに実は彼が活躍した舞台である瑞金がどのようなところなのかを、まったく知らなかった。能因法師を気取り空想の世界で井崗山や瑞金を馳せ回っていたわけである。

江西省の省都、南昌を起点に井崗山、瑞金そして南昌にもどってくる三角形、ほぼ一一〇〇キロ、走行時間にして約三〇時間の小旅行は、中国革命を研究テーマにしている私の「小長征」ともいうべきものであった。実際に歩いた道程は古い文献や中国人の回想録からしか知らなかった私の知識とイメージを、大きく変えた。その旅行の鮮烈な印象をもとに、あらためて瑞金という革命史上で有名なこの町のことを考え、紹介しておきたい。

1

一九三一年一一月七日、ロシア革命の日を記念して中華ソヴィエト共和国臨時中央政府の成立が、瑞金において宣言された。このときの政府主席は毛沢東であったから、おそらく彼が宣言したのであろうが、まさかその彼が、それから一八年後に北京の天

ては『大長征の内幕』（瀬戸猛吉訳、恒文社、一九七七年）がある。

＊37　このころの蒋介石政権の努力については、久保亨『戦間期中国〈自立への模索〉』（東京大学出版会、一九九九年）が興味深い分析をしてくれている。

安門楼上で中華人民共和国の成立を高らかに謳《うた》いあげるとは、神ならぬ身の知るよしもなかったのである。それはともかくとして、この日から一九三四年一〇月までのほぼ三年間、それまでほとんどの中国人がその名前さえ聞いたこともなかったような地方都市、瑞金が一躍人々の口の端にのぼるようになり、とりわけ時の中国政府――蔣介石が指導する南京の国民政府――の目の敵《かたき》にされるようになった。

瑞金は江西省の南東部に位置する小都市だが、この江西省というのは、今日では中国の数ある一級行政区のなかでは中くらいの、さえない省である。しかし、もともとは長江（揚子江）中流域に広がる肥沃な農耕地帯の一部であっただけでなく、日本ではラーメン屋のドンブリ鉢の裏っかわにまで書かれている「景徳鎮」という陶磁器の生産地とも結びついて有名である。そのせいもあって、小旅行の道々で眺められる風景の一つの特徴として、いたるところに簡単な焼き窯《がま》があり、赤茶けた土が掘っくりかえされていて、そしてその窯の燃料にされたのであろう、山野の樹木が無残に伐採されつくされていた。これが景徳鎮の歴史の名残りであることは、陶磁器に暗い素人の私にも推察できたことである。現在は素焼きのレンガが名産だという。

南昌は揚子江中流域にある翻陽湖《はよう》の西南に位置する。この湖は広東省方面から北上する贛江《かんこう》や、盱江《うこう》などの河がいったんここに集まり、そこから揚子江に注ぎこむ天然のダムの役割を果たしている。だから大穀倉地帯の名をほしいままにしてきたわけであるが、この贛江はまた江西省を縦断する大動脈でもある（同省の古名の「贛」はこれに由来する）。河の北岸からしばらく北上すると、湖南省との境に横たわる羅霄山《らしょう》脈に入る。ここに毛沢東の名と切っても切れない関係のある井崗山がある。

中華ソヴィエト共和国第１回全国代表大会が開かれた地主の家　まんなかの赤い大きな星が往時をしのばせる（瑞金にて筆者写す）。

地理の勉強ではないのでこれ以上詳しいことは言わないが、この地理的関係は革命史にとってきわめて重要なので記憶にとどめておいてもらいたい。すなわち、一九二七年の国民革命失敗後、毛沢東らが最初に革命根拠地を築いたのがこの井崗山であり、より広い活動の地を求めてその山から下りてきたのが贛江のほとりであり、そしてこれを渡河して新しい根拠地（ソヴィエト政権）をつくりあげたのが瑞金なのであった。

瑞金に至る道は、上記したように南昌から贛江沿いに南下しその支流である貢水をさかのぼってくる道と盱江沿いに南下する道、広東省境から贛江を北上して同じく貢水沿いに来る道、もう一つは東側の福建から山越えで来る道の四つが主要なものであったらしい。これらの川沿いの小さな地方都市こそ、ソヴィエト（土地）革命の主たる拠点として、紅軍と政府軍との血塗られた攻防戦の舞台となったところである。

2

南昌を起点とする三角形旅行は、福建から入る道筋を除いてほぼすべての道を通る。それによって第一に理解できたことは（そして自分の想像と大いに異なっていたことは）、瑞金というところはかなり広々とした盆地状の平野の真ん中にあるということだった。実見するまで、私は毛沢東のゲリラ戦（遊撃戦）というのは、山岳地帯を中心として樹木が生い茂っているとか複雑な地形だとかで、ヒット・エンド・ランとか奇襲作戦がくりひろげられたものと思いこんでいたのだった。ところが他方では、蔣介石の国民政府軍は飛行機とか戦車とか大砲とかをも使って攻撃してきたのである。正規戦とゲリラ戦との対決こそ、革命戦争の妙味だというのが、私の素人考えであった。ところが瑞金周辺には高山はなくて丘陵地帯であり、しかもそこにはほとんど樹木が繁茂していない。空からは丸見え、地上では二車線ほどの道路が敷かれており、大砲や戦車の機動戦が結構やれそうなのである。

地元の人の話では、そのような道路は当時つくられたという。しかし貢水沿いの道は狭くて舗装されておらず、また断崖状のところもあって、私たちが乗った車がしばしばパンクしたり穴ぼこに落っこちたりしたものである。ついでに言えば、あちこちの小高い丘などに「立ち入り禁止」とか「樹木を伐採するな、伐採すると罰せられる」といった意味の立て看板が見られた。これも地元の話だと、文化大革命の前の大躍進のころに、小高炉[*38]をたくさんつくって鉄を生産するのに、付近の樹木を燃料に使ったため、山々が丸裸になってしまったという。それも確かにあったであろうことはいろいろな書物で知ることができる。そのために貯水とか保水がきかなくなって、近くの河川や遠くの揚子江が氾濫しやすくなったとされる。しかしそれだけではなくて、前述のように長いあいだの窯の使用が乱伐をまねいたのだと私は思う。さらについでに言えば、このあたりの土壌はサテライト系の赤土で、これが陶磁器やレンガの原料にもなったのだろうが、保水がきかないこともあって干天ではボロボロに崩れ、雨が降るとゾロゾロと大量に流れ出すという始末に困る状態であった。このことは戦闘場面を想像する際に重要な事柄である。

あとで李徳のことで語るように、政府軍はこうした地形、地理を十分に考慮にいれて道路沿いや高地にトーチカ網を築いて交通を遮断し、根拠地を封鎖し、一歩一歩と根拠地の中心部に迫ってきたのであるから、文字通り蟻《あり》のはい出る透き間もないほどで、夜間の奇襲攻撃とか、敵の背後に回りこんで運動戦を展開するとかの余地はきわめて狭かったことがわかる。

このように力の弱い側が戦闘するには不向きな地理的地形的状況であるにもかかわらず、ここが根拠地の中心に据えられたのには意味があったのだろう。なによりもこの肥沃な農耕地帯は米穀の大量生産を可能にし、それは何万という流れ者集団（地元から見れば中国共産党とか紅軍とかといっても厄介な流れ者にすぎない）を食わせることができる。そして豊かな土地には大地主が盤踞《ばんきょ》し、他方で小作農民や貧農がたくさんおり（したがって中国共産党が入りこんでくる前から階級闘争は激しく）、土地

*38　大躍進のころ、地元の釘や鍋、釜を集めて溶かし屑鉄をつくった小熔鉱炉のこと。もちろんつくられた鉄はほとんど使いものにならなかった。

の没収と貧農への分配を使命とする土地革命の対象に事欠かない。それはまた貧しい農民が自発的に紅軍の兵士になったり、あるいは募集したりするのに便である。これが革命の主体的な条件というものであろう。それをなぜ知っていたかというと、二七年に革命が敗北して「八・一」南昌暴動を起こして朱徳らが革命軍（紅軍の前身）を率いて南下した際に、実はこの地域を一度通っていたからである。また、この軍の将兵にはこの地方の出身者も多かった。

古い記録によると一九世紀の末ころ、瑞金（県）の人口は二九万人だったとされている（清朝時代、同治八年の地方誌による）。私たちがお会いした瑞金革命博物館の館長さんの話だと、ソヴィエト革命時期も二八万—三〇万人ほどだったというから、清朝時代とほとんど変わっていない。それが中国共産党と紅軍が長征に出て行ったあとは、二一万人に減少していたというから、かなりの数の農民が従軍したということになるが、おそらくそれ以前に大量動員され、そしてその多数が戦死したり逃亡したりしていたのである。

地理地形といった客観的な条件を重視するのか、人と人との関係、人の動員という主体的条件を重視するのか、革命の指導者たちは迷ったに違いない。この地を選んだのは毛沢東だった。彼はもちろん貧農とその闘争のエネルギーを高く評価するとともに、穀倉地帯であるという点にも留意していた。しかし、ここは井崗山のような複雑で懐の深い山ではなかった。彼は途中から彼の最も得意とするゲリラ戦や運動戦に不向きであることに気がついて、なんとかしなければと思うようになったはずである。だが、それを直截に言うと、だれがこの地を選んだのかだとか、根拠地を捨てて逃亡しようとしているとかいわれて、責任を問われることになる。

実際、当時のソヴィエト政権のスローガンは、「敵を国門の外に防ぐ」とか「一寸も国土を譲らず」といった勇ましくて攻撃的なものであった。敵の背後に回りこんで広い土地で運動戦を展開するというのは、まかりまちがうとソヴィエトの領土を放棄してもよいというように誤解されて、毛沢東の首が飛ぶことになりかねない。移動するにもほかの口実を探さなければならなかったが、そこで考えついたのが、王明らの「第三次左傾路線」の誤りとか、李徳の戦術が間違っているといった軍事面での誤りに、責任を転化することであった（いま、書いていて初めて気がついたことなのだが、なかなか面白い仮説ではある）。このような判断は、一九三四年一〇月にソヴィエトを放棄して党と紅軍とが脱出し（のちに「長征」といわれるようになった）、その途中の遵義《じゅんぎ》会議で毛沢東が軍事指導面で指導権を掌握したときに、明確にされたものであるが、そのときでも「ソヴィエト革命の路線と領土の放棄」という政治面での責任は追及されないように、注意深く根回しされていたのである。

毛沢東の中国共産党党内における権力は、まずこの時期に軍事面で確立され、のちの延安において政治・思想面でも実権を握るとともに、権威も（毛沢東思想として）確立されたのである。井崗山・瑞金には、いたるところに毛沢東伝説の旧所名跡が残されており、他方、林彪とか李徳といった失脚した人々のそれは影も残さず消されていた。儚《はかな》いものである。

第三節　中国革命と日本の侵略戦争

抗日民族統一戦線

蔣介石が中国共産党を追いつめ、その根拠地・瑞金のソヴィエト政権を壊滅させて「長征」のやむなきにいたらしめた、まさにそのときに、日本の中国侵略が全中国人にとってゆるがせにできない決定的に重大な段階にさしかかっていた。満州事変（一九三一年九月一八日）、第一次上海事変（一九三二年一月二八日）を経て、日本による華北の中立地帯の侵犯、内モンゴルにおける反国民政府の武力反乱、そして満州国の成立[*39]と帝政の復活など、三〇年代前半の一連の出来事は、国民感情からしても、譲歩に譲歩を重ね「いたずらに最後の関頭《かんとう》にたちいたったなどと軽々しく言ってはならぬ」としていた蔣介石と国民政府自身の威信にとっても、もはや黙視することのできない事態であった。蔣介石の「安内攘外」（先に国内を平定し、そののち外国の侵略者を打ち払う）政策に一定の理解と共感をもっていた中国人といえども、国民政府への非難の声をあげはじめた。一九三五年一二月九日、北京で展開された学生たちの「救国救亡」の運動は、こうした中国人たちの気持ちを代弁していたといえる。[*40]

命からがら北方の黄土高原にたどり着いた中国共産党・紅軍は、この絶好の巻き返しのチャンスを見逃さなかった（はじめ保安に、それから延安に移動）。国際的にも、コミンテルンの第七回大会はファシズムに反対する人民戦線（人民の統一戦線）の結成を訴え、それまでの革命路線の転換を宣明した。この政策転換は、中国に関しては一九三五年の

*39　満州国については、多くの日本人が書いたものがある。しかし、日本の植民地・傀儡国家をなつかしく回想するものが多く、歴史認識の形成にとって有意義かどうか疑問がある。学生諸君はまず、岡部牧夫『満州国』（三省堂、一九七八年）や鈴木隆史『日本帝国主義と満州』（塙書房、一九九二年）あたりから学習すべきだろう。

*40　これを「一二・九」運動という。これについては、平野正『北京一二・九学生運動』（研文出版、一九八八年）が一番詳しい。

*41　王明自身の書いたものとしては、『王明回想録』（浅野雄三・高田爾郎訳、経済往来社、

「八・一宣言」となって具体的に適用されようとした。中国共産党の名において発表されたこの宣言は、「金のあるものは金を出し、……力のあるものは力を出す……」として、日本と戦うために全中国人が結集すべきことを訴えたものである。これによってすぐに国民政府の政策を抗戦に向けて変えさせたということはなかったが、多くの中国人の心をとらえるとともに、中国共産党いまだ健在なりの印象を内外に示した。

この宣言については、モスクワの駐コミンテルン中国共産党代表団の王明らがつくり発表したもので、中国国内のコミンテルンと連絡さえままならぬ辺境の地に逼塞《ひっそく》していた毛沢東らは、知らなかったという説がある。このことが、のちのち毛沢東と王明との確執の一つの原因にもなるわけだが[*41]、しかし、世界情勢と世界の革命運動や民族解放運動の動きに疎《うと》い中共にかわって、コミンテルンが中国情勢を先取りして政策転換を促進させようとしたのだとも見られ、当時の中共が置かれていた状況とコミンテルンとの関係からして仕方がなかったことであり、また決して誤った方向性でもなかったと思われる。

このような中国内外の緊迫した状況が、一九三六年一二月の「西安事変」[*42]を引き起こし、国民の世論と国民政府の意志を一気に反日・抗日に向けて盛りあげ、ついに「抗日民族統一戦線」の結成へと突き進ませた。それは蒋介石の国民政府を抗日抗戦の最前線に立たせることになっただけでなく、逼塞していた中国共産党をも再び歴史の表舞台に立たせることにもなったのである。[*43]

全民抗戦——重慶と延安

蒋介石は日本との宥和《ゆうわ》政策を望んでいたとはいえ、もともと、まったくなんの備えもし

一九七六年）がある。なお、「八・一宣言」は、日本国際問題研究所中国部会編『中国共産党史資料集』第七巻（勁草書房、一九七三年）によった。また、田中仁『王明著作目録』（汲古書院、一九九六年）を参照。

*42　西安事変　一九三六年一二月一二日、おりから中国共産党討伐の督励のために西安に来ていた蒋介石を、東北軍の指導者張学良、西北軍の指揮官楊虎城が逮捕監禁し、内戦停止、一致抗日などを要求した事件。中国共産党側はこの事変を利用し抗日民族統一戦線（第二次国共両党合作）結成のために積極的に活動し、ついに蒋介石、国民党を抗日戦争に踏み切らせた。

*43　抗日戦争全般については、石島紀之『中国抗日戦争史』（青木書店、一九八四年）、池田誠編著『抗日戦争と中国民衆』（法律文化社、一九八七年）あたりから学習するのがよい。

ていなかったわけではなかった。彼は一九二八年の北伐による全国制覇を一応完成したのち、必死で国づくりと政権固めに努力を傾けていたのである。そしてさらなる統一の強化のために、ナチス・ドイツと日本とが手を組む前は、ドイツ国防軍の支援を受けて紅軍を駆逐する一方で、長期の国防体制をも整えつつあった。その準備が整う前に「攘外」はできないと確信していただけのことである。また、国民政府内部にも宥和政策を好ましからず思っている人たちもいたし、抗戦意欲の高い軍人たちもいた。そうでなければ、一九三七年七月七日の盧溝橋事件に始まる日中間の全面戦争において、上海から南京（当時の首都——その陥落前後に有名な南京大虐殺があった）にいたる戦場で、たかをくくっていた日本軍をあれほど悩ませはしなかったはずである。*44

蔣介石（軍事委員会委員長、のちには国防最高委員会委員長）は総動員令を発令、全人民による抗戦を内外に示した。しかし、いったん崩れ始めた中国軍は各戦線で歯止めがかからずに敗退（中国側の文献ではいくつかの戦場で勝利したり激しく抵抗したことになっている）、軍と政府の士気は低下していった。国民政府の首都は南京から武漢へ、そしてさらに重慶へと揚子江に沿って奥へ奥へと引き下がっていった。日本軍はこの奥地にまで爆撃を加えた（これを重慶爆撃という）。

この中国を支援したのは当初はソ連であり、その後はアメリカであった。アメリカの援助は日米開戦以降に本格化するが、ヨーロッパ戦線に重点を置いていたために全力をあげてというほどではなかった。太平洋と中国の海岸線が日本軍によって制圧されていたから、支援物資は主としてビルマ・インド方面から空輸されていた。日本は「援蔣ルート」を断つために、この方面の連合軍に戦いを挑み、後にアメリカ軍に訓練され装備された中国軍

*44　これらの点については、今井駿『中国革命と対日抗戦』（汲古書院、一九九七年）が面白い分析をしている。なお、盧溝橋事件については、安井三吉『盧溝橋事件』（研文出版、一九九三年）を参照のこと。

（連合軍インド・ビルマ戦区の指揮にあたって）と激突することになった。抗日戦争後、中国共産党との内戦で活躍する国民政府軍の精鋭部隊は、ここで編成され養成されたものが中核である。

中国大陸では、日本軍は一九四一年一二月八日の日米戦開始以後の太平洋・南方方面での苦戦を補強するために精鋭部隊を南下させざるをえなくなり、また、戦線を広げ伸ばしすぎたため、新たな戦線を切り開くことができなくなった。それまでに占領した地域の治安維持が精一杯というところであった。それでも中国軍が強力な反撃を組織せず、奥地の重慶を中心に防御体制をとっているだけだと、後顧《こうこ》の憂《うれ》いなく安心して占領区の治安に精出すことができた。

しかし、華北では中共軍（八路《はちろ》軍）がたえずゲリラ戦をしかけ、日本軍とその占領地域の後方で根拠地をつくり勢力を拡大していた。これに手を焼いた日本軍（とくに北支那方面軍）は、中共軍こそ当面の最も主要な敵だとして討伐戦を繰り返した。中共側は地域の一般住民に溶けこんで活動したため、日本軍は多くの場合、地域ぐるみ住民ぐるみの討伐にならざるをえず、しばしば一般民とその村落を丸ごと殺したり焼き払ったりした。そのため中国人からは「三光《さんこう》作戦[＊45]」だとして非難と怨嗟《えんさ》の対象となった。相手の土地に乗りこみ一般民衆と必然的に敵対することになる侵略戦争の、悪しき結果である。

ところで、蔣介石が全人民による抗戦といった場合、それはあくまでも「一つの民族、一つの政府と軍隊、一人の領袖」のもとに結集した戦いを意味していた。未曾有の民族と国の危機に際して当然の主張だと考えられなくもない。しかし、現実には、中国は完全に統一された状態にはなかった。国民政府の威令がとどかない地域（政権）と軍隊が存在し

＊45　三光作戦　日中戦争期、日本軍が中国共産党・八路軍の華北における活動にてこずり、軍民の区別なく「燼滅掃討作戦」を展開し中国人によって「三光（焼きつくし・殺しつくし・奪いつくすという意味）作戦」と呼ばれた。姫田光義『「三光作戦」とはなんだったのか』（岩波ブックレット、一九九五年）を参照。

ていたのである。中国共産党＝八路軍・新四軍は一応、蔣介石（軍事委員会委員長）の統一指揮のもとに入ることを誓って抗日民族統一戦線の結成に踏み切ったわけだが、地域の辺区政府と軍隊は形式的に国民政府と政府軍の管轄に組み入れられただけであって、実権を手放すことはなかった。毛沢東はむしろ「自主独立」を強調し、王明らコミンテルン帰りの指導者の「すべてを抗日戦争のために、すべてを統一戦線のために」というスローガンに反対していた。

重慶の国民政府と延安の辺区政府とは表面上は統一して日本と戦いながら、裏では虚々実々のかけひき、互いの非難合戦をくりひろげていた。重慶政府側は中国共産党側を「遊して撃《う》たず」（中国語でゲリラ戦のことを「遊撃戦」といったのに引っかけた皮肉）と非難し、中国共産党側は政府軍が辺区を封鎖して精鋭部隊を前線に出撃させず、共産軍ばかり敵視し日本軍と戦っていないと非難した。実際には日本軍側も大きな作戦行動をとることができなかったので、大陸の戦線は膠着《こうちゃく》状態になっていた。

この間に、インド・ビルマ戦線で激しい戦いがあったことは先述した。他方、中国共産党側も、一九四〇年夏の「百団大戦」[*46]以降は散発的なゲリラ戦以外は大規模な攻勢をかける余裕もなく、むしろ内部の党と辺区政権を固めるのに必死だった。生産活動による自給自足の確立とか、のちに述べる「整風運動」もそうした状況下で行なわれたものである。

日本軍を打ち破るために連合軍、とりわけアメリカは中国戦区での積極的な戦闘を期待していた。それだけに、国共両党の対立と戦闘回避の状況はアメリカにとって憂慮すべきものと映った。アメリカ軍は延安にも軍事ミッションを派遣して実情を調査させたが、その報告は中国共産党とその軍隊の戦意は高いものの、日本軍に立ち向かうだけの武器弾薬、

*46　百団大戦　一九四〇年八月から一二月、華北において中国共産党・八路軍が日本軍に対して大攻勢をかけ、日本軍に大きな被害を及ぼした戦闘をいう。団は日本の連隊に相当する。

*47　J・W・スティルウェル（一八八三―一九四六）　アメリカの軍人、一九一九―二二年、二六―二八年来華。三五年、アメリカの大使館つき武官、四二年一月、連合軍中国戦区参謀長、中緬（ビルマ）戦区米軍司令官、アメリカ駐華軍事代表。四四年の北ビルマでの作戦を指揮。同

装備などが不十分だとしていた。連合軍中国戦区参謀長のスティルウェル将軍[*47]（総司令官は蒋介石が兼任）は、アメリカから中国国民政府に提供されている援助の一部を延安にも振り向けるようにと要求した。彼は先のインド・ビルマ戦区での中国軍を編成訓練した生粋の軍人で、連合国軍の勝利を最優先させていたから、国共両党の対立などの政治問題を深く考える前に、いかに共産軍をも含めた中国軍を戦わせるかに最大の関心があった。こうして中国共産党とその軍隊の評価、取り扱いをめぐってスティルウェルと蒋介石とは対立した。蒋が日本と妥協したり投降したりすることを恐れていたローズベルト大統領は、スティルウェルを解任してしまった。中国共産党のアメリカに対する不信感はこのころから芽生え始めた。

　一九四四年四月、日本軍は中国大陸の連合軍空軍基地を叩くために、最後の大規模作戦（一号作戦[*48]）を発動した。日本軍の潜在能力をまだ大きく評価していたアメリカは、中国への援助を増やすとともにソ連の対日参戦に大きな期待をもった。中国の知らないところでヤルタの密約[*49]が米ソ間でかわされ、ドイツ降伏後にソ連は参戦した。

延安整風運動——革命と戦争

　全人民全民族の抗戦を唱えるかぎり、その最大の責任と権限が国民政府と蒋介石にあったことはいうまでもない。それなのに、どう見ても政府が全力をあげて戦っているようには見えないとなると、徹底抗戦を熱望する中国人を失望させ、抗戦意欲をそぐことになる。そのうえに国民政府統治下でもその他の地域でも、猛烈なインフレが吹き荒れ、政府官僚・軍人の腐敗汚職が横行した。それは蒋介石の信望を低下させるとともに、中国共産党

年一〇月、蒋介石と衝突して帰国。第一〇軍司令官として沖縄攻略戦を指揮。スティルウェルの解任をめぐる最近の興味深い研究としては、加藤公一「アジア太平洋戦争末期の米国の対日戦略と中国」（『一橋論叢』第一二三巻第二号、二〇〇〇年）がある。

*48　「大陸打通作戦」ともいう。日本本土の爆撃基地を占領し中国軍主力を撃破することを目的として、一九四四年四月に発動され、翌四五年四月まで続いた大陸における日本軍最後の大規模作戦。

*49　一九四五年二月、クリミヤ半島のヤルタで開かれた米英ソ三国首脳会談。ドイツの投降後にソ連を対日戦に参戦させるため大連の国際商港化など、中国の主権にかかわる密約をとりかわした。蒋介石・国民政府は、のちになってこの密約の内容を知り激怒したといわれる。

への期待を高めることになる。

他方、中国共産党の側は決して「遊して撃たない」わけではなかったが、自力で戦線の膠着状態（いわゆる対峙《たいじ》段階）を打破する力はなかった。逆にこうした状況を利用して、内部の結束を強める運動を開始した。整風運動[*50]がそれである。

史上有名な延安整風運動は毛沢東が考え発動したものであるが、その目的は二つあったと思われる。一つは、中国共産党と延安政権内部の人々の思想と活動を再点検し、再教育することである。全国から抗日反日の情熱に燃えた若者たちが続々と延安に集まってきていたが、彼らは思想も言動も生活態度も、もともとの共産主義者たちと違って禁欲主義的でも革命的でもなかった。最前線で戦っているあいだは、彼らは愛国主義的で勇敢だったが、後方に帰って、戦闘ではなく生産活動など平和的な活動をするようになると、日常生活の不平不満が生じ、党に対する批判が巻き起こる。こうした人々を再教育再訓練し、単に愛国主義的であるだけでなく、共産主義革命に対する意識をも高めようというのである。

もう一つは、もっと中国共産党内部に密着した思想改造と組織の強化である。中共は延安以前の瑞金時代から、党中央の命令、指令に従いながらも、長いあいだそれぞれの農村地域で孤立して戦うことが多かった。そのために中央集権的な「一枚岩のような鉄の団結」をつくることがむずかしかった。そこへもってきて、党中央にも毛沢東に忠誠を誓う人々と、コミンテルンのほうが上位でこれに従うべきだとする人々とがいた。彼らは表面上は抗日民族統一戦線の実態認識と方法をめぐって毛沢東らと対立していた。こうした傾向と人々とを排除し、党中央とそのなかでの自らの権力と権威を強めるために、毛沢東は非常手段をとったのである。それは人々に「批判と自己批判」を迫るという形であったが、実際に

＊50　もともとは「学風（主観主義）・党風（セクト主義）・党八股（形式主義）」の三つの作風を整頓するという意味。

はそれを大衆の面前でやらせ、不十分にしか自己批判しない者は徹底的に追及するというように、物心両面からの強制となった。吊し上げ、自己批判や自白の強要によって自殺したり逃亡したりする者も多かった。しかもこの場合、批判と自己批判というのは、結局、毛沢東が指導権を握る党中央への服従、毛沢東への忠誠を強要するものであり、それ以外の思想とか主張は異端者として排除された。

上記のいずれにせよ、党中央＝毛沢東への求心力は著しく強まり、毛の権威も大いに高まった。ちょうどそのさなかに、コミンテルンの解散という突発的で衝撃的な事態が発生した（一九四三年六月）。コミンテルンの権威を背景に党内で一定の影響力をもっていた王明ら「モスクワ派」は勢力を失い、やはり毛沢東が正しかったのだという雰囲気が、党内と延安政権にひろまった。そしてついに、抗日戦争の末期に挙行された中国共産党第七回全国代表大会で、「毛沢東思想の勝利」が宣言され、それは「中国の実情に適用されたマルクス・レーニン主義」であるとか、「中国化されたマルクス・レーニン主義」であると定義づけられるようになった（一九四五年四月）。ここにおいて毛沢東の権力と権威は一体となって、中国共産党の最高位に位置づけられるに至ったのである。

中国共産党の権威とアイデンティティー――「民族の結集軸」

このように、中国共産党とその革命運動にとって、ロシア革命に次いで重要な意味をもっていたのは日本との戦争であった。もし日本軍国主義の中国侵略が、あれほどまでに露骨で苛烈なものでなかったなら、蔣介石は日本との宥和政策を放棄することもなく、また、中華民国国民政府の建設ももっとしっかりしたものに仕上げられていたかもしれない。したがって、中国共産党も表舞台に再登場することもなかったかもしれない。もしそうであったなら、今日の中国共産党がそのアイデンティティーを抗日戦争におき、「民族の結集軸」として自ら高らかに誇りうるような状況も出現しなかったであろう。アジアにおける「共産主義という妖怪」*51を最も恐れ、最も厳しく弾圧・抑圧してきた日本が、その「妖怪」を生き返らせたのである。歴史はまことに皮肉なものと思わざるをえない。

また、中国共産党内での毛沢東の地位も確定され、しかも彼の思想は「毛沢東思想」という形で定着され絶対的に正しいとされ始めた。それは中国共産党が全国制覇した暁には、中国共産党内だけでなく全国全人民の共通の思想になる土台を築いた。このことは記憶にとどめておいてよい。

「毛沢東思想」なるものについては、日本でもずいぶん多くの学者・研究者が書いている。ここでいちいちあげるのは煩瑣《はんさ》にすぎるので省略するが、のちのちのためにいえば、この中国共産党七全大会から二〇年たって起こった「プロレタリ文化大革命」では、この毛沢東思想の正しさはさらに絶対化され、毛沢東個人崇拝は極限まで高められるのである。毛沢東への個人崇拝と毛沢東の無謬性《むびゅうせい》の神話は、ここより始まる。

＊51　一八四八年一一月の共産主義者同盟第二回大会のためにマルクス・エンゲルスが起草した「共産党宣言」の冒頭のことばである。

第四節　冷戦と中国革命

日本の敗戦と戦後の中国

戦争は終わった。しかしそれは、地獄の終わりにはならなかった。中国人自身が、この戦争での勝利を「惨勝」と表現したように、荒廃した国土、ボロボロになった人々、それに目標をなくした何百万もの兵士たちが残された。輝かしい勝利者、民族の英雄と讃えられ、五大国の一つに数えられるようになった蔣介石・国民政府が、成し遂げなければならない仕事は山積みされていた。全民族の抗戦というスローガンによって結集した国民の統合を保持しつつ、勝利に沸きかえるすべての国民に衣食住を保証し、国の経済を復興し、政治を建てなおさなければばならなかった。それらはどれ一つとってみても、失敗すれば蔣介石の命運を奈落《ならく》の底に落としかねない、危険な「勝利の果実」なのであった。

しかし、蔣にとって最も厄介であったのは、再び彼と国民政府の威信に服従しない、国の統一を損なう危険な存在――中国共産党の表舞台への登場であった。彼の終生の敵対者、毛沢東はいまや彼と並び称されるほどの評判と力とをもつに至っており、しかも蔣にはない党内の威信を打ち立てていた。毛はその力と威信とを背景に、戦後の新しい国家の再建のプログラムのなかに、中国共産党と愛国主義を貫徹した在野の民主諸党派をも組み入れた政府――連合政府（さきに述べた中国共産党第七回全国代表大会で提起されたもの）の組織化を要求していた。国民党はこれを拒否し、独自の戦後復興策を模索しつつあった。*52

それは戦争中の抗日民族統一戦線の継承発展ともいえるものであった。戦後世界にもまた、戦争中の反ファシズム国際統一戦線の名残りがあり、もとの連合国の米英仏ソと中国とが協力協調して新しい戦後秩序をつくり出そうと模索している段階でもあった。そのような国際政治と国内政治（国内世論の動向）は何人《なんぴと》たりとも無視することはできず、それが一九四五年一〇月、蔣介石と毛沢東による重慶会談を実現させ、その一つの成果として「双十協定」が結ばれた。*53 それから一九四六年初頭までの、国内政治諸勢力が政治協商会

*52　一九四五年五月五日から開かれた国民党第六回全国代表大会において、同年一一月に国民大会を開催して憲法制定に向けて準備することが謳われていた。

*53　重慶会談と「双十協定」　蔣介石からのたびたびの要請を受けて、当時のアメリカ大使ハーレーに伴われて毛沢東は重慶に飛び、四三日間もの会談を行ない、戦後中国の再建について一定の合意をみた。その内容は会談記録という形で一〇月一〇日に調印され公表されたので「双十協定」という。毛沢東は翌日、延安に帰った。

議[54]に結集して協力しあい国の再建に励むという、いわゆる「平和と民主主義の新段階」と呼ばれる相対的に平和で安定した時期が出現したのも、こうした内外情勢の結果である。

この時期、アメリカは中国国内の紛争が米ソ対立に直接発展することを恐れ、平和で安定した統一中国の建設を期待し、そのために国共両党間の政治的斡旋に努力した。[55]ソ連もそうした観点と日本軍国主義の復活を阻止するために国民政府と中ソ友好同盟条約を結び、またアメリカを刺激しないように気をつかっていた。

冷戦体制と中国内戦の再発

毛沢東らの要求は、当時の世論に情理ともにかなったものであったと思われる。しかし、それは蔣介石の政治理念、国家再建方針にそぐわないものであり、また、戦後の中国で再び政治権力をほしいままにしようとする階級階層――古い地主層と新しい国家資本主義によって成長してきたブルジョア階級――の利益を損なうものでもあった。蔣介石は、中国共産党が非難したような「地主・官僚・買弁ブルジョアジー」の政治的代表者であり、「新軍閥」だというのは、かならずしも正確ではないし、彼と国民政府がそのような階級階層のみの利益をはかったとはいえない。なぜなら、露骨にそのような政策をとったなら、輝かしい戦争指導者としての栄誉も、ナショナリズムのチャンピオンとしての声価も失ってしまうからである。彼なりに苦悩の選択に迫られていたのである。

しかし、国際情勢は急速に冷戦体制を形成しつつあった。[56]国際統一戦線は崩壊して、米ソ対立の構図が次第に明確になってきた。アメリカに支援されつつ資本主義の発展によって強力な国民国家をつくり上げようとする（強国化）蔣介石・国民政府が、どちらの立場

＊54　政治協商会議　「双十協定」にもとづき一九四六年一月一〇日、重慶において開催された。国共両党のほかにも多くの政党政派と各界の著名人が参加、憲法草案を含む戦後の再建について議論が戦わされた。これと前後して、アメリカ特使マーシャル将軍が来華、国共両軍の武力衝突を停戦させるべく努力した。彼は四六年八月まで中国に滞在したが、国共両軍の全面対決を止めることができず、調停を中止して帰国した。有名な「マーシャル・プラン」の提起はその後、国務長官になってからのことである。政治協商会議とのちの新政治協商会議の比較論は、西村成雄『中国ナショナリズムと民主主義』（法律文化社、一九九一年）が興味深い。

＊55　一九四五年八月一四日に結ばれた。当時の中ソ関係については、石井明『中ソ関係史の研究』（東京大学出版会、一九九〇年）を参照。

に立つかは議論の余地がなかった。彼の迷いはふっ切れた。彼の進むべき道に立ちはだかるものは、すべて排除されるべきであった。軍事力の発動によって共産軍を撃滅することが決意され、熱い内戦が全面的に始まった。中ソ条約を結んでいながら、ソ連が中国共産党を支援しているとして激しい非難をくりひろげた。実際、ソ連の隠密の援助なしには、中国共産党の急速な満州（東北）制覇はありえなかったであろう。

内戦の詳しい経過をここでは語らない。中国ではいまだに、このころのことが繰り返し語られ書かれている。中国共産党がどれだけ苦労したか、人民解放軍がいかに勇敢に戦ったか、当時の人民がどれほど蔣介石・国民党を憎み嫌っていたかなど、数限りない。それは今日の中国、および中国共産党の勝利に直接つながる「創世記」であり「英雄譚」であるからだろう。抗日戦争の話とこの時期の話をしているかぎり、中国共産党はいつも正義と真理、それに弱者の味方なのである。

もちろん、その反面では、蔣介石・国民党・国民政府は絶対的な悪者にされているのはいうまでもない。戦後中国の再建に、彼らはなんの貢献も、それどころか努力さえもしなかったかのようである。しかし、歴史をそのように善悪二元論（のちに述べることばでいえば「二つの路線の闘争」である）で極端に描くのは、歴史研究として誤っているだけでなく、自称マルクス主義者としても誤りであろう。そもそも革命の打倒対象とされた国民政府の性格づけだけは非常にはっきりしているのに（「新軍閥」「地主・買弁・官僚ブルジョアジー」である「四大家族」による寡頭支配などという定義である）、その政権の構造、その内外政策、国の復興再建の程度、人民の生活への影響等などが、一つの国家としての構造の全体像のなかで明確にされないで、どうして革命の正しさ、革命のビジョン、革命

＊56　冷戦の形成については多くの著述があるが、とりあえず、山極晃編『東アジアと冷戦』（三嶺書房、一九九四年）あたりから学習してほしい。

の主体勢力を分析できるのか。戯画化していうと、腐りきった材料でつくられた積み木をあちこちからかき集めて、いまにも崩れそうなピラミッド型の国民政府という国家体制があって、その積み木の一つ一つを取り外してゆく（否定してゆく）うちに、いつの間にかピラミッドがバラバラに解体されていたというふうである。国家はバラバラの積み木を寄せ集めた細工物ではない。第一、もしそのようなものであったとしたら、その後に樹立された中華人民共和国というものも、一から積み木を寄せ集めた細工物ということになる。新国家の社会経済的土台も、その上に築かれた国家機構も、また両者によって構成されているピラミッド型の国家全体のイメージも、みな新品のどこか他所からかき集めてきたものだということになる。そんなことは断じてありえない。

人民民主主義政権としての中華人民共和国

それは毛沢東と中国共産党が抗日戦争中に構想していた「新民主主義」の政府論、戦争後に樹立されるべきだとされた「連合政府」論、さらに内戦の勝利後に構想されていた「人民民主主義（新民主主義）独裁」[*57]の国家論の三つを比較検討してみれば、三つの時期の政府政権論の違いは明瞭であるが、同時に、連続性、継承発展性も明瞭であることからしても明らかである。実態は過去を否定しつつも、その過去のなかからしか新しいものは出てこないという弁証法的発展しかありえないのである。木で竹を継ぐようなことはできないのである。したがって、なにを、どのように継承発展させたのか、なにがどのように否定されたのかを検証することが、歴史認識としても歴史研究としても、最も重要な課題になるはずである。そのような地道な検討と歴史認識の形成がはかられないで、中華人民

＊57　人民民主主義独裁　「人民民主主義独裁を論ずる」は、一九四九年六月、中国共産党創立二八周年を記念して書かれた論文である。これより先、新政治協商会議の準備会が開かれ、新中国（中華人民共和国）建設の準備が始まっていたが、その新しい国づくりに理論的根拠を与えようとしたものと思われる。

共和国が一気に新しいなにかをつくり出したかのように考えるのは、幻想にすぎない。その幻想の上に新中国は走り始めた。そこに建国後のさまざまな複雑な矛盾が覆い隠されてしまう原因があったと思われる。その矛盾が、今日の中国が直面せざるをえない理論的実践的な困難さの遠因になっているのではなかろうか。

以上のことについては、第四章の「中国社会主義の五〇年」で再度語ることになるので、ここでは問題点の指摘だけにとどめる。また、内戦のことにもこれ以上は触れないが、のちのちのためにいくつかの重要な事柄について述べておかなければならない。

まず第一に指摘しなければならないのは、中華人民共和国はプロレタリア革命の結果として生まれたものではなく、したがってプロレタリア独裁の社会主義政権ではなかったということである。

今日の中国では、建国当初の人民民主主義（新民主主義）政権は直接にプロレタリア独裁と社会主義政権に結びつく性格をもっていたとされている（憲法や党規約）。共産主義者の政権なのだから、理念として国家の将来を社会主義社会にもってゆくと考えるのは当然である。しかし、「政治協商会議共同綱領」*58に示されているように、新国家の建設はこれまでの革命の課題（ブルジョア民主主義革命、あるいは民族民主革命の課題）を踏襲することが、明確に謳われていた。これに賛同し新政権に馳せ参じた人々は、社会主義政権の樹立のために参加したのではない。中国共産党政権が確立したのちになって、あれは実は社会主義政権をめざす社会主義革命だったのだというのは、当時の善意の多数の（非共産主義者である民主的で愛国的な）人々を騙したことになりはしないか。この新政権を社会主義革命を実行したプロレタリア独裁だとするのは、後知恵であり、当時の実情を無視

*58 共同綱領　内戦の帰趨がはっきりした一九四九年九月二一日、中国共産党は新しい国家建設のために「各民主党派、各人民団体、各社会の賢人」の参集を呼びかけ、第一回人民政治協商会議を開いて「中国人民政治協商会議共同綱領」を作成した（四六年の政治協商会議と区別するため、一般に新政治協商会議という）。この綱領は一九五四年に憲法が制定されるまで、中華人民共和国の憲法の役割を果たした。

した急ぎ過ぎの、行き過ぎた評価である。そのような評価をくだすことによって、実情を無視した行き過ぎの政策がとられることになる。それは今日の中共政権が懸命に修正している「市場経済」政策一つとってみても明らかである。

第二に、このような理論づけからすれば、「共同綱領」で統一戦線が強調されているにもかかわらず、建国に協力した民主・愛国諸党派、人士たちが政治的に軽視されるのは自明である。政治的民主主義と自由が完全に実施される前に、彼らは中国共産党に服従することを強制されることになる。民主主義と自由は遅らされ後回しにされる。それは国民党が主張してきた「訓政」と同じような性格の「党国」体制となる。孫文の三民主義のうち、「民族主義」は達成された。それだからこそ余計に、国民党・国民政府のもとでは達成されなかった「民権主義」の実行が中国共産党に期待されたのである。しかし、党を最も重要な革命と国家の骨幹とするという点では、中国共産党も国民党と変わりがなかった。それだけでなく「プロレタリアートの前衛党」という大義名分は国民党の性格規定よりもはるかに強く、国家権力の指導政党という位置づけが与えられた。そこから中国共産党以外の政党政派が排除される論理が出てくる。政治多元主義は排除される。多政党政派の容認というのは「テーブルの上の花瓶にすぎない」という非難が巻き起こるが、簡単に弾圧されてしまう。建国後しばらくして、「反右派闘争」という名で民主的愛国的な政党政派、知識人が粛清される。*59 知識や学問研究、科学技術の軽視が一般化してしまう。それは文化大革命の終了まで続く。

第三に、上記のような中国革命を社会主義革命だったとする認識が、政策の上で極端に現れてくるのが土地改革である。中国革命の主要な課題はブルジョア的性格のもの（ナシ

*59　反右派闘争　一九五五年四月、毛沢東の指示により、中国の政治・社会・経済・文化などあらゆる分野の問題について、非共産党員が自由に活発に討議することが求められた。これを「百花斉放、百家争鳴」という。その結果、中国共産党に対しても手厳しい批判が噴出したので、五七年七月には一転して「反革命分子」を粛清する運動が開始された。これが反右派運動である。これ自体は一年ほどで終わるが、それ以後、中国共産党と毛沢東への批判は「反革命」であるとされる雰囲気が醸し出され、また「右」よりも「左」(極左)のほうがよいとする傾向が定着してしまった。のちの文化大革命の感情的精神的な土壌をつくったといっても過言ではない。

ヨナリズム）としたが、社会変革としては封建的土地所有制度の廃絶――土地革命が最も重要であった。しかしそれは孫文のいう「耕す者に土地を」（土地の私有制、小土地所有）であって、ただちに土地の公有制に入ることを意味してはいなかった。しかし、急速な社会主義社会への移行をめざすかぎり、土地を公有制にすることは避けられない。中国共産党は建国後しばらくは土地の私有制を認め、いままで土地をもたなかった貧農たちに土地を分配した。そして生産手段・道具をもたない彼らのために、農機具・家畜・種子などの共同使用、生産物の共同取り入れや共同販売などの組織化をはかった。すなわち、互助組（隣近所の相互援助）、農業合作社である。しかし、社会主義化を急ぐ毛沢東の主張によって、建国後わずか一〇年足らずで高級合作社から人民公社へと大規模な集団化を実行してしまった。これがいかに農民の心をとらえない誤った政策であったかは今日では明らかだが、その根源は中国革命への急ぎ過ぎた評価、理論づけにあったのである。*60

そのほかにも「民主集中制」をめぐる中国共産党の党建設のこと、革命は必ず暴力革命＝内戦という人民戦争によってのみ達成しうるとする暴力革命論、外交政策上のソ連への傾斜・一辺倒、民族政策など、語らなくてはならないことがたくさんある。いずれも新中国の建設過程とその具体的な政策が、冷戦体制というホットではないが臨戦態勢にあった国際政治のもとで行なわれたことであった。この点を抜きにして中国共産党の理論と政策の誤りのみを指摘するのは片手落ちである。その決定的な意味については、新中国（中華人民共和国）がどのように苦闘し、どのように国づくりに励み、その結果どのような国になっていくのかという問題とからめて、第四章第二節で語っているので、ここでは割愛する。

*60　以上のようなことを最近、奥村哲『中国の現代史』（青木書店、一九九九年）はもっと全般的系統的に論じている。

閑話二服　革命の聖地、延安を行く

冬の延安に行ってみたいと思い続けていた。マイナス一〇度以下で、衣食住ともにままならぬ環境のもとで、若者たちを主とした一〇万もの人々が、どのように暮らしていたのか。そのことを実際に感じてみたかったからである。

当時、そのような実体験をおくった日本人もすでにいたのである。中国共産党＝八路軍の捕虜となり、中国人とともに反戦活動をしていた日本軍兵士の若者たちである。[*61]私たち比較的に若い世代の者が、冬の延安に行くということは、そのような日本人の稀有《けう》の体験を実地検証してみるということでもあった。

1

スモッグの濃い早朝の西安を発った列車は、洛河の河岸段丘に沿って北上し、雨水で深く複雑に刻まれた黄土高原の小さな渓谷を縫うように進んだ。洛河は列車の右に左にと目まぐるしく移動し、その河水の凍りぐあいが目立って厚く広くなるころ、高原には早くも夕闇が迫り、四〇〇キロ近い、一〇時間の列車の旅が終わる。

車窓から見る風景は、ほぼ一貫してセピア色した写真のようにくすんだ茶褐色ではあったが、意外なことに本流とそこに注ぎこむ支流のそれぞれの川岸には、けっこう緑色の作物の芽生えが見られ、荒涼とした情景に点々と彩りを添えてくれていたのである。あのころ、もちろん列車などあるわけはなく、トラックに便乗できればよいほうで、ほとんどの若者たちは国民党軍の目をかすめて道なき川岸に沿い、河岸段丘を登り下りして、疲れ切った体で延安入りしたものである。そんな彼らも、ふと気がつ

*61　藤原彰・姫田光義編『日中戦争期　中国における日本人の反戦活動』（青木書店、一九九九年）を参照されたい。この文章は同書の取材旅行（水谷尚子女史にご協力いただきながら）の紀行をもとにしたものである。

いて小さな緑の若芽に目を楽しませたのであろうか。

2

一〇年ほど前、それは夏のことだったが、北京から直航の飛行機で延安を訪れたことがあった。空から見下ろした黄土高原は同心円状の渦巻きが無数に広がっているように見える。それは小高い丘陵が黄色い波のうねりのように続いているのであった。草木一つない不毛地帯のように見えるが、実はその丘陵の一つ一つは、中国人の先祖が何千年にもわたって耕し築きあげてきた段々畑なのである。人々は何キロも離れたところから、土器製の水瓶に満たした水を肩に背負ったり頭に乗せたりして運び、丘の上まで持ち上げてきて撒くのである。その多くは女性と子供の労働なのであった。

人の手が入った土地はやがて北の方、古い万里の長城線で消え、そこからはオルドスの砂漠ステップ地帯に入る。そしてそれはいきなり黄河にぶつかって断ち切られ、一つの山脈を越えてモンゴルの大草原へと連なってゆくのである。

目を東に転じると、またもや黄河の流れにぶつかる。河は南北に走る峨々《がが》たる呂梁山脈と太行山脈に妨げられて南に下り、潼関あたりで東に折れて太平洋に注ぎこむまで流れ続けるが、その流域が華北の大平原を形成して中華帝国の中心となった。しかし、中華文明発生の地は黄河のその湾曲部に西側からまっすぐに流れこんでいる渭水流域であり、ここに西安や咸陽という著名な古代都市が栄えた。

今度は目を西に転じよう。ここでもまたもや蘭州市内を流れる黄河にぶつかるが、さしもの黄濁した暴れん坊の巨大な龍も、ここから西の方の源流に溯るにつれて渓谷のあいだを縫う清流にかわってゆく。シルク・ロードがその蘭州から発し、広大な新疆の天山山脈南北を通って旧ソ連やアフガニスタンの国境にたどり着くことはよく知られている。

以上のような地形と地理が延安の外貌である。ひとことで言えば、東西と北を黄河で区切られ、南が渭水の深い断崖に落ちこむ縦長の台形をした黄土高原の真ん中、やや南よりにポツンとたたずむ地方都市が延安なのである。北京からは小型ジェット機で一時間とちょっとだが、バスなら西安からどんなに早くても八時間以上はかかるという辺鄙《へんぴ》な田舎町である。そこは古来から膚施《ふし》とか延安府として知られていたとはいえ、たかが地方の物資集散地にすぎなかった。そんな町が、中国人ならだれでも知っている、そして二〇世紀の世界史上でも最も有名な地名の一つになったのはなぜか。本書の読者のために、いささかその理由を簡単に紹介しておく必要があるだろう。

3

一九三五年一〇月のある日、黄土高原を流れる一筋の川べりに、ボロボロでまちまちの衣服をまとい、痩せて目ばかり光っている数千人の男たちの集団が疲れ切った様子でへたりこんでいた。よく見ると、姿形は男同然だがわずかばかりの女性も交じっているようであった。彼女たちは担架に乗せられた病人や負傷者を甲斐甲斐《かいがい》しく世話してやっていたが、その担架の一つには毛沢東夫人の賀子珍も身を横たえていた。そしてあとに出てくる唯一の外国人、ドイツ人のオットー・ブラウンとその妻の蕭月琴も交じっていた。

河原には冬の間近さを思わせる冷たい風が吹き抜けているというのに、外套を着るどころか単衣物《ひとえもの》を身につけている者さえ多かったが、ただほぼ全員が大切そうに小火器を抱えこんでいた。延安の西北方百キロ足らずの呉起鎮という町での出来事である。彼らこそ、それより一年前に江西省瑞金の革命根拠地を出発し、国民党の軍隊の猛追を受けながら、雪山あり大湿原あり深い峡谷ありの、一万キロ以上にもおよぶ道なき道程を踏破してきた紅軍第一方面軍の生き残り将兵たちだった。

いわゆる大長征の話はいまや伝説的な英雄譚になっているが、ここはそれを語る場ではないので割愛することとし、要は彼らがさらにそれから一年後に、毛沢東を中心とする延安の革命根拠地を建設することになる、ということだけを確認しておきたいのである。

毛沢東と中国共産党中央委員会および紅軍主力が延安に入り腰を落ち着けることになるのは、一九三七年一月上旬だったとされる。それまでのしばらくのあいだは、呉起鎮と延安の中間くらいに位置する保安（現在の志丹県）が活動の中心地であった。

4

一般に陝北《せんほく》と呼ばれる陝西省北部には、毛沢東らが到達する前に、すでに劉志丹とか高崗といった人物を中心に陝北紅軍と呼ばれる一群の革命軍が存在していて、ある程度強力で安定した革命根拠地を築きつつあった。それゆえ身も心もボロボロになり、その上に党内の権力闘争まで発生していた共産党と紅軍も、この地域に入って一息つくことができたのである。よく知られている西安事変が発生したのは、ちょうどそんなとき、一九三六年一二月一二日のことであった。

当時、蔣介石の命令によってこの陝北の紅軍を包囲し攻撃していたのは、日本によって父親譲りの地盤の東北（満州）を奪われた張学良と、抗日の意識の高い西北軍領袖の楊虎城であった。彼ら、およびその部下たちは、満州を征服した日本がさらに華北地方にまで侵略の手を伸ばしてきている状況に大きな怒りと危機感をもっており、愛国心に燃える全国的な抗日反日の機運に後押しされて、共産党軍と戦うよりも日本と戦うことを強く求めるようになっていた。早くも三六年四月には、張学良がわざわざ延安にまで潜行してきて共産党の周恩来と会見し、ともに日本と戦うことを協議したとされているから、この東北軍のなかには相当数の共産党員もしくはそのシンパがいたことがわかる。

他方、蔣介石は「外敵と戦うには、先にまず国内の敵を一掃する」ことが必須だとする戦略のもと、生き残りの紅軍を撃滅すべく派遣した東北軍と西北軍が思うように戦わないのを見て、わざわざ督戦のために西安に飛来した。このチャンスに張学良と楊虎城とは協力して蔣介石を捕らえ、挙国一致して抗日の戦いを発動すべしと強要した。これが有名な西安事変である。

事変直後、共産党代表として周恩来が西安に飛び、蔣介石の釈放による平和的な解決のために尽力したとされる。しかし実際は東北・西北両軍だけでなく共産党内部にも蔣介石を処刑すべしとの声も高く、また南京の国民政府内にも蔣を犠牲にしてでも共産党・紅軍を消滅すべきだとの意見も強力だった。こうした強行論を押さえ事変を平和的に解決させたのは、スターリンが指導するコミンテルンの指示だったとする説もあるが、なによりも当時盛りあがっていた内戦停止・抗日戦争の実施を強く要求する国民世論の動向であろう。

結果的には、抗日戦争を主張しながらも蔣介石軍に追い回されて息もたえだえだった共産党にとって、西安事変とその平和的な解決は決定的に重要な意味をもつことになった。共産党と紅軍、それに共産党支配地域の辺区政権が曲がりなりにも合法的に認められることになったからである。

このように、形のうえでは日本と戦う挙国一致の抗日民族統一戦線ができあがった。しかし、現実には、盧溝橋事変によって日中間の全面的な戦争に突入して以来、中国側は連戦連敗で、北京だけでなく、上海、そして首都の南京も陥落し、三八年一〇月までには臨時首都の武漢や沿岸大都市の広州も陥落し、国民政府は揚子江上流の奥地、重慶にまで引き下がらざるをえなかった。国民政府の対日抗日戦略と装備・訓練がまだまだ不十分なうちに戦争となり、しかも政府軍の戦意がきわめて低かったからである。

他方、共産党の紅軍も国民政府指揮下の八路軍と新四軍に改組され、延安を拠点に前線に出動していったが、四〇年夏にいわゆる「百団大戦」を起こしたほかは、単独で日本軍と正規戦を挑むほどの力はなかった。そこで日本軍が支配する華北の各地域の後方に抗日根拠地を築き、そこを拠点としてゲリラ戦（遊撃戦争）をくりひろげることになった。華北の日本軍はこれによって大いに悩ませられ、ついに「点と線」の支配に終始するだけとなった。冒頭で述べた日本軍兵士たちが八路軍に捕虜となって反戦活動を展開するのは、このような状況のもとにおいてである。

こうして中国の抗日戦争は、建前上は挙国一致体制のもとにあったとはいえ、実際上は重慶と延安を中心とする二つの抗戦体制、軍隊、戦略戦術によって戦わざるをえないものであった。しかも、両者のあいだには過去の確執がいぜんとして強く残っており、それが絶えず表面化してくる危機的状況もしばしば生じていた。延安は合法的な地方政権として認められていたにもかかわらず、反共に固執する蔣介石の国民政府からの給与と補給が途絶えがちであったり、国民政府軍によってずっと封鎖されていたことなどは、その状況の端的な現れであった。

5

だがそれにもかかわらず、あるいはそれゆえにこそと言ったほうがよいかもしれないが、延安は日本と戦うことを熱望する人々、とりわけ若者たちの身と心のよりどころとなっていった。中国の民衆は抗日戦争のためには反共主義を捨て一定の自由と民主主義を保証すべきだと主張するようになった。このような雰囲気は共産党の活動と勢力拡大にとって有利な条件を提供していた。延安は民族精神と民主主義の発信源と見られるようになった。多くの人々が、それまでの身分や財産や職業を捨て厳重な封鎖線を突破して、「革命と抗日戦争の聖地」延安へと向かっていった。

それまで四、五万人の農民と商人を主とした住民しかいなかった延安は、一九三七年の末ごろからさまざまな顔かたちと風体をし、さまざまな地方語をしゃべる一〇万ほどの人々、とりわけ若者たちの活気あふれる小都会に変貌した。続々と入ってくる若者たち、戦線へ出て行く兵士たち、前線からもどって休養する兵士たち、そしてもとからの住民たちが入り交じって古くて汚い商店は繁盛し、田舎道は生き生きとした若者たちで賑わった。

彼らの戦おうという純真さや熱情は疑うべくもないが、しかしそこには、黄土を掘った窰洞《ヤオトン》の住まいしかなく、都会的な文化・娯楽施設があるわけでもなく、ましてや

延安の窰洞　八路軍に捕虜となった日本軍兵士らが，延安労農学校で反戦活動を学んでいた。この窰洞は学校の裏側にあり中国人教師が住んでいたらしい（いまも住みついている住民の許しを得て筆者写す）。

愛を語りあえる相手が容易に見つかるわけもなかった。女性は一割弱ほどしかいなかったのである。人が増えたぶん、物価も高くなり生活も苦しくなった。延安の生活者たちはみな自力で肉体労働によってさまざまな物資を生産した。日常生活の上での不平不満が絶えなかった。党指導部内での権力闘争と、彼らが都会から来た若い娘たちを我がものにしているという評判とか噂が、若者たちの日ごろの会話のなかで頻繁に交わされるようになった。幻滅を感じて脱走したり引きこもってしまう者、いつの間にか「消されて」いなくなってしまう者も出るようになった。四二年から始められた「延安整風運動」は、このような状況を背景に起こされたものである。

辛くて暗い生活の話は、しかし外部にはなかなか出てこなかった。漏れたとしても、そんな話をする者たちは意志軟弱か裏切り者、国民党のスパイであり、宣伝にすぎないとされることが多かった。抗日戦争末期ころは、アメリカの使節団とか調査団が次々と延安を訪れた。日本軍の捕虜が改心して熱烈な日本軍国主義批判者になり反戦活動に挺身するようになった。共産党はこれらを巧みに宣伝し、延安の評判は日本軍さえも含む内外に高まった。こうして延安詣での人々の流れは途切れることなく、「革命の聖地」延安の伝説は確固たるものになっていったのである。

中国共産党の公式発表では、あの数千人のボロボロの敗残兵のような集団が、日本の敗戦直前には一九の解放区、九五五〇万人の人口、九一万の軍、二二〇万の民兵、そして一二一万人の党員を有する一大勢力にまで発展していた。延安はさしづめその首都なのであった。

以上が延安の概況である。本章で語ったこととやや重複する形になったが、中国共産党の権力への台頭、毛沢東神話の発生などを理解するうえで欠かせない話なので、あえて書き記した。

第三章　中国革命と執政の党

蔣介石と毛沢東（1945年10月，重慶）

はじめに――権力を握るということ

この章で語りたいこと

農民闘争によって歴代の王朝が転覆され、かわって新しい王朝が誕生するということと、革命によって古い政治・社会体制が打倒され新しい政治権力が樹立されるということとは、本質的な違いがある。第一章、第二章においては、このことを語ってきたつもりである。ひとことで言えば、体制の変革を成しとげたかどうかということである。新しい政治権力の諸政策によって新しい経済構造、社会体制、文化が生まれる（つくり出される）。こうして古い時代の残りかすが徐々に拭い去られ、まったく新しい社会と人間が現れるはずであった。

しかし、問題はこのように理屈どおりに簡単にはゆかなかった。長い歴史の伝統によって社会の隅々、人間の心の奥深くにしみついている残滓《ざんし》は、おりにふれて表面に現れてくるのである。そのなかでも新しい時代に深刻な影響を与えるのが、個人の「権力」という問題である。

人間が社会的集団をつくって生活するかぎり、指導する者と指導される者とが存在するのはある程度やむをえないことかもしれない。しかし、その両者の関係は、革命という媒介を通して成り立った場合、新しい政治体制のなかでの上下の関係（従える者と従えられる者、命令する者と命令される者といったような関係）ではないはずだし、したがって人民こそ社会の主人公であり、政治家とか官僚は文字通り「社会の公僕」でなければならないはずであった。だが、現実には、革命国家といわれる国々にこのような関係は定着しなかった。もっと正確にいえば、そのよう関係は生まれることは生まれ、また定着させようと努力もなされたが、結局、失敗に終わっている。

この章では、中国革命における個人の「権力」というものの性格、実態を考える。その場合、毛沢東を筆頭に鄧小平とか今日の江沢民[*1]といった現実に権力を握った人々については、私などが語るよりも他の研究者、ジャーナリストなどがさまざまに語り書いているので、私は別の側面、つまり、これらの権力者に忌避され失脚していった人々に焦点を当てて考えてみたいと思う。けだしそうすることによって、権力者が触れてもらいたくない問題、避けて通りたい事実を直視し、歴史の裏表を過不足なく明らかにできると考えるからである。

権力とは

ところで私は、権力というものを握ったことがない。したがって、それが一体どのようなものなのか実感としてはわからない。そもそも権力とはなにかということについては、世界中にいろいろな定義とか学説があるが、それに触れだすと長くなってしまい本題からそれる。

しかし、いくら知らないといっても、権力が私たちと無縁のところにあるものでないことだけは、私たちのだれでもが知っている。たとえば、国家権力などの公権力は法律・法規とか条例・通達という形で目にしているし、それを執行しているのが役所、税務署、警察、裁判所などであり、その執行を妨害する者は公務執行妨害で捕まるし、はなはだしい

＊1　江沢民（一九二六―）　江蘇省揚州の出身。現在の中華人民共和国国家主席、中国共産党中央委員会総書記。上海交通大学出身。一九四六年、中国共産党に入党、大学卒業後、モスクワで研修を受け、五六年帰国後、工業関係の要職を歴任。八五年、上海市市長、中国共産党第一二期中央委員。八九年、「六四天安門事件」で趙紫陽総書記が失脚したあとを受けて総書記となった。九三年三月、国家主席。

暴力を伴う抵抗が起こった場合には自衛隊という軍隊が出動してくるだろう、ということくらいはわかるのである。もっと身近には、小は町の工場・商店などの中小企業のおやじさんから、私どもの大学にさえ権力とそれを行使する者が存在していることも知っている。

かつて古代中国では、政治とは力なり、力とは富なり、富とは塩と鉄なりといわれたそうだ（私の恩師、故木村正雄先生に教わった「塩鉄論」の一節）。私はこれを学生時代から長いあいだ、「正義とは力なり」と覚えていて、昔の人は凄いことを平気で率直に語ったものだと感心していたものである。政治とは正義でなければならない、という一種の潔癖な正義感が先入観としてあって、しかし他方では、なるほどなるほど、正義も力がなければ行使できないのだ、その力とは富（財富）に裏打ちされていなければ意味がないのだと、矛盾したことを勝手に思いこんでいた。

いまにして思えば笑える話ではあるが、あながちデタラメな覚え方でもないようにも思う。というのも、私はいまでも政治とは正義でなければならないと確信しているが、他方では、権力とは「金」（カネとモノという財富）と「人事」（利益やポストをエサにした人と人との関係の操作）と「情報」（その収集、独占と操作）だと単純に割り切っているからである。

政治権力についての考察は、古今東西に山ほどもある。西欧ではマキャヴェリズム[*2]などがその代表的な古典的表現・概念だと思われるが、戦争論と同様に、中国でも「塩と鉄」論みたいなのは多い。ここではそれらをいちいち紹介したり分析したり、また定義づけたりはしない。私流の解釈で押し通すことにすれば、上記のようになる。これをもう少し理屈っぽくいえば、権力とは自分の意志を他人に押しつけ、物理的にも精神的・心理的にも

＊2　フィレンツェのマキャヴェリ（一四六九―一五二七）が『君主論』で展開した「目的のためには手段を選ばない権謀術数主義」的な権力の獲得、保持の理論。

自分に従わせる強制力のこと、とでもいえようか。

ところで、ここで「自分の意志」というのは、国家（公）と個人（私）の両方を含んでいる。「国家の意志」という場合には、国家がある特定の階級階層、政治的・社会的グループの利益の代弁者であり、彼らが公的機関を通して自分たちの利益を追求するのだという認識が前提である。今日では、マルクス主義階級国家論的にブルジョア階級（自分のことを資本家ではなくて単なる経営者だと考えるか、そのように自称している）とプロレタリア階級（自分のことをサラリーマンだと考えるか、そのように自称したがっている）の対立・矛盾が存在し、前者が権力を独占していて、後者がそれに闘いを挑むプロレタリア革命の時代だ、などと単純にはいえないが、少なくとも国家権力はすべての人々の利益を守っているなどと考えている人はいないはずである（守ってほしいと思っている人々は当然たくさんいる）。

ここから日本と中国の違いが現れてくる。日本の場合、国家権力（政治）の最大公約数的な意志は、資本主義の社会と経済を守るという点にある。そこから根本的な利益を得ている人々の意志、その代弁者としての政治家、政党政派、圧力団体、グループなどの意志が、強力に国家に働きかける。国家は（国会と行政・官僚組織を通して）法律の執行という形で、この意志を具体的に政策として実現する。これらすべての過程が、政治権力というものの姿を現している。

中国の場合については、すでに「戦争と革命」の章で、革命による打倒対象としての権力、すなわち中国国民党＝国民政府については述べた。また、中国共産党の権力については、すぐあとで「プロレタリア独裁」として述べる。

要するに私の理解による権力には、公権力としての政治権力と、私的な権力とがあって、だれでも知っている共通の認識、共通に目に見えるものとしての権力とは、公権力のことである。しかし実は、それを構成し維持し強化しようとするのは私的な利益、意志、情念であり、これをどれだけ政策として実現できるかが、私的権力のありようと程度を示すバロメーターなのである。私的な利益と意志なしに公的権力は姿を具現化しないし、公的権力なしに私的権力は守られないのである。

権力をもたない私のような人間には、その「美味しさ」は理解できない。ほとんどの一般市民がそうであろう。しかし、それがいかに「美味しい」ものであるかは、政治家や官僚やらの汚職、特権の行使、彼らに寄生し利益を得ようと群がる企業と個人の接待、贈賄などが、あとを絶たないことからも窺い知ることができる。

プロレタリア独裁という国家権力

社会主義社会と社会主義の政治権力を標榜する中国では、本来、理論的にはこのような権力の腐敗と私的権力とは存在しないはずであった。なぜかというと、その政治権力とは「プロレタリア独裁」(プロレタリアートのディクタツーラ=執権)だからである。

さきに述べたことをもう一度繰り返すと、マルクス主義の革命理論と国家権力論、およびそれから発展させられた社会主義社会論とは、簡単に(私流の理解で)いえば次のようである。

人類史上では、原始共産主義社会を除けば、すべて私有制の階級社会である。そのような社会では直接モノを生産している大衆と、自分では汗をかかず手を汚さないで生産物を私する少数者の二つの階級が基本的な社会の構成者であり、非生産者が自分の利益を守るために政治権力（軍隊、警察、司法、官僚などの諸組織と法令）をつくっている。具体的には、奴隷制社会では直接生産者大衆である奴隷とそれを所有している奴隷主、封建制社会では直接生産者大衆である農奴とそれを所有している封建領主・国王、資本主義社会では直接生産者大衆である労働者（プロレタリアート）とそれを雇用している資本家である。

このような社会において、生産力が発展し余剰生産物が生まれるようになると、いままでおとなしく生産活動に従事していた直接生産者大衆が、その部分の分配を要求するようになり、社会と政治の仕組みの変更を求めるために力を結集し立ち上がる。奴隷の反乱、農奴の反乱、そして労働者の闘いがそれである。奴隷の反乱は奴隷制社会を壊して封建制社会に移行し、農奴の反乱は封建制社会を壊して資本主義社会に移行する。つまり新しい社会は突然、木に竹を継ぐように出現するのではなくて、前の社会の内部に、次の時代の新しい要素が生まれ育ち、それがどんどんと大きくなって古い社会を掘り崩していくのである。新しいと思われていた社会は、その内部から否定されて新しいものを生み出すが、長い時間の経過の過程で古くなってしまい、さらにその内部から新しいものが出現して古いものを否定し、これにとってかわる。このような否定から否定へ、そしてそのたびに新しい飛躍が見られることを「止揚する」という。私たちの学生のころ、このような学説を聞いて実に新鮮な感じがして、使い慣れない「アウフヘーベン」というドイツ語に魅せられたりしたものであった。

しかし、労働者階級の反乱・闘いは資本主義社会を壊して社会主義社会に「移行」することはない。なぜなら、資本主義社会は私有制社会であり、社会主義社会は公有制の社会であるから、資本家たちが黙って私有制を中止したり見捨てたりは絶対にしないからである。つまり、古い資本主義社会の内部からは新しい社会主義社会は生まれ育たないということである。したがって、労働者階級はまず革命を起こして政治権力を奪い取ってのち、はじめてその私有制社会を廃絶する方向へと政治を推し進めることができる。

このような社会では、圧倒的多数の無産者階級（労働者および農民）が主人公であり、それまでの私有制社会の支配者・主人公（社会の少数者）を排除してゆくのであるから、私有制社会の二つの階級の対立はなくなってゆき、さらに、やがてはその私有制社会を構成し守っていた国家権力（国家そのもの）も消えてゆくことになる。

以上のように、私有制社会から私有制のない社会へと強力に推し進めていく政治権力が、その主人公であるプロレタリアートの名前を冠して「プロレタリア独裁」といわれる。「独裁」とは、多数者であるプロレタリアートの政治・政策を邪魔しようとする前の社会の少数者である資本家・地主たちを、強力に弾圧し抑圧すること、そしてそのような組織・機関を指す。最近では、「独裁」ということばのイメージが誤解を招きやすいということもあって、もともとの原語である「プロレタリア・ディクタツーラ」（執権、執政の意味。ディクタツーラとはローマの元老院議員がその権力の象徴としてもっていた杖をさすらしい）という用語を使う者もある。

社会主義社会とは、完全な私有制をなくし階級もなくなる社会の実現に向けて、プロレタリア独裁という政治を実施する過渡的な社会ということになる。

このような社会では、私有制社会でのような私利私欲にもとづく私的な権力は存在しないし、したがってそれを守り強めるような公的権力も存在しないはずである。政治権力とは、少数者の反抗・反乱を抑える組織・機関であり、多数者である労働者・無産者階級の利益を守る「公僕」だけの組織・機関に変わるはずであった。

国家権力の創出

プロレタリア独裁であれ、ブルジョア独裁であれ、国家権力というものは一般的に平たくいえば、社会のなかから生まれながら、社会の上に立って社会を支配する強制力のことである。したがって支配する側には、かならずそれなりの装置・機関・組織が必要である。さきに述べた軍隊、警察、裁判所、税務署を含めた官僚機構、さらには法律制定のための議会さえもが、そのための道具であり、これらをもっと極端にひとことで表現すると人民支配のための「暴力装置」なのである。私たちの国では「議会制民主主義」という表現によって、このことがあいまいにぼかされているが、革命によって成立した国々はこの点を隠したりごまかしたりはしない。

ところで、その暴力装置というものは自然発生的にできあがるものではない。中国革命の場合、すでに述べてきたように、国民党は「軍政」段階を明確に設定し（軍事力――赤裸々な暴力装置によって強制的に統治する）、次いで党が国家を指導する「訓政」段階を設定し（軍事力や警察、官僚機構はもちろん、議会や行政機関にも党の方針が貫徹される、いわゆる「党国」体制である）、それから最終的には、国民によって選ばれた議会によって制定される憲法と法律に忠実な「憲政」体制を完成させるとされていた。

国民党にとって残念なことに、大陸においては「訓政」から「憲政」への移行段階に、中国共産党の反乱と日本の侵略に直面して露骨な「暴力装置」としての性格が突出してしまい、「憲政」の実施自体が暴力的で独裁的なものにならざるをえなかったことである。しかし、国民党がその理念と権威にかけて「憲政」を実現する方向を捨て去らなかったのは、いろいろな事情があったとはいえ、台湾に逃亡して以降、とくに一九八七年以来の政治民主化の方向を検討すれば、だれしもが認めるところである。

他方、中国共産党のほうは、「訓政」ということば自体を使いはしないが、「党国」体制は国民党よりも明確であり露骨であり、しかもその発展過程において「民主と法制」は強調するようになったが、「憲政」とはいわないから、国民党以上に「訓政＝党国」段階は長引くものと考えなければならない。では一体、そのような体制、政治構造はどのように成り立っているものなのか。これについても随分たくさんの文献があるが、私流に簡単に整理して語っておこう。

中国共産党の支配体制が、長い長い王朝体制や短かった国民党の統治に比べて最もうまくつくられ機能しているのは、いちばん底辺の基層社会をがっちりと握っているからである。なぜそれができたかといえば、革命の過程において最下層社会の人々――人民大衆――を動員できたからである。農村では地主に対する貧農（貧窮の自作農、小作農、雇農など）、都会では資本家に対する労働者や貧民層、国民政府に対する学生・インテリ層などである。彼らは土地を求め、賃上げと生活待遇改善を求め、自由を求めた。中国共産党はこれら社会の下層の人々の要求を汲み上げ、彼らを基盤に勢力を拡大し、時の権力を転覆させた。そして新しい権力構造をつくるに際しても、彼らを大量に下級・中級幹部として登用した。まさに「社会のなかから生まれた」のである。だから、社会の下層（基層）の仕組み、人間関係、風俗習慣、感情など、これまでの権力者には理解できなかったような社会の細かなヒダにまで手を伸ばし、目を注ぐことができた。しかも、「社会の上に立った」ときに、大衆を統治するのは社会と直接密接に結びついている大衆出身者（貧農、貧民など）の「幹部」なのであった。

彼らは大衆の要求、好み、感情を熟知しているだけでなく、大衆の恐怖心、嫉妬心、猜疑心、出世欲をも熟知していた。伝統的に「お上」の手で行なわれてきた「戸口調査」とか「隣組制度」は、大衆自身の手によって行なわれ、下層の幹部――公安警察や住民自治組織――と結びついて一人一人の調査書（中国では「档案《とうあん》」と呼ばれている）がつくられ、新しい「お上」に保管され、言動が監視されるようになった。「為人民服務《ウェイレンミンフーウー》」*3というスローガンのもとに、これらはみな大衆の感情や欲望と巧みに結びつけられ利用された。

政治権力構造の上層は「革命の元勲」によって握られていたが、下層社会の大衆から抜擢された人々が中級下級の幹部を構成していた。中国共産党の名誉のためにいえば、もともと彼らは下層社会で革新的で積極的に人民のために働く評判のよい、文字通りの「選良《エリート》」であった。そうでなければ、人々の信用をかちえて革命の前衛にはなれなかったはずである。しかし、これらの人々は当然、時代を経るにしたがって次第に上へ上へと昇格・昇任して特権化してゆくか、政治闘争によって淘汰され脱落してゆく。彼らの補充はやはり下層社会から選ばれるか、あるいは革命における「新たな血統主義」（「紅五類」*4といわれるような）や親の威光（場合によっては世襲的なポストの委譲が行なわれた）にもとづいて登用された。

政策決定機関としては、形式的には人民代表大会という議会制が設定されて、下級から全国レベルまで「選出」されることになってはいるが、いうまでもなく中国共産党が承認

*3 「人民に奉仕する」という意味。

*4 「紅五類」　文化大革命時期、最も革命的な出自とされた階級・階層の人々（労・農・兵・革命的幹部・革命烈士）。新しい血統主義ともいうべき考え方である。

しないような人々は代表になれるわけがない。その代表候補も普通選挙ではなく特定の個人を中共が指名し、その信任投票のような形で選ばれている。

このようにして、国家権力は中国共産党の意志、政策決定にもとづいて立法・行政・司法・監察の諸制度と人事によって運用されるが、もちろんいうまでもなく、それらは軍事力と警察によって全般的に統制されている。中国共産党体制の著しい特徴は、こうした全般的統治の基層が、人民大衆の相互監視、密告システムによって網の目のように張り巡らされ、しかもそれに引っかかることが即座にその人の地位、ポスト、名誉などに直接かかわってくるというところにある。今日のように開放化が進んでいる状況下にあってさえ、だれだれのところにどんな者が来たか、どれくらいの時間いたか、どのような話がかわされていたかなど、驚くほど早く的確に公安警察や上級に知られるのも、そのようなシステムが機能しているからである。一九八九年の「六・四天安門事件」のおりに、この民主化運動に参加した学生たちが地方に逃亡してもすぐに捕まったのは、親兄弟、親族や友人たちが係累になるのを恐れて密告したり情報を提供したからだといわれている。

政治権力と権力闘争

ともあれ、権力の性格のいかんにかかわらず、一度権力を握った者は、その「美味しさ」が忘れられないから、権力を失わないために必死に策謀する。中国では、ブルジョア階級と地主が強制的に排除されたから、その私的利益の代弁者が国家権力を構成するということはなくなったが、今度はその無産者階級のなかに国家権力に依拠して個人の権力を振るい、特権に胡座《あぐら》をかくものが出現してきた。執政・執権の政党と党員たちがそれである。

中国共産党は、自分のことを「プロレタリアートの前衛」と称していた。革命の過程でそのように称する意味については、すでに述べた。中国共産党は中華人民共和国を樹立してからも、そのように称している。それは上記したような「プロレタリア独裁」が続くかぎり、称されるはずである。そしてその「プロレタリアートの前衛政党」であることこそ、中国共産党の存在理由《レーゾンデートル》なのである。

しかし今日では、そのような正当化には自家撞着・自己矛盾が生じてきている。プロレタリア独裁は永久に続くのか。無階級社会をめざす前衛政党が、なぜ半永久的に存在しなければならないのか。ましてや、共産党だけがなぜ権力を独占しなければならないのか、などなど。

こうした疑念にだれも答えてくれない。毛沢東時代、階級と階級闘争は社会主義社会でも存在するし、高度の社会主義社会である共産主義社会の実現に至るまでプロレタリア独裁は必要であり、したがって共産党も必要であると主張されていた。このような「連続革命」論あるいは「永久革命」論が、いわゆる「プロレタリア文化大革命」を正当化する理論となり、あの「十年の災難」をもたらした。だから今日では、このような理論は実情に合わない空理空論として否定されているはずなのであるが、中国共産党の一党独裁を理屈づけるとすれば、やはりこれしかありえない。この疑念にもだれも答えてはくれない。

そこで今日では、「全民族＝中華民族の結集軸」といった珍妙な「理論・理屈」が中国共産党サイドから提起され、それがこの政党の存在と一党独裁を正当化している。階級政党ではなくて民族政党だというわけである。だとしたら、なぜいまだに「プロレタリア独裁」が必要だというのか。仮に中華人民共和国が全人民・全民族の国家になりつつあるとすれば、なぜ階級政党が必要なのか、なぜ共産党だけが執権の党なのか。これにもだれも答えてくれない。

今日の中国では、絶対に遵守されなければならない理論として「四つの基本原則」（故鄧小平が強調した社会主義、プロレタリア独裁、中国共産党、毛沢東思想）というものが謳われている。しかし、資本主義的市場経済が大量に、かつ深刻な程度にまで導入され、毛沢東思想も批判的に継承され、プロレタリア独裁も中国共産党の存在理由《レーゾンデートル》としてはきわめて希薄であるような状態では、結局、右の四つのうち残されているのは、中国共産党の一党独裁だけということになってしまう。

一九八九年の「天安門事件」に至る民主化運動のなかで、人々は「絶対的権力は絶対的腐敗を招く」といって、中国共産党の腐敗堕落に警鐘を鳴らしたものである（このことば自体は中国人の発明ではない）。中国革命を高く評価する私としては、まことに遺憾ながらこの指摘に同意せざるをえないのである。このことばのなかにこそ、権力（それも一党独裁という絶対的権力）の「美味しさ」と「怖さ」が込められている。

権力が個人と結びつくこと、個人的な権力（いわゆる権力者）はますます肥大化すること、国家の政策決定と実行にそのような個人的な権力者の意志が働くこと、したがってそのような個人的権力を勝ち得るために、あるいは勝ち取ったものを失いたくないために、派閥を基盤とした権力闘争は必然化すること、権力闘争に打ち勝った者たちだけが正義を唱え自分たちの主張する政策を実行できること、これが権力の「美味しさ」と「怖さ」の実態であり、権力闘争の本質である。

権力の隠微な営み——権威づけと歴史の書き換え

歴史を学ぶ者、歴史が好きで歴史関係の本を読む者が注意しなければならないのは、権力闘争に打ち勝った者はかならず自分の権力の正当性を強調するし、後世にそれを書き残そうとするということである。それどころか、事実とか真実は、権力者にとって不都合と思われた際には簡単に書き換えられてしまう。権力者のこのような隠微な営みを「権威づけ」といってもよい。

権威というものは、普通は本人が自分でするものではなくて、他の人々が「あの人は、これこれしかじかの理由で、とても偉い人なのだ、その筋の第一人者なのだ」というところから始まり、人々の尊敬を受け尊重されることで高まってゆく。自分で自分のことを第一人者だなどと言う人は、あまりいないし尊敬できない。ところが「他の人々」という場合、世間的に信用されやすいのは「公的」な評価、評判である。最も手っ取り早い例が勲章である。勲なん等を受賞したといわれると、なにか一気にひどく偉い人になったように、他人も本人も思ってしまう。勲章というものは最高権力者がその権力に貢献のあった者に、その貢献の度合いによってランクづけして授与するものである。つまり、最高の権力にどれだけ貢献したか、あるいはどれだけ近いかを示すモノサシの役割を果たすものである。日本では「象徴天皇」（最高権力者＝元首ではない）が授与するが、それは天皇を最高権力者・権威者としていた明治憲法の名残りであり、権威をありがたがる現代日本人の古い時代の残りかすに対する郷愁のようなものである。

現代社会では有名人好きが流行だから、マスコミに登場する頻度も権威づけに影響している。そのような人は専門でもなんでもないことにまで登場して、ますます有名になり、ますます人々は偉い人のように思いこんでしまう。この場合、問題なのは有名かどうかにあるのではなくて、そのような有名人が有名になったがために、そこに力とカネが集まり、権力者になる可能性がぐっと高まるところにある。芸能人、スポーツマン、学者などが有名になって政治家になる。「先生、先生」といわれて人々が門前市《いち》を成し、権力の分け前を争うようになる。そうなるとますますその人は「偉く」なる。

逆に、力があっても評判が悪いとか人々の評価が低いと、権力者には都合が悪い。かならずその権力の源泉、由来を美しく飾ったり格好をつけたがるものである。権力の正統性を強調し正当化することになる。昔、豊臣秀吉が系図をつくって格好をつけたという話は有名であるが、これも権威づけの一例である。このように権力と権威とはついて回る。

現代中国の場合、最高の権威といえば毛沢東のそれであり、それは個人崇拝にまで高められていた。彼の権威の源泉は革命の歴史のなかにある。権力の獲得への道程は権威が高まる道程でもあったが、しかし、かならずしも直截に同時並行的にではなかった。そこには自らの革命への貢献を過大に強調したり、あるいは他人の功績を横取りしたりする、あまり好ましくない所業がついて回る。中国に、そして中国共産党の党内に、そうしなければならない必然性があり、そうすることを容認する雰囲気がなければ、このようなことはできないわけだが、いずれにしてもそれは相当に無理をした権力の正当化であり、権威づけである。歴史の書き換えとはそのようなものである。

ところで、中国は文字の国だといわれ、歴史書とか資料は無数に存在する。この場合の資料とは、公式の歴史書＝正史、お役所の記録文書、お偉い人の書いた文章、日記、随筆、石碑、墓碑銘など多数あるが、いずれも文字を書ける人々のもの、換言すれば、すでに述べた「知識人・士大夫」といった人々の手になるものである。したがって、読み書きができない一般庶民の気持ちとか行動とかは直接には彼らによって書かれはしない。権力者の言いなりに歴史書とか記録を書く者を「御用学者」という。彼らは歴史の改ざん、書き換えを平気でやる（内心の苦悩、良心の呵責《かしゃく》は表面には現れてこない）。われわれはそういうものを資料として使っているのである。

プロレタリア文化大革命のおりに、かなり多くの日本人学者はそれを天まで持ち上げ、誉め称えたが、次の中国権力者が現れてこれを否定すると、今度はその権力者をおおいに持ち上げた。また「天安門事件」のおりに、日本のある学者がある新聞に、天安門の血の弾圧において一般民衆の死者、解放軍によって殺された人々はいないと書いた。これは中国共産党の当局者が発表したことを詳細に「分析した」結果だそうである。御用学者はその国の内部にだけいるのではなく、外国にもたくさんいるのである。

国家権力の本質を隠すことは、いつの時代、どこの国でも行なわれてきたことである。現代は国家というものがますます複雑化しているので、統治されている側の一般庶民はますますわけがわからなくなっている。また、権力を握った個人もその権力を正当化する、つまり権威づけをするものである。私たちは、その隠された歴史、抹殺された歴史を復元しないことには、本当の歴史が理解できないかもしれない。

そのような意味で、以下の第一節において、旧稿ではあるが権力闘争の様子と歴史の書き換えについて書いたものを掲載した。また第二節では、歴史上ある程度は大切な役割を果たしながら、その後の権力闘争に敗れ去り、中国共産党の歴史書から抹殺されたり、不当に低く評価されたりしている人々のことを語っている。ここに記した人々の多くは、その後に評価が変わって、いまでは正当に評価されている。しかし、中国でも日本でも、当時はさんざん悪く言われたり貶《おとし》められたりしたものである。そういうことに対して、おおげさに言えば敢然と異論を唱えた数少ない日本人の一人が私だったと自負している。そういう意味で、瞿秋白や劉少奇についてはすでに書いたものもあり、また李徳や林彪についても書いたものがあるので、ここではそれらはさわり程度の紹介にとどめている。

私は別段、歴史から消された人々、権力闘争に敗れた人々に正義とか真理があるなどと、おおげさなことを言うつもりはない。中国の評価がまるっきり間違っていると言うつもりもない。権力闘争に勝った者、権力を握った者だけが、歴史をつくっているといったような権威づけ、誉め称え方、阿諛追従《あゆついしょう》に反発し、あわせて歴史から消された者への哀感、不当に遇されている者への同情が、私をしてこういう人々のことを語らせるのである。そして同時に、そうした人々を歴史のなかに正当に位置づけることによって、多少とも歴史というものを立体的にとらえうると思うだけである。

第一節　執政の党の権力闘争――毛沢東の「十の闘争」

注記　ここに収録した論文は、一九七一年九月一三日、いわゆる林彪事件が発生する前に、毛沢東が林彪とその一派を非難するために南方（揚子江中流域）のいくつかの省を回り、それらの地域の高級幹部に、林彪らに注意するよう、そしてこの一派に加担しないよう警告を発する旅をしたときの秘密講演（「毛主席の談話記録」）に対して、私が批判的に解説したものである（原載は「談話記録」とあわせて『中国研究』一九七四年第一号）。この「談話記録」も含めた林彪事件については、私はすでに自著『中国の政治と林彪事件』で論じている。

この論文はまた、中国共産党党史があたかも権力闘争そのものの歴史であるかのように扱われることに危惧の念を表明したものであり、同時に、毛沢東個人を中心に歴史を考える発想にあえて異を立てたものでもある。今日では、このような発想と叙述をする者は中国共産党内部にも少なくなっているかのようであるが、その根っこはなくなっていない。今後も個人崇拝や英雄待望論が台頭すれば、またまたそれが復活するかもしれないという思いからあえて再掲することにした。第四章第一節「中国共産党の七〇年」とペアになっていると思って読んでいただければ幸いである。

勝者の論理

毛沢東は、一九七一年八月から九月（林彪事件の日まで）[*5]にかけて約一ヵ月間、林彪批判の行脚《あんぎゃ》に出かけ、各地の指導者たちに林彪の誤りと自己の正しさについて語り歩いた。[*6]このとき毛沢東は、林彪の誤りとそれへの闘争を、党史上における党内権力闘争の系列上にならべて第十番目の闘争と位置づけたのであった。これは党史に一つの新たな叙述を加えたというにとどまらず、それにあわせて過去の九つの闘争をも整序しようと試みている点において、党史の新たな「書き換え」ということができる。

この毛沢東の「十の闘争」という指摘は、林彪問題を別とすれば、かならずしも目新しいものではないが、問題は、林彪を粛清して新たな毛沢東路線を確立しようとしている段階での毛沢東（派）の歴史観にある。

毛沢東の指摘は、党史上における党内での「分裂」の動きを批判することに主眼が置か

＊5　林彪（一九〇七―一九七一）　湖北省黄崗県の人。原名は林育容。父方の従兄弟の林育南、林育英の影響で一九二三年、社会主義青年団に加入。二五年、中国共産党に入党、また黄埔軍官学校第四期生として軍人の道を歩みはじめる。北伐戦争では国民革命軍第四軍の小隊長として従軍、国共両党分裂後、朱徳に従い「八・一南昌暴動」に参加し井崗山に行って初めて毛沢東と出会う。その後、毛の信頼を得て、紅軍第四軍軍長、第一軍団軍団長を歴任、長征に加わり延安に行く。抗日戦争が始まると八路軍第一一五師団長として平型関で日本と戦い一躍勇名を馳せるが、その後負傷してモスクワで療養。四二年に帰国、四五年の中国共産党第七回大会で中央委員。内戦では東北（満州）の最高指揮官として活躍、第四野戦軍司令官となり、建国後革命の元勲の一人として元帥の位階を受ける。中国共産党中南局第一書記、中南軍政委員会

れており、党内でのその時点での「闘争」、すなわち路線をめぐる闘争内容についての論及は十分詳細ではない。それはこの文献の性質とスタイルによるところが大であるにしても、従来、これらの闘争が路線闘争の問題として扱われてきたことからすれば、はなはだ特異な取り扱い方といわねばならない。すなわち従来は、これらの闘争は路線闘争の問題として扱われてきたものであり、党分裂はその結果にすぎないもののように扱われてきたのであって、党分裂そのものが闘争に先行する原因や主たるテーマではなかったのである。多くの党史に類する中国共産党（以下中共と略す）の文献（たとえば、胡華や何幹之の「革命史」とか「現代史」の類い）は、毛沢東の戦略戦術の「一貫した正しさ」を述べたものではあるにしても、その彼の「反対派」をかならずしも党を（目的意識的に）分裂させようと考えていたものとはとらえていなかったのである。しかしここでの毛沢東の見解は、毛沢東路線の正しさを再確認したにとどまらず、「党分裂の系譜」として反対派をとらえなおすことによって、彼らを党にとっての最凶最悪の裏切者に仕立てあげてしまったのである。

これは、文革という名の権力闘争が、「闘争不可避」論を生み出し定着させ、それを正当化する論理をつくり出そうと努力した悪しき結果の一つである。文革は毛沢東への絶対的忠誠こそが正しさの唯一の根拠であるとする考え方を定着させ、毛沢東に反対することは党中央に反対することであり、それはとりもなおさず党への裏切りであるとするに至ったが、ここにおいては一切の路線をめぐる論争は否定され、毛沢東によって支持されずに敗れた論争者、反対派は、すべて勝利者から「党分裂主義者」「党の裏切り者」のレッテルを貼られることになったのである。これは勝利者の論理であり、力の論理である。これ

主席、国務院副総理、国防部部長などを歴任、また党でも五八年、政治局常務委員、党副主席。文化大革命で功績があったとして六九年の第九回大会で毛沢東の後継者に指名されるが、国家主席の存続や政策をめぐって毛と対立、毛の追及を受け（毛の暗殺を企てたという理由で）モンゴルに逃亡しようとして七一年九月一三日早朝、墜死した。

＊6　正確にいえば、毛沢東が北京に帰ってきたのは九月一二日、いわゆる林彪事件は翌九月一三日早朝である。なお、毛沢東の「南巡講話」について最近の資料としては、『汪東興回憶』（一九九七年、当代中国出版社）がある。

は「文革と九全大会路線の勝利」[*7]によってもたらされた結果から歴史を規定する歴史方法論である。

私はほんのわずかの毛沢東の発言から、あまりに多くのことを先走って推測しすぎるのであろうか。そうではあるまい。すでに一〇全大会における周恩来の政治報告は、党史上における十の（権力）闘争ということを言って、毛沢東の私的談話を公的なものとした。私の推測した方向性は間違いなく今後の歴史叙述において展開されるであろう。同時に、これに追随する日本の中国研究者諸氏も先を争って己が著述を書き換えるであろう。すでにそのはしりは林彪に関する叙述において現われており、歴史上から林彪および彼の業績を墨黒々と塗りつぶす作業は開始されているのである。こうした歴史叙述の方向性、歴史の書き換えはいったいなにを中国にもたらすのであろうか、中国研究者にとっても無視しえない問題である。

「十の闘争」とは

毛沢東のいう「十の闘争」とはどのようなものか。いまここでその一つ一つを詳細に述べる余裕はないが、簡単に革命史と比較して図式化すれば表のようになる（〈　〉内は私の用語である）。

表のような区分は、二つの方法によって二つの段階に分けることができる。一つは中共の国家権力掌握（一九四九年）の前と後を区分する方法であり、これは革命史的区分法といえよう。もう一つは毛沢東が党内権力を掌握したとされる時期（一九三五年一月の遵義《じゅんぎ》会議）[*8]の前と後を区分する方法であり、これは党史的区分法といえよう。この両者を比較

*7　九全大会は一九六九年。林彪が毛沢東の後継者であることが明確にされた。次の一〇全大会は一九七三年。

*8　遵義会議　一九三五年一月、瑞金ソヴィエトが敗北して中国共産党・紅軍が「長征」に出た途上、貴州省遵義で開かれた中国共産党中央政治局拡大会議のこと。毛沢東がそれまでの党と紅軍の指導者たちを批判し軍事指導権を握り、以後毛沢東の権力確立の出発点となったことで知られる。この点については、徳田教之『毛沢東主義の政治力学』（慶応通信、一九七七年）を参照。

革命史区分	党史（路線）区分	十の権力闘争	（党大会）
国民革命・大革命時期 （第一次国内革命戦争） 1919〜1927	陳独秀路線 〈党の創生期〉	① 反陳独秀路線	一全大会 二全大会 三全大会 四全大会 五全大会
土地革命・ソヴィエト革命時期 （第二次国内革命戦争） 1927〜1937	瞿秋白路線 李立三路線 王　明路線 〈党の苦悩期〉	② 反瞿秋白路線 ③ 反李立三路線 ④ 反羅章竜路線 ⑤ 反王明路線 ⑥ 反張国燾路線	六全大会 （四中全会）
抗日戦争時期 1937〜1945	第二次王明路線 〈党の発展期〉	（第二次反王明）	（五中全会） 七全大会
内戦時期 （第三次国内革命戦争） 1945〜1949	〈党の新発展期〉		（二中全会）
社会主義建設時期 1949〜	劉少奇路線 林彪路線 〈党の新苦悩期〉	⑦ 反高崗・饒漱石路線 ⑧ 反彭徳懐路線 ⑨ 反劉少奇路線 ⑩ 反林彪路線	八全大会 九全大会 一〇全大会

すると、党内において毛沢東が実権を掌握してから解放までのあいだに存在した闘争は張国燾《ちょうこくとう》*9および第二次王明（右翼日和見主義）路線の二つだけである。毛沢東が党政面だけでなく軍事面においても実権を確立しえたのは反張国燾闘争の勝利後であったが、それも遵義会議後、毛沢東の「正しい路線」が確立されていたからということ、また今回の毛沢東の区分法には第二次王明路線が入っていないことからいって、この二つは遵義会議での毛沢東路線の勝利という範疇に入れられているものとみられる。したがって二つの区分法は

*9 張国燾（一八九七—一九七九） 江西省萍郷県の人。北京大学の学生のころ「五四運動」で頭角を現し、中国社会主義青年団を組織、また中国共産党の創立大会にも代表として参加し最初の中央委員の一人となった。国民革命の敗北後、「八・七緊急会議」に参加し臨時中央政治局委員となり、一九二八—三一年までコミンテルンに派遣されていたが、帰国後は湖北・河南・安徽ソヴィエト（根拠地）の政治・軍事指導者となり、その力を背景に中華ソヴィエト共和国臨時中央政府の副主席のポストに就いた。中央ソヴィエトが敗北してその主力が長征に出たのとほぼ同時に彼の軍も移動を始め、毛沢東らと延安で合流したが、革命の方針と政策において対立、結局、権力闘争に敗れて党を離脱し革命運動からも手を引いた。晩年は香港に住んでいたが、最後にはカナダで死去した。

解放前後といおうとも遵義会議前後といおうとも同じことになるのであるが、十の闘争を中心に歴史叙述を行う場合は、当然遵義会議前後を区分する党史的区分法が前面に出てくるわけである。

いうまでもなく、革命史と党史とは異なる歴史範疇であって、党史は革命史の一部として論述される性格のものであり、従来はそのように扱われてきたのであった。しかしその革命史のなかで毛沢東の「一貫した正しさ」が強調される場合、彼を最高指導者とする革命指導主体たる中共の役割の強調とあいまって、党史的側面が革命史以上に歴史叙述の中心とならざるをえない。

十の権力闘争の強調は、この意味において歴史叙述の方法を変更するもう一つの特徴であり、ソ連と同様に共産党史が歴史の中心として位置づけられる方向性を示している。私が「党史の書き換え」という所以である。

ソ連批判の背景

閑話休題、いずれにせよ以上の時期区分から、われわれは十の権力闘争を前期と後期の二つにわけて考察するのが便利である。

すなわち前期闘争とは、陳独秀・瞿秋白・李立三《りりっさん》*10・羅章竜*11・王明*12・張国焘に対する闘争であり、後期闘争とは、高崗《こうこう》*13・彭徳懐・劉少奇・林彪に対する闘争である。

では前期闘争において毛沢東はなにと、なんのために、どのように闘ったとされているのであろうか。結論から先にいえば、それは毛沢東が党内反対派として、ソ連＝コミンテルンの中共に対する影響・支配・権威から中国革命を自主的自立的に闘いとっていこうと

*10　李立三（一八九九―一九六七）　湖南省醴陵県の出身。一九一九年、勤工倹学生として渡仏。二一年に帰国し、中国共産党に入党。主として労働運動関係で活躍、二五年、上海総工会委員長として「五・三〇運動」を指導。二七年、南昌蜂起に参加。その後二八―三〇年、中国共産党中央政治局常務委員、宣伝部長などの要職にあり、「李立三路線」として知られる都市部のゼネストと紅軍の都市総攻撃を指導して失敗、三〇年九月、批判されて失脚、ソ連に召喚された。四六年、帰国し建国後は中央人民政府委員、労働部長などを歴任したが、文化大革命で迫害され自殺。八〇年に名誉回復。

*11　羅章竜（一八九六―一九九五）　湖南省瀏陽県の人。北京大学在学中にマルクス学説研究会と北京共産主義小組に加入、中国共産党成立と同時に入党。第三期中央委員となる。三一年

した闘争であった、とされているように思われる。

もちろんこのように私がいったからといって、私は中国革命と中共に対するコミンテルンやソ連の援助・指導・影響を毛沢東が一貫して否定的に考えていたというつもりは毛頭ないし、またこの六つの闘争の相手（羅章竜・張国焘を除いてそれは党内主流派であった）がすべて、コミンテルンの支配的影響下にあったとも考えるものではない。事実はむしろ逆であって、毛沢東もまた当時の多くの指導者たちと同様にコミンテルンの権威や指導性を認めてそれに依拠して他を批判するという形をとってきたし、また多くの指導者たちはコミンテルンに反対したとか、路線・方針がコミンテルンと違っていたという形で批判されてきたのであった。問題はむしろ、こうしたことにまったく触れないで、各段階の主流派があたかも毛沢東の方針・路線に反対したかのように描かれているところにある。

私の結論を理由づけるには、毛沢東の談話における毛沢東の反対派（各段階での主流派）に対する批判の仕方と内容をみればよい。解放後の党史（革命史）類が共通して最も激しい批判・非難を浴びせたのはほかならぬ王明およびその路線であった。こんどの毛沢東の論及もその例外ではないが、注目すべきなのは、過去においてタブー視され裏面に隠されていたコミンテルン＝ソ連批判が、直截に赤裸々に出されていることである。彼は次のように述べている。「王明路線の寿命は最も長かった。彼はモスクワにおいてセクトをつくり、〝二八ケ半のボルシェヴィキ〟を組織した。彼らはコミンテルンの力を借りて全党の権力を奪いとること四年の久しきにわたった。……李立三の〝左〟を批判しただけではまだ足りずに、根拠地を潰しつくさないことには不満で、結局、基本的には潰しつくしてしまった。一九三一年から三四年までの四年間、私は中央においていささかの発言権もなか

一月、六期四中全会の前後に党の分裂活動を行なったとの理由で党籍を剥奪されたが、新中国で復活、大学教授などを歴任。

＊12　王明については、前掲の田中仁『王明著作目録』解説を参照されたい。

＊13　高崗（一九〇五―一九五四）　陝西省横山県の人。一九二七年に中国共産党に入党、主として陝西（とくに陝北地方）の党と紅軍の発展に貢献した。瑞金ソヴィエトが敗退して党と紅軍主力が長征に出、やっとこの地域にたどり着いたのを迎え入れたのが高崗らであった。それゆえ毛沢東によって厚遇され急速に昇進、第七回大会で中央委員、政治局委員に抜擢された。最後の内戦期は東北（満州）に派遣され林彪に次ぐ地位にあり、人民解放軍が林彪に率いられて南下したのちは東北の最高指導者となった。新中国の成立後は人民政府副主席、兼計画委員会

った。一九三五年の遵義会議は、王明の路線の誤りを正し、王明は下野した」。毛沢東の憤り、怨みの激しさがこの短い文章から読みとれる。「コミンテルンの力を借りて云々」は従来もいわれてきたことではあるが、ここでは「モスクワ」と「コミンテルン」となり、他の五人に対する批判と比較して、いっそう毛沢東の怒りと批判の感情的激しさが目立つところである。従来とも王明批判が厳しく苛酷であった理由が、「モスクワ」と「コミンテルン」にあったことがいっそうはっきりしたのである。

　陳独秀・瞿秋白・李立三・羅章竜らとの闘争も、いずれも直接的・間接的、あるいは正面的・反面的なコミンテルンとの闘争との関係において論じうる性格のものであり、そこでの諸問題が中国革命の進展状況のもとで、毛沢東との直接的集約的闘争として立ち現れたのが王明路線との闘争であった。それまでは毛沢東は客観的・傍観者的立場にあって党内の激烈な闘争を見ていたのである。毛沢東が自己の立場や限られた指導性を危うくされるに至ってはじめて党内闘争の厳しさと真の敵対者を悟ったのが王明との闘争であったのである。つまり直接的被害をこうむった、あるいはそれほどの地位と立場にまで毛沢東のプレステージが高まっていた段階での闘争は王明が最初であり、その意味で毛沢東の最も重要な闘争がコミンテルンの最も忠実な「手先」王明であったということが、毛沢東の対コミンテルン観・対ソ連観を変えさせた最大の理由であったと思われるのである。

　諸他の指導者らについての指摘は従来と大きな変化はない。ただし従来いわれてきた「コミンテルンの正しい指導」とか、コミンテルンに従わなかった誤りとかいった叙述は、当然のことながらない。

　以上のことから、毛沢東の談話内容は後期闘争とあわせて読みくだせば明らかなように、

主席および東北行政委員会主席となり、東北でのソ連との密接な関係を背景に毛沢東の権力に対抗しうる力をもつにいたったので、スターリン死後の五四年二月、「独立王国」を打ち立てて中央に刃向かったとして批判され失脚、自殺した。

党史の流れと各権力闘争において、王明批判を通してのソ連批判が最も強く印象づけられるようになっているのが特徴的であることがわかる。

悪者＝ソ連と裏切り者の結託――批判の構図

では闘争後期においては、毛沢東はなにと、どのように闘ったのか。それは、毛が党内主流派として、勝利した中国を社会主義強国として自主的自立的に発展させるために、ソ連およびその追随者と闘ったことであるとされているように思われる。ここでは前期以上に、反対派（前期では主流派）とその主張を、「反ソ反修」の一貫した枠のなかにおしなべて系列化してしまおうとしているのである。林彪派の批判においても、その罪なるものがまだ明確になっていない段階で、早くに「裏で外国に内通した者」というレッテルが貼られていたのである。

後期では、前期と本質的に異なる事態が中共の前に存在した。それはいうまでもなく、中共が国家権力を奪取し、その指導政党になったということである。そこでの中共の任務は、新中国を帝国主義勢力の破壊から防衛しつつ、社会主義建設を推し進めるということであった。換言すれば、国家を組織し大衆を教育するということであった。

このような事態は、早くに一九三〇年代から萌芽的に中共が実習してきたことではあったけれども、それはあくまで「新中国のひな型」（栄孟源）であって、新中国という国家そのものではなかった。したがって国家を組織し、社会主義社会をめざして大衆を教育してゆくうえで、その実習の教訓のみならず、すでにできあいの社会主義国家ソ連の指導・援助とそこから学びとることはたくさんあったわけである。

新中国建国以後のある時期までは、中ソの友好関係は指導と援助という形で表現されていた（平たく表現して「兄弟党」ともいわれていた）。そして中ソ間の政治上・思想上の対立の危機もまたそこに胚胎《はいたい》しつつあった。だがそれは、決してソ連の手先、外国（ソ連）に内通する裏切り者の類いが、中国をソ連のために乗っ取ろうとはかったり、中国および中共を分裂させようとしたとかいった類いのものでなかった。またそれは、ソ連方式か中国独自の方式による社会主義建設かといった単純なシェーマでもなかった。中国は中国の方式でしか国家の組織・建設は不可能ではあったが、同時に、ソ連の指導・援助を必要とし、勢いソ連方式を真似る必要性と必然性をもっていた。そこでのソ連の指導力がどの程度のものであったのか、そしてそれは毛沢東の自主・自立・自力の建国方針とどの程度衝突する性質のものであったのか、そうした点の詳細は私にはわからないが、いずれにせよ両者のからみあいのなかで新中国の建設は推し進められていった。

　こうした過程とそこに伏存していた複雑な諸問題が、中国の自立・自力発展の可能性の展望いかんにかかわって顕在化してくることもまた必然であった。だがそのことによって、この過程とそこに存在した諸問題を一切捨象して、問題を単純にソ連の大国主義的押しつけ・干渉とか、ソ連派対自立・自力派の対立といったように図式化することは、はなはだ歴史性に欠けるものといわねばならない。たとえば毛沢東はいう。「一九五九年の廬山会議[*14]で、彭徳懐は外国に内通して権力を奪おうと考えた。……彼らは軍事クラブをつくったが軍事を話しあったのではなくて、〝人民公社をやるのは早すぎる〟とか〝損はできない〟とかなんとかしゃべくった」。問題の焦点が後半にあることは明らかで、外国に内通云々は、王明批判同様に、事の本質、つまり路線をめぐる論争において反対派を悪者に仕立て

＊14　一九五九年七月三日から始まる中共中央拡大会議、および八月二日からの中共第八期八中全会をあわせて廬山会議と呼ぶ。「大躍進」を批判した当時の国防相、彭徳懐らが毛沢東によって批判され失脚した。詳細は蘇暁康らが書いたドキュメンタリー『廬山会議――中国の運命を定めた日』（辻康吾監修、毎日新聞社、一九九二年）を参照。

あげるための枕ことばである。これはソ連の大国主義的干渉とそれへの内通というパターンの定式化である。

このように定式化されたソ連＝悪者と中国内部の悪者の結托・裏切り行為という図式は、文革以来のものであるが、それがこんどは遡及的に建国以来の歴史にあてはめられて、路線闘争の内容や過程とはまったく無縁のところでレッテル貼りが行なわれようとしているのである。

党史書き換えの意図と手法

以上のことから、今回の党史書き換えの意図はより鮮明になってくる。それは闘争の前・後期を問わず、おしなべて「反ソ反修」という枠組みのなかで一切の闘争および歴史の推移をとらえなおそうとする試みであるといえよう。

毛沢東によれば、党の分裂という最凶最悪の裏切り行為の背後には、ソ連修正主義の影響と干渉がつねにあるのである。これはソ連がいつから中共のいう「修正主義者」によって指導される国家に転化したかという問題は別にして、今日の事態と政治的判断（ソ連主敵論の確立）から過去の歴史を遡及的に整理し体系化してゆこうとする、今日の毛沢東派一流の方法論、結果演繹論とでもいうべきものの現われである。

歴史をひもとけば、毛沢東が結局このような歴史認識に到達せざるをえなかった経緯をわれわれはある程度理解しえよう。すでに王明路線との闘争について触れたように、彼の根拠地と紅軍建設の理論、さらにその後の抗日民族統一戦線論に対して、王明（その背後のコミンテルン）らのとった理論と態度を通して、早くも彼は思想と心情のなかに、ソ連の大国主義的エゴイズムへの厭悪感をはぐくみ、ソ連からの自主・自立をめざし共産主義運動における相対的に独自の地位を確立する必要性を感じていた。一九四三年のコミンテルン解散に際して出された彼の声明は、率直に彼の当時の心情を表明していたように思われる。だが、解放前の毛沢東の反ソ・反コミンテルン感情はあくまで受身的なものであり、スターリン礼賛論をいまなお放棄していないように、ソ連の援助と指導性を期待し肯定していたことも事実であろう。同志的信頼・愛情と、生じはじめた疑惑・不信感とのあいだで彼は動揺し困惑したであろう。問題は国家権力の奪取に成功したのちの自信と、社会主義建設をめざす理論と方法におけるソ連との葛藤にあった。感覚と感情は信念と理論にまで、いっきょに高められたのである。

このように中国と毛沢東の歩んできた道程で、毛沢東の反ソ観念の成長を見ることはできるとしても、しかし中国共産党の歴史そのものを「反ソ反修」という今日的観点と政治的要請から整序しなおすことには、多くの疑問を感じざるをえない。

なによりも第一に、そうした観点からする歴史叙述は歴史事実を大きく歪めることになるであろう。たとえば、ソ連とコミンテルンの中共と中国革命の勝利に果たした役割は著しく過少評価されるか無視されることになるであろう。コミンテルンの果たした理論的・実践的貢献は、すべて毛沢東の貢献とされるであろう。各段階での路線闘争は結果としての分裂活動に等置され、路線内容は著しく軽視され、毛沢東の反対者の革命への貢献あるいは逆に犯した罪すら、実質的にはあいまい化されてしまうであろう。

第二に、事実認識の欠如と表裏一体の関係で、毛沢東の革命に果たした貢献がよりいっそう拡大解釈され、この面からも毛沢東神話と個人崇拝は助長されていくであろう。毛沢東が一貫して正しかったとか、各段階であたかもつねに主要な指導者であったかのように描き出されるのは明らかに誤っているか、誇張されている。

第三に、かかる党史の叙述は、歴史的条件や特殊性が一切無視されてしまい、毛沢東自身が強調してきた中国革命の特殊性と普遍性などという命題は解消されてしまうであろう。それは、路線闘争を権力闘争と等置してしまうこととあいまって、革命の歴史的教訓を学ぼうとしない、超歴史的・絶対的歴史観を形成するであろう。

「新毛沢東歴史学派」ともいうべき新たな歴史叙述家たちは、こうした点に顧慮することなく、毛沢東の述べた骨格を展開させていくであろう。それはあたかも、かつてシュウォルツが毛沢東とコミンテルンの乖離について分析した[*15]ことの正しさを裏書きするように見える。ではシュウォルツは正しかったのであろうか。彼は、毛沢東の内部にひそむ反ソ感情を的確に見抜いていた点において正しかった。だが、彼が分析した段階（私のいう前期闘争の前半部分）で、毛と中共および中国革命とコミンテルンとのあいだに乖離を見いだし、それによってこそ毛沢東の権力への台頭がありえたとするのは、歴史の単純化と歴史認識の欠如によるものである。だがシュウォルツにとって幸いなことに、中共と毛沢東自身が自己の歴史観を変えて歴史の単純化、書き換えを行なって彼の見通しの「正しさ」を証明しつつあるのである。かつて中西功氏はシュウォルツを評して「一九五一年、つまり、中国革命の勝利の直後、アメリカが毛沢東を中心とする中国の共産主義運動の民族主義化についてつよい関心をもち、クレムリンと毛沢東とのあいだの隙間についてはどんな些細なことでも発見しようと努力していた雰囲気のなかから出されたものであるが、それはアメリカの中国研究を代表するものであった[*16]」と述べた。いまや中国は、中米接近とい

*15　B・I・シュウォルツ『中国共産党史——共産主義と毛沢東の台頭』（石川忠雄・小田英郎訳、慶応通信、一九五一年）。

*16　中西功『中国革命と毛沢東思想』（青木書店、一九六九年）一六七ページ。

う歴史的転換時期に際会して、まさしくモスクワと北京のどんな些細な相違をも、「反ソ反修」の観点から誇大に述べようと試みているのである。こうした歴史観や歴史叙述が、内外の人民の歴史認識を著しく歪めるだけでなく、いったいだれを喜こばせるものであるかも明らかであろう。*17

（一九七四年）

*17　中ソ対立は一九八九年五月、当時のソ連共産党書記長ゴルバチョフが訪中、鄧小平と会談して手打ちが行なわれた。

第二節　失権、失意の人々――⑴李徳のこと

ここでは中国革命と中国共産党の歴史のなかで、不当に評価されたり、あるいは権力闘争に敗れたために後世に著しく歪められて伝えられている（伝えられようとしている）人々のことを語りたい。ただし、第一節であげたように、毛沢東によって語られ、一九四五年の「若干の歴史的問題に関する決議」と、一九八一年の「建国以来の若干の歴史的問題に関する決議」などで述べられている人々――陳独秀、瞿秋白、李立三、王明らのことは、ここでは触れない。以下では、毛沢東が語らなかった李徳のこと、毛沢東自身に責任があった文化大革命のころのこと、そして毛沢東死後の「四人組」事件のことなどについてだけ述べることにする。

コミンテルンの軍事代表

李徳について日本人で著述を公刊しているのは私だけである。*18 最近、どういう風の吹き

*18　『中国革命に生きる』（中公新書、一九八七年）。李徳自身が書いたものと、その解説は前掲『大長征の内幕』がある。

回しか、中国でもいろいろな本がこの人物のことに触れている。しかしいぜんとして、それらが意図しているのは歴史の反面教師としてであるように見える。つまり正しい毛沢東主席にたてつき、中国革命の勝利を遅らせたというのである。これははっきりいって荒唐《こうとう》無稽《むけい》の説である。ここでも歴史は歪曲されている。

李徳というのは、ドイツ人オットー・ブラウンのことである。*19 彼は第一次世界大戦後のドイツ革命のなかで革命家として成長し、その革命の一部であったバイエルン・ソヴィエトのバリケードにも参加した。その後、革命は弾圧され彼も逮捕されたが脱獄、モスクワに逃亡した。そこでバリケードの経験を生かして軍事を学び、一応軍事専門家としてコミンテルンによって中国に派遣されてきた。瑞金ソヴィエトの時期、中国共産党とその軍隊である紅軍が反政府軍として江西省に根拠地をつくり割拠していたころのことである。

しかし、その革命根拠地（そのほかにもいくつかの小さな根拠地があったが）は、蒋介石の国民政府軍の包囲にさらされていて、かろうじて三回目の包囲攻撃を耐え抜いたが、退勢を挽回するというところまではゆかなかった。そんな困難な時期、中国人ばかりの田舎に外国人が単身でやってきたのである。

李徳自身は、軍の指揮権のない顧問にすぎなかったと主張しているが、コミンテルンからの派遣だということになれば、中国人は絶大な畏敬の念と信頼感とをもったが、実質は「敬して遠ざけた」ということだ。彼は自ら「李というドイツ人」を現す「李徳」とか、「中国人の男」という意味の「華夫」というペンネームを用いて、なんとか中国人社会に溶けこみつつ、自分の軍事学と用兵の実をあげようと努力した。だが外国人というものを見たこともない中国人は、衣食住から女性観にいたるまですべてにわたって生活習慣の違

*19 簡単な経歴は、九五ページの*36を参照。

う彼を忌避した。彼は孤独であった。そのうえに根拠地と紅軍の根っからの指導者、毛沢東らは表面上は彼を奉りながら、実際上は馬鹿にしていた。理屈しか知らない、中国の実情を知らない外国人になにができるかというわけである。彼は孤立していた。

短促突撃論

李徳が用いた戦術は、中国人によって「短促突撃」論と命名されていた。蒋介石は同じドイツ人でドイツ国防軍の将領たちを軍事顧問に雇い入れ、その勧告に従って根拠地をなん重にも堅固なトーチカで包囲し封鎖した。それは機関銃や迫撃砲がとどく五〇〇メートルから一キロメートルくらいの間隔で築かれ、二つのトーチカのあいだは塹壕《ざんごう》で結ばれており、しかも横に並べられるだけでなく道路沿いに縦深的にも配置されていた。毛沢東の紅軍の最も得意とするゲリラ戦（遊撃戦）、奇襲、夜襲などの戦術を封じこめ、背後に回ったり側面から攻撃するのを防ぐとともに、外側からの援助、物資の供給をも遮断したわけである。狭いトーチカとトーチカのあいだを強引に突破して敵の背後や側面に回りこみ、広い地域でゲリラ戦や運動戦をくりひろげることはできなくなってしまった。

こうなると、中国共産党・紅軍の大きな戦略としては、根拠地を放棄してより広い戦域を求めて包囲網を脱出するか、新しい起死回生の戦術を発見するしかない。しかし、根拠地の放棄は卑怯な「退却逃亡路線」だとされていた。この点に関しては毛沢東らも賛成していた。「寸土も譲らず」とか「敵を国門の外に打つ」といった勇ましいスローガンが、だれの口からも聞かれた。のちに毛は、最初から固定した根拠地を捨てて柔軟な遊撃戦に転じるべきだと主張したのに、李徳やソ連留学生派（王明ら）が反対したので実現できなかったというようになるが、事実はかならずしもそうではなかった。

そこで李徳が編み出した苦肉の策は、トーチカ群に正面攻撃をかけると見せかけ、敵をそのトーチカの外に誘い出して叩き、また、援軍が駆けつけてくるのを待ち伏せして野戦で奇襲攻撃するというものであった。しかし、圧倒的に優勢な物力、火力（大砲、機関銃、小銃だけでなく飛行機や戦車もあった）と兵力が集結してくる前に叩き、かつ退却しなければならないから、いわばヒット・エンド・ランの形になる。これが「短促突撃」である。その意味は「短時間の慌ただしい攻撃」であるから、あるいは中国人が皮肉まじりで名づけたものかもしれない。

この戦術では部分的に勝利を収めることができても、全面的に決定的な勝利を得ることはむずかしい。せいぜい敵の攻撃を撃退するだけで、包囲網はいっそう強められ、根拠地はじり貧状態に陥ってしまう。こうして根拠地（ソヴィエト）はバラバラに分断され各個に撃破されて、消滅寸前の危機に瀕する。やむをえず脱出が考えられ、「慌てふためいた退却・逃亡」が強行される。

カリカチュア化された評価

蔣介石のソヴィエト根拠地への包囲攻撃は五回あったとされている。その四回目の攻撃を撃退したのは李徳の戦術だった。だから毛沢東さえもこれを称えて、貴方のおかげだったと語った（と李徳自身は回想録に書いている）。だが、ひしひしと迫りくる大軍の攻撃をソヴィエト・紅軍は支えきれなかった。エドガー・スノウが書いているように[*20]、この数十万もの敵軍を粉砕しソヴィエトを守り抜くことはだれにもできなかったに違いない。第

＊20　エドガー・スノウ『中国の赤い星』（宇佐美誠次郎訳、筑摩書房、一九五二年）。

五回目の包囲攻撃によって、ついに中国共産党は根拠地を放棄して、あてどない旅に出ざるをえなくなった。

いったい、この敗北はだれの責任か。のちに毛沢東はそれを王明ら「第三次左翼冒険主義者」の誤りだったとし、その軍事的指導者が李徳だとして、彼に批判の集中攻撃をあびせた（遵義会議）。大軍に対して真正面からの反撃、トーチカ群への無謀な攻撃、土地（いわば中華ソヴィエト共和国の領土である）の死守などの、融通のきかない固定観念と戦略戦術によって、消耗戦を強いられ大量の味方勢力を疲労させ失い、結果として領土そのものをも失わせるにいたったというのである。

しかし、すでに触れてきたように、膨大で近代的な装備の物量作戦と、一歩一歩と慎重に進みジリジリと包囲網を縮めてくる政府軍に対して、ソヴィエト権力と領土の死守を大前提とするかぎり、いかなる方策があったか。そのことに関しては毛沢東もなにも言っていない。それは政治的な大戦略であり、中国共産党がコミンテルンに対して負っている責務なのであった。

毛の言うように、もし敵の後方に進出して広範囲の運動戦やゲリラ戦をやるとすれば、それは基本的な根拠地を放棄することなしには実現できない。もしそれをやれば、ソヴィエト革命を敗北させたというコミンテルからの非難を浴び、当時ソヴィエト政府主席の地位にいた毛沢東も政治的な責任をまぬかれない。したがって問題を政治問題から切り離して、単純な軍事的戦略戦術の問題にすり替える必要があったのである。しかもその誤りは、第三次左傾路線の軍事面での指導に集中されているのである。

悲恋か色事師か

責任を政治問題ではなく軍事的な戦略戦術に帰してしまうこと、およびそれが第三次左傾路線の結果だと主張することは、実は毛沢東だけではなくその他の党の指導部の人々にとっても都合がよかった。そこの「読み」に毛沢東の巧妙さ（ずるさ）と賢明さがあった。このように責任をごく一部の人々、しかもソヴィエト根拠地に実在しない王明や彼と実際に接触とか連絡があったのかなかったのかもわからないドイツ人に負わせてしまうことによって、責任追及によって傷つく指導部の人々を著しく少なくした。その最高の地位にいたのが、王明一派と目されていた党の総書記の博古[*21]（秦邦憲）、紅軍総政治委員の周恩来であった。毛沢東は最高責任を不在の王明と中国語もろくにしゃべることのできないドイツ人に押しつけることによって、博や周らの責任を免罪し、それと抱き合わせで自分への支持を表明させたのである。遵義会議が毛沢東の指導権を確立させたといわれるのは、このような意味であった。

割りを食ったのは、いうまでもなく李徳ことオットー・ブラウンであった。いったん責任を追及されはじめると、いままで中国人のあいだにたまっていた彼への不平不満が爆発した。曰く、衣食住がみな中国人よりもはるかによすぎた、態度が傲慢だった、女にすぐに手を出した、などなど。

中国語も話せない、しかもそれまで信頼していた中国人の同志がそっぽを向いてしまった――通訳を兼ねていた伍修権[*22]さえもろくに通訳しなくなってしまった――李徳には、弁明する公式の場も与えられず、個人的に言い訳することもできない状況のなかで、彼は袋叩きにあったのである。そのような状態のまま、つまり中国共産党と紅軍にとってはまっ

＊21　博古（一九〇七―一九四六）　本名は秦邦憲。江蘇省無錫の人。一九二五年、中国共産党に入党、翌年からソ連のモスクワ中山大学に学び、三〇年帰国。宣伝工作に従事する。三一年、中国共産党臨時中央委員会の主要な責任者となり、ソ連留学生派の一人としていわゆる「王明路線」を実施、三五年の遵義会議で批判され責任者のポストを追われるが、その後、西安事変において周恩来とともに活躍し、抗日戦争期には中国共産党駐南京代表として国共両党の会談に参加。三七年、新華通訊社社長、四一年、『解放日報』を創刊。四六年、飛行機事故で死亡。

＊22　伍修権（一九〇八―一九九七）　湖北省武昌の出身。一九二五年モスクワ陸軍学校に留学、三一年帰国して、中国共産党に入党。主として軍事関係で活躍したが、李徳（オットー・ブラウン）のロシア語通訳も務めた

たく用なしの役立たずの無駄飯食いにすぎない一人の外国人として、彼は中国人とともに一万キロ以上もの長征（大逃亡行）を歩きとおし、ついに延安までたどりついた。

延安でも、彼はソ連とコミンテルンが中共によって尊重されている一つの証拠品として残されてはいたが、まったくの無駄飯食いにすぎなかった。責任のある仕事もなく、ほかにすることがない彼は、日本軍の爆撃にさらされながら一人の女性と愛しあうようになる。その女性の名は、李麗蓮。上海から抗日戦争に参加すべく、夫とともに延安までやってきた美しくて歌の上手な人だった。

私は自著『中国革命に生きる』のなかで、この女性のことを「李李蓮」と書き、彼と彼女との関係を純愛物語のようにロマンチックに描いた。そして二人のあいだが、彼のモスクワへの帰還によって生木を裂くように別れさせられて終わる悲恋だったとした。しかしそれは誤りで、もっともっとドロドロとした生臭い人間模様が、延安という特殊な舞台の上で演じられていたのである。そのことを語りだすと本題から大きく外れ、別に一冊の本が書けてしまうくらいなので、ここでは語らない。ここでは延安でその女性の写真が展示されているのを（毛沢東その他の要人たちも一緒に写っていた）見たこと、最近北京でその元の夫なる男性と会ったことだけを記しておく。

要するに、李徳という哀れなドイツ人を語ろうとすれば、毛沢東の権力への台頭というきわめて重要な歴史上の事実に触れないわけにはいかないこと、逆に毛沢東が権力の高みへと昇るには多くのスケープゴート（いけにえの羊）が必要だったということを知ってもらえれば、ここではそれでよいのである。ついでに言えば、この人物は中国革命におけるマイナーな存在として描かれているだけでなく、コミンテルンの歴史のなかにもほとんど

ことで知られる。建国後は外交部副部長、党中央対外連絡部副部長、人民解放軍副総参謀長などを歴任。

登場してこない存在であった。しかし、歴史のうえで無情にも無名に終わらされたがゆえに、皮肉にもスターリン時代の粛清の嵐が吹き荒れたソ連で命を永らえ、故国（当時の東ドイツ）に帰って高い地位に就くことができた。悲しむべきと言うべきか幸いなるかなと言うべきか。

第三節　失権、失意の人々——(2)「プロレタリア文化大革命」のころ

文化大革命の悲劇性

いわゆる「プロレタリア文化大革命」ほど、建国後の中華人民共和国を大混乱におとしいれ、一般大衆に迷惑、災難をもたらせたものはない。このことについても私はかなりの分量の著述を発表しているので、ここでは語らない。[*23]

文化大革命とは、簡単に言えば社会主義社会においても階級と階級闘争が存在し、したがって革命は引き続き行なわれなければならないし、その中心は中国共産党内に生まれ成長する「修正主義者」であるから、その打倒（奪権闘争）こそ革命の主題であるという、毛沢東の理論（継続革命論）に従って展開された権力闘争である。

しかし、単に人と人との権力闘争とか指導権争いだけであったなら、それほど大きな事件に発展しなかったであろう。ところが毛沢東および文化大革命派は、自分たちの意にそわない「党の実権派、党内にもぐりこんだ一握りの修正主義者」を打倒するために、毛の威信をかけて直接大衆に呼びかけ、大衆運動によって打倒せよと叫んだ。そしてそれを

＊23　拙文で古いものは、「文革の政治過程とその特質」（『季刊・現代と思想』第二八号、一九七七年六月）、いちばん新しいのは、歴史学研究会編『講座・世界史』第一〇巻（東京大学出版会、一九九五年）所収。

「真の魂に触れる革命」などと大仰に騒ぎ立てたために、無数の人民大衆がこの運動に巻きこまれ、生産や学業を放り出して人民同士（ことに若い労働者や学生たち――「紅衛兵」とか、それよりも年下の中学生あたりの者は「紅小兵」と呼ばれた）が血で血を洗う武力闘争をくりひろげた。彼らは片手に赤い『毛沢東語録』を振りかざし、もう一方の手に武器をもって相手をぶちのめしたのである。[*24]

いったいだれが本当の文革派で、だれが実権派なのか、わけがわからないまま大衆は右往左往して実権派を探し求め、だれかれかまわず実権派というレッテルを貼りつけ、打倒し、それによって自分たちこそが本当の文革派だと認められようとした。そのために人々は、中国共産党の幹部だけでなく、親兄弟、親族、恋人や友人、同僚や同学の者さえ敵視し対立しあい、だれをも信じることができず、摘発・密告・スパイ活動などの汚い所業が横行した。その人間不信を広範にひろめたところに、この文化大革命の悲劇性があったと私は思っている。今日、しばしば語られる中国人の「向銭看《シアンチェンカン》」（金銭のほうだけを見る）の流行は、文化大革命前の「向前看《シアンチェンカン》」（未来のほうを見る）という古きよき時代の精神と姿勢が百八十度変わってしまったことを、中国人自らが皮肉と自嘲をこめてつくり出したことばだと、私には思える。

この文化大革命は党内の実権派を打倒することを謳ったが、それは同時に、毛沢東以外の党の指導者たちの権威を否定し、ついでにあらゆる権威というもの（学術と教育、芸術、伝統文化など）をも否定するものであった。下級党員が上級党員を否定し、党員でない大衆が党を否定し、学生が教師を否定し、訓練生が師匠を否定したのである。伝統的な文化、古い事物が、ただそれだけの理由で否定され破壊された。それにかわって「新生の事物」

＊24　文化大革命については、生々しい写真とともに叙述されている、楊克林編著『中国文化大革命博物館』（樋口裕子・望月暢子訳、柏書房、一九九六年）がいちばん迫力がある。

なるものが大いにもてはやされた。

こうした脈絡のなかで、中国共産党の歴史において大きな貢献をした党員たちの事績も否定された。従来も、すでに語ってきた陳独秀、李立三、王明らは批判の対象であり否定的存在であったが、文化大革命のなかではさらに瞿秋白、劉少奇、鄧小平、それに朱徳[*25]とか陳毅[*26]といった建国の元老クラスの人々も激しい批判にさらされ、劉少奇のように悲惨な死に追いやられた者もたくさんいた。

なにがいったい毛沢東の気に入らなかったのだろうか、人々はいったいなにを批判し非難したのであろうか。それを考えることは、文化大革命の是非を問うだけでなく、本書に引きつけて言えば、歴史というものをどのように見るか、歴史観がどのように形成されるか、歴史書がどのように書かれるものかといった事柄を考えるうえで、貴重な材料を提供してくれるであろう。

毛沢東への個人崇拝と二つの路線の闘争

文化大革命時期に、最も集中的・端的に当時の人々(文革派)の歴史観を表現していたのが、「二つの路線の闘争」論だったと私は思っている。この用語自体にも長い歴史がある。すでに述べた「李立三路線」「王明路線」などがそれである。「路線」とは一つの政治戦略、全体的な方針のことであり、現在でも使われている(いま流に言えば「ガイド・ライン」だろうか)。しかし、上記のいくつかの路線は「誤った」ものとして批判的な意味をこめて使われている。当然、それに対する「正しい路線」が想定されているのである。つまり「二つの路線の闘争」とは「正しい路線と誤った路線の闘争、対立」なのである。

*25 朱徳については、一九頁の*9。

*26 陳毅(一九〇一—一九七二) 四川省楽至の出身。一九一九年、勤工倹学生として渡仏、二一年、リヨン大学でのフランス留学生のデモに参加して逮捕され、強制帰国。二二年、中国社会主義青年団、二三年、中国共産党に加入。二七年の国共両党分裂後、湖南蜂起を指揮したのち、井崗山で毛沢東と合流し、以後紅軍の重要な指揮官として活躍した。抗日戦争中は新四軍の指導者、内戦中は第三野戦軍司令として活躍、上海市長となる。建国後、元帥の称号を得、国務院副総理、外交部長を歴任、文化大革命において批判されたが、屈しなかった。五六年以後、中央政治局委員。

いうまでもなく、正しい路線とは毛沢東のものである。

文化大革命のころに使われた路線闘争も、やはり正しい毛沢東路線に対して誤った路線があったということである。そのように絶対的に正しい路線などというものは、だれが考えても最初からあったなどというのは馬鹿げた話である。歴史上なかったものを、後世の人があったかのようにとりつくろう、そしてその後世の観点から歴史を書き換える、整序するのである。それは歴史の単純化であり、マルクス主義とか社会主義の弁証法とは縁もゆかりもない単線的な結果演繹論にすぎない。しかし、そのような単純な作業によって、毛沢東への個人崇拝が加速化される。それは毛個人の権威を比類ないほど最大限に高め、その個人が絶対的に誤りを犯さないという発想、認識を確立する。逆にいえば、毛沢東個人を批判し彼に反対すること自体が誤りだとされるのである。

毛沢東への個人崇拝の形成過程についてはすでに語ったので、ここでは繰り返さない。文化大革命はそれを極限にまで高め、いわゆる「無謬性の神話」に仕立てあげたのであるが、そこから歴史を整序すればどうなるかという、一つの愚かしい見本が「二つの路線の闘争」論であり、そのなかでも傑作だったのが「儒家と法家」の路線闘争という珍妙な議論（学術論争という形をとった一方的な法家礼讃）であった。

この議論の前提は、秦《しん》の始皇帝《しこうてい》が法家の流れを継承するものであり、儒教・儒家を絶対的に排斥した皇帝だったということである。始皇帝がなぜ立派で正しかったかというと、中国を内戦もしくは革命的手段によって統一したこと（法治主義による官僚体制の完成も）、焚書抗儒《ふんしょこうじゅ》（つまり統治に不都合な学者、学説とその書物を焼き払い、穴埋めしたこと）によって思想を統一化し純化したことという二点にある。

これは当時の政治情勢に照らして見れば、明らかに法家としての始皇帝を毛沢東になぞらえたものであり、儒教・儒家は周恩来になぞらえたものである。始皇帝（そして毛沢東）が悪逆非道の帝王だという俗説を排するために、論理的にも実証的にも相当の無理をして、歴史のなかに二項対立的論法を持ちこみ、生身の人間の対立と闘争に当てはめようとしたのである。*27

中国の歴史を学んだ者ならだれでも知っているように、儒教・儒家と法家（韓非子ら）とは明らかに異なる思想家集団である。そして両者はそれぞれ自分たちの思想が正しいとして相手を批判した。しかし後世から見ると、儒教倫理が統治原理として優勢を占めていたことは紛れもないことではあるが、この両者はそれぞれの立場から長い王朝体制、天子を支え補佐する支配者側の思想、統治原理として、相互補完的な役割を担ってきたのであって、どちらかがどちらかを排斥したり絶対的に正しい思想として君臨したかどうかは（党派的な対立抗争はあったとしても）、疑問の余地がある。また、王朝体制の統治原理として取り入れられた思想とか理念というものは、儒教と法家の法治主義しかなかったかのようにいうこと自体、歴史の単純化である。

以上は文化大革命時期の異常なほどの物事の単純化、二項対立的なものの考え方の一例にすぎない。このような発想と認識を前提とすると、毛沢東思想、毛沢東の言動、そして毛沢東のお墨つきをもらった人々の言動と指示だけが、ほとんどあらゆる思想、政策、行動の原理原則になってしまう。文化大革命派といわれる人々が、なにをねらってこのような単純で乱暴な言論を振りまいたかが、きわめて明瞭に見えてくるのである。

歴史上の人物評価といわれる論争（というよりも毛沢東＝文革派の一方的な裁断）も、

*27　以上については拙著『中国現代史の争点』（日中出版、一九七七年）で詳しく述べている。

このような極端な傾向に蝕《むしば》まれ、かつその傾向を助長する役割を果たしたのである。以下にそのいくつかの事例を紹介しておきたい。

瞿秋白と李秀成のこと

瞿秋白がロシア革命と「五四運動」を契機に革命家となってゆくことについては、すでに触れるところがあった。革命家としての彼については私も書いたことがあるが[*28]、そのほかの多くの著述は文学者としての活躍と役割についてである。彼の評価——というよりも、すべての人物についてもそうなのだが——は、両方の側面を併せてしなければならない。

文化大革命のころに、なぜ彼が手ひどく非難されたかというと、革命家なのに革命を裏切ったというのである。それは一九三四年、瑞金のソヴィエト政権が敗北し、中国共産党と紅軍が根拠地を捨てて長征に出て行ったあとのことである。

ソヴィエト政権（中華ソヴィエト共和国）は一方で地主・土豪の土地没収、追放と殺戮をかなり強引に決行し、他方で貧農への土地分配によって彼らを紅軍に参加させるという、二つの単純明快な政策を「国家」の基本的な支柱としていた。それ以外にもいろいろな政策が立案され実行もされかけたが、完全実施する余裕はなかった。なにしろ、なん重にも包囲され毎日毎日、戦闘に明け暮れていたのである。

したがって、紅軍という強力な武力によって守られていたその根拠地と住民が、国民政府軍の進攻、再支配によってどれほどひどい目にあったかは容易に想像できる。地主・土豪たちは帰ってきて復讐の刃をふるい、古い権力を再建したのである。中国共産党員とか紅軍兵士とかが徹底的に捜索され殺害されたことはいうまでもない。そしてそのなかに、

＊28　「瞿秋白について」野沢豊編『中国国民革命史の研究』（青木書店、一九七四年）。簡単な経歴については、八〇ページの＊13を参照。

当時ソヴィエト中央人民政府の教育人民委員（大臣）だった瞿秋白もいた。

瞿が捕まった当初、彼がだれであるか国民政府側にはわからなかった。名前と身分がバレたのち、魯迅らの必死の救援活動も空しく福建省長汀で処刑された。処刑される前、彼は獄中にあって、それまでの活動歴とその過程での思いを率直に書き記した。それは『多余的話』（余分な話）という題で残されることになった。内容は心の遍歴を文学青年らしい細やかな筆致で描いたもので、たしかに、いわゆる革命家像とされるような英雄的で犠牲的な勇ましさや逞しさに彩られているというものではなかった。そこからは青白きインテリという風貌と心の苦悩が窺われる。それが文化大革命時期の狂的な雰囲気からして「ダメ人間」のレッテルを貼られ、革命を最後まで貫徹しなかった裏切り者とされてしまったわけである。『多余的話』はその裏切りを証明する「投降書」だと宣言された。

瞿が処刑される以前、彼は一九二七年に国民革命が蔣介石の上海クーデターで挫折したのち、陳独秀のあとを継いで中国共産党の臨時的な指導者となり、退勢挽回をはかろうとした。それは十分な準備、大衆的な支持もないのに暴動を起こし、中共の存在を内外に示しはしたが、すべて無残に弾圧され、革命勢力を著しく弱めてしまった。その責任をコミンテルンに問われて、彼は失脚した。瑞金のソヴィエト根拠地に潜入して教育人民委員というたいして意味もないポストについたのは、その後のことである。そのころの誤りなるものも、のちに毛沢東によって「極左冒険主義の誤り」を犯したものとされた。李立三の「極左路線」なるものが出てくる前の段階のことである。

「極左」の誤りと『多余的話』の青白きインテリのイメージとは、あまりにもかけ離れた印象がある。しかし、前にも記した彼の初期の文章、『飢餓の郷』と比較して見ると明らかなように、激動期に文学青年を志した一人の悩み多きインテリが、文学ではなく革命によってしか中国を救うことができないと決意し、ペンを投げ捨て命がけで血みどろの闘争のなかに身を投じたこと、そのことは彼の一貫した生きざまであったことがわかる。途中で革命を放棄したとか日和見主義であったというものでは決してなかったことは、『多余的話』を素直に読めばだれにでもわかることである。そのうえ、これは獄中で書かれたものであり、それが外部に発表されたということは、蔣介石側のなんらかの意図――革命陣営の人々の意気を阻喪《そそう》させる――があったのかもしれず、また、権力の手による書き換えがあったかもしれないのである。

なお、この話と関連してついでに書いておきたいことがある。瞿秋白の『多余的話』が獄中で書かれた投降書だとされたころ、同時に議論されて、やはり革命家ではなく革命の裏切り者の投降書だとされたものがある。太平天国の後期の英雄、中国史のなかで私が一番好きな人物の一人、李秀成[*29]の獄中での自供書である。

李秀成は太平天国の首領、洪秀全に見いだされ、洪が奥の院にこもりっきりで政治にも軍事にも関心をもたなくなった晩年、太平天国を守って寄せくる清朝軍にほとんど一人で立ちはだかった将軍である。しかし、敵は多く味方は内訌《ないこう》の繰り返し――権力闘争に明け暮れて孤立無援、ついに清朝に捕まってしまった。中国では敵将を斬罪する前に、その獄中で自供書を書かせるらしい。瞿の場合もそうした伝統にのっとったのかもしれない。

別段、犯人が警察に自供するようなものではなく、敵ながら天晴れということで最後に思うさま書かせるのだが、その書かれたものをどうするかは捕まえた側の勝手である。だから、自供書は清朝側の手が加わっていて、彼らに都合の悪いことはカットしたり書き換

*29　李秀成（一八二三―一八六四）　太平天国後期の農民出身の指導者、将軍。乱の後半に軍を率いて勇戦したが、湘軍に捕らえられ処刑された。

えられたりしているかもしれないのだ。しかしともかく、李秀成が太平天国に入った理由、太平天国の内情と戦いぶり、なぜ戦いに敗れるようなことになったのかなどなど、率直に語られている。瞿の場合と同様に、それを読めば革命（反乱者）の側の人々が意気阻喪するかもしれない。だから太平天国側、あるいは後世の太平天国応援団から見ると「裏切り」行為であると見られなくもない。瞿秋白の話とよく似ているということで、二人の、二つの自供書が批判の対象になったのである。

このように、歴史の書き換えは権力者による歴史の書き換えそのものと、勝手に人の書いたものを自分に都合のよいように書き換えて発表するという意味もある。

文化大革命はそうした人間の存在を許さず、また、初期の党の指導者を蹴落とすことによって毛沢東の権威をいっそう高めようとしたのである。しかし、文化大革命が終わり、その誤りが宣言されたのちは、当然のことながら瞿秋白の名誉は回復された（李秀成も）。しかし、その党の活動歴のなかでの「誤り」なるものは、かならずしも解決はされていない。おそらく、彼が指導した時期、もっといえばソヴィエト革命時期全体の見直しが進められ、毛沢東時代の歴史叙述が修正されないかぎり、彼の活動歴、指導歴も再評価されないに違いない。これまで紹介してきた李立三、李徳（オットー・ブラウン）、王明らの誤りと一蓮托生の性格をもっているからである。

毛沢東の個人崇拝と劉少奇・鄧小平

文化大革命は毛沢東への個人崇拝を極限まで高め、彼の権力を比類なきものにまで強くしたが、それは毛個人の権力というよりも彼の精神と意志を直接継承する人々の利益につながる。毛沢東の個人崇拝はそのような毛の取り巻き（文革派といわれる人々）がやった権力闘争であったともいえる。

その闘争の競争相手が、劉少奇であり鄧小平であった。そしてまた、すでに書いてしまったが、この二人が粛清されてからは周恩来がターゲットにされた。劉少奇は当時国家主席であり党内序列ナンバー2であった。鄧小平は党の総書記でナンバー5以内のところにいた。二人とも文化大革命が始まる前に、毛沢東の極左的な「冒進主義」に批判的で、穏健で漸進的な政策をとろうとしていたとされる。それは建国後の最初の党大会（中国共産党第八回全国代表大会）の諸政策、方針を見れば明らかである。しかし、この二人をもってしても、毛沢東の独裁的諸決定と彼の取り巻き連中の個人崇拝熱の煽動を抑えることができなかった。つまり、執政の党の組織的な決定や活動がきわめて不健全であったということである。

毛沢東と文革派は、彼らへの最も有力な対抗馬となる劉少奇・鄧小平の二人を、毛の存命中にその権力と権威をかりて失墜させておこうとしたのである。二人は「党内最大の資本主義の道を歩む実権派」として、紅衛兵の乱暴な所業によって政治の表舞台から追放された。しかし、そのことに不審をいだく人々、二人を支持する人々は無数にいたのであり、党内における二人の権威もすぐにはなくならなかった。そこでこの二人に対する、あることないこと、さまざまな悪評を歴史にさかのぼってつくりあげる試みがなされた。とりわけ劉少奇に対する歴史の歪曲は酷いものであった。

すでに述べたように、抗日戦争が勝利に終わった直後、内戦が本格化するまでのあいだ、いわゆる「平和と民主主義の新段階」という短い時期があった。これは戦後の平和を欲する中国人みんなの気持ちを汲み上げて、毛沢東が重慶に飛び蔣介石と会談して合意に達した事柄を国共両党が忠実に実行するというものであって、毛沢東個人や劉少奇個人がどうこうするという性質のものではなかった。

　ところが、文化大革命のさなかでは、このような「平和と民主主義」の実現をめざすということ自体が、蔣介石に対する譲歩であり退却的姿勢の現れだったとして、それを指導した（このこと自体が誤りである）劉少奇が批判された。また、この時期が蔣介石の内戦政策の発動によって破綻し、中国共産党も本拠地の延安を追われて移動せざるをえなかったとき、党内は毛沢東の発案で二手に別れ、一手は毛自身が、もう一手は劉少奇が責任者となって、互いに連絡をとりあいながら活動するというスタイルをとった。敵の追撃の目をくらますために、また万一の場合に指導部が壊滅的な打撃を受けないようにとった処置である。このようなやむをえない処置は、必然的に党指導の二元的な性格を露呈せざるをえない場面をしばしば生み出す。そしてその一部は後世に至って誤りだったとされるものもあった（たとえば比較的に早く修正された政策として「土地法大綱」[*30]がある）。文化大革命では、その誤りがすべて劉少奇の責任だったとされたのである。

　以上、一、二の事例をあげただけだが、毛沢東の権威を高め劉少奇の権威を貶めるために、相当に強引で牽強付会《けんきょうふかい》な議論が展開されたことがわかるであろう。毛の権威はすでに個人崇拝の域に達していたのだから、そのようにする目的は毛の後継者争い＝権力闘争において劉をナンバー2の地位から引きずり下ろすことであったと断定しても、差し支えないであろう。

*30　土地法大綱　一九四七年一〇月一〇日、中国共産党中央の名において公布された。当時の解放区の土地改革を強引に遂行するのに役立ったが極左的な誤りをも含んでいたので、すぐ後に修正された。田中恭子、小林弘二らの参考文献参照。

文化大革命の犠牲者たち

「プロレタリア文化大革命」の本質は権力闘争にあったと私は思う。しかし、上層指導部内の闘争が毛沢東流の理屈によって「魂に触れる革命」だとされ、またその目的が、「党内の資本主義の道を歩む実権派」を打倒することだと断定され、「奪権闘争」が毛沢東によって直接に人民大衆に呼びかけられたとき、何百万何千万という人々が決起したのは当然であった。経済的にも社会的にも不遇をかこち、党の指導に不平不満をもつ人々、なかんずく都市の若者たちがたくさんいたのである。彼らは党員であり、党の主席である毛沢東が党の最高指導者であるにもかかわらず、党内の他の指導者を打倒せよと呼びかけている、その矛盾になんの不信の念を抱かず、毛沢東にだけ忠実であろうとしたのである。ここに毛沢東個人崇拝の実態と脅威を感じざるをえない。

こうして決起した人々は、我こそは毛主席に最も忠実であり真の革命派であると称して、他の人々、グループを排斥した。そしてそれはついに「武闘」（武力闘争）に発展し、人民大衆同士が血で血を洗う大混乱に導かれていった。この武力闘争で、三〇〇万人以上とも六〇〇万人以上ともいわれる犠牲者、一億人以上ともいわれる被害者を出したし、中国の経済活動はかなりの範囲にわたって麻痺状態に陥ってしまった[*31]。

この大騒動（「十年の動乱」）のなかで、さきに紹介したような数多くの人々が殺され名誉を失い、また、有名な作家の老舎のように自殺した者もたくさんいた。日本でもよく知られている郭沫若[*32]のように、自分がこれまで書いてきたことはみな誤りだったと自己批判した人もいた。科学者や高級技術者をも含む知識人、文化人といわれる人々のほとんどが（軍事機密にかかわる者たちを除いて）、迫害を受けたり冷や飯を食わされた。なにしろ

＊31　公式には、一九八一年六月の中国共産党第一一期六中全会で採択された「建国以来の党の若干の歴史的問題についての決議」が文革を総括し、毛沢東の功績は誤りよりも大きいとした。この評価については前掲『講座・世界史』第一〇巻所収の拙稿参照。被害についてはこの決議と、のちの「林彪・四人組」裁判の判決書とはやや異なる。

＊32　郭沫若（一八九二―一九七八）　四川省楽山の出身。現代文学の開拓者の一人。本名は郭開貞。一九一〇年、成都の高等学堂分設中学で学び、一三年、日本に留学、九州大学医科部で学ぶ。留日中に文学に目ざめ創作活動を開始する。九大卒業後帰国し、国民革命に参加。二七年、中国共産党に入党。国共両党分裂後、国民党の追及を逃れて日本に亡命。盧溝橋事件後、密かに帰国、もっぱら重慶国民政府のもとで活動していた。建国後、全国文連主席を務めるか

「一窮二白」（貧しくて色に染まっていない）が最も革命的だと公言されていた時代である。「学術権威」が徹底的に貶《おとし》められ辱《はずかし》められる世相であった。

しかしおそらく、潜在的な可能性を摘み取られてしまった青年たちの運命こそ、彼らが名もなく貧しく美しかったがゆえに、そして中国の最も輝かしい未来を担うはずであったがゆえに、いっそう哀れで悲劇的だった。中国の青年たちは文革が始まる以前に、すでに「上山下郷」運動という美名のもとに地方、辺境に飛ばされていた。二千万人にものぼるといわれた彼らは、ほとんどが大都市の若者だった。文革は、大学や高校を卒業してもちゃんとした就職ができない、結婚したくても家もない、子供を生んでも教育もしてやれない、そのうえに下手をすると地方に飛ばされてしまうなど、都会に渦巻く若者たちの欲求不満、将来への不安と希望の喪失が背景になっていた。その欲求不満とエネルギーが毛沢東の一声で暴発したのである。

文化大革命については、もうこれ以上語る必要はないであろう。ただ私の心をいまだに暗くしているのは、私と同世代、もしくは少し若い世代の中国人たちと話しあっていて（多くは学者、文化人に属する人々だが）、この問題に触れると、ほとんど例外なく苦々しい顔つきをしてソッポを向くか、重苦しい口調でボソボソとしゃべるかする、その表情と口調の暗さである。彼らはみな、当時なんらかの形で痛い目や嫌な目に遭っている。その過去の苦労、苦痛がしのばれるのである。*33

たわら国務院副総理、中国共産党中央委員などを歴任。文化大革命期、自己批判するが迫害された。七八年、北京で病死。

*33 中国ではひところ、たくさんの文革告発、被害、懺悔のルポルタージュ、小説、映画が出された（その一部は日本でも翻訳、公開された）。あまりに多いのでここでは割愛する。

第四節　失権、失意の人々――(3) 林彪と「四人組」

林彪事件

以上は、文化大革命時期に毛沢東派によってなされた権力闘争の姿であり、それに付随した歴史の改ざん、書き換えである。毛沢東亡きあとの毛沢東路線もまた、その権力の正当性を証明するために歴史の書き換えをやった。その典型的事例が、いわゆる「林彪・四人組事件」なるものである。

林彪事件というのは、一九七一年九月一三日早朝、当時中国共産党の序列ナンバー2で、党規約にも毛沢東主席の後継者と指名されていた林彪副主席が、こともあろうにモンゴル人民共和国の首都ウランバートル東南約三〇〇キロの草原に座乗機が墜落、死亡したというものである。それは外側世界では早くに知られたが、中国国内ではほぼ一年間も極秘扱いされ、公表されてからも謎に満ちた事件であった。公表では、林彪は自分の野望が敗れ追いつめられて毛沢東を暗殺しようとして失敗、やむをえず当時は中国の主要な敵とされていたソ連に逃亡しようとして墜落死したとされていた。

私は早くに『中国の政治と林彪事件』という本を書いて、この奇々怪々な事件の全貌に迫ろうとした。だからここではこれ以上は語らないが、いまだに十分納得のゆく解釈もできず、もちろん中国の公表内容を丸々信じてもいない。

私の解釈では、権力闘争としての文化大革命は、毛沢東とその最も信頼する側近で構成される生粋《きっすい》の「文革派」（毛の妻、江青[*34]ら、のちに四人組といわれた極左グループ）、毛に

*34　江青（一九一五―一九九一）　山東省諸城県の人。原名は李雲鶴。一九三三年、上海の女優であったころ中国共産党に入党、一時国民党に捕まるがすぐに釈放され、抗日戦争の開始とともに江青と改名して延安に行き、そこで毛沢東と結婚した。そのおりに党中央は、毛が前妻ときちんと離婚すること、政治に関与しないことを条件にしたといわれ、ずっと政治の表舞台には登場してこなかった。しかし、文化大革命が始まるころから文化・芸術分野に口を出すようになり、とくに林彪の許可を得て人民解放軍の毛沢東思想教育の徹底化に貢献した。以後、中央文化大革命小組副組長として辣腕をふるい、党九回大会で中央委員、政治局委員となり「四人組」といわれるグループのボスとして党の権力を握ろうとした。しかし毛沢東の死の直後、文革派に反感を持つ党の長老たちの結集によって、クーデター的に打倒され、裁判にかけ

忠誠を誓い毛個人崇拝を助長するのに貢献した林彪一派の軍人グループ、それに周恩来に庇護されて生きのびた実務官僚たち（党と政府の）の、主として三つの派閥によって支えられ、したがって文化革命の論功行賞も主として彼らに重く与えられた。

しかし、権力闘争＝奪権闘争は「紅衛兵」だけでなく、実権派を打倒したこれら権力の中枢部分にも深く及んでおり、文化大革命の論功行賞をめぐって、とくに毛沢東の後継者をめぐって激しい争いがくりひろげられていた。文革の大混乱を収束させるには軍隊（人民解放軍）の力がどうしても必要だったから、その直後の中国共産党第九回大会（一九六九年）では、林彪が毛沢東の後継者とされた。しかし、もちろんこれには文革派も実務官僚派も、そして非林彪系の軍人たちも不満で、とくに毛沢東の文革論の真髄が自分たちにあると信じていた文革派は、おりあれば他の二つの派閥を倒して自分たちが最高権力を担おうとねらっていた。彼らのねらいは、毛沢東と林彪の仲を引き裂くことに向けられた。

文革中は密接不可分の関係にあると見られていた両派は、あらゆる場面でことごとく衝突した。外見上は毛沢東の寵愛を争う宮廷内闘争の様相を見せていたが、実際上は毛沢東の願望、意図が、妻の江青とその取り巻きの文革派支持にあったことは明らかである。彼らを信じ可愛がったという個人的な情念もあろうが、軍隊、ことに林彪系の権力があまりにも強大になりすぎることを、毛は懸念したのである。こうして毛沢東は林彪一派にいろいろと難癖をつけ、彼らが「座して死ぬよりは先に立ち上がって毛沢東を叩こう」と悲壮な決意をせざるをえないところまで追いこんだのである。

られて自殺未遂を起こしたりしたが、最後は不遇のうちに病死した。全盛期のころの江青自身にインタビューして書かれたロクサーヌ・ウィトケ『江青』（宇佐美滋訳、パシフィカ、一九七七年）が唯一の伝記である。

＊35　葉剣英（一八九七―一九八六）　広東省梅県出身。雲南講武堂卒業後、広東で活躍、一九二四年、黄埔軍官学校教授部副主任となる。二七年、中国共産党に入党、広州コミューンを指

批林批孔と四人組

林彪一派が自滅したのちは、江青らの当面の主要な敵は周恩来に絞られた。林彪事件後、彼らは「批林批孔」運動という表向きは林彪批判の運動を展開しながら、実は周恩来を「現代の孔子」として非難するという手のこんだ方法で、周恩来の威信と権力を奪おうとしたのである。周恩来の背後には、実権派の系列であるとして叩かれながらも生き残り、それゆえ当面はおとなしくしている実務官僚たちがいた。彼らは一つのグループというよりも、中国共産党政権の隅々にまで張り巡らされた官僚機構のエキスパートであり、周恩来が彼らを庇護したのも、彼らなしには党も国も動かせないという現実的な要請からだった。だから彼らは、派閥ではないにしても周恩来を表に立て、そのもとに結集する以外に生きる道はなかったのである。周恩来の失脚は彼らの死活にかかわる問題であった。

生き残りをかけた必死の反撃が極秘理に進められた。しかし、周恩来は毛沢東よりも先に死去してしまった。毛沢東が存命し、その名を冠して言動するかぎり、多数の実務派官僚群も文革派を追放することはできなかった。毛沢東の死去は、彼らにとって最大の、そしてラストチャンスであった。なぜなら毛沢東の死後、文革派（四人組）はただちに全権を掌握しようとしていたからである。党と政府と軍の実権を握れば、そこで勝負は決まってしまうのである。毛の死後、日を経ずして「四人組」追放のクーデターが決行された。

この陰謀＝クーデターを画策したのは、葉剣英[35]、李先念[36]らの周恩来によって守られ生き残ってきた党と軍の古参幹部（最高クラスの実務官僚たち）であった。その背後に失脚中の鄧小平がいたのかもしれないが、今日までその証拠はない。彼らは、生前の毛沢東のやり方を踏襲して、敵の内部分裂、内部の勢力争いをねらった。そのターゲットは、文革派

導。二八年、ソ連のモスクワ共産主義学校に留学、三〇年帰国後、党・軍の関係で活躍。建国後、広州市市長、広東省人民政府主席、中央軍事委員会副主席兼秘書長などの要職を歴任。五五年、元帥。文化大革命期は実務から遠ざかるが、七一年、林彪事件を機に復帰。七五年、国防部長となり、七六年、四人組の逮捕、華国鋒政権樹立に貢献、華の後見人として影響力を強めた。しかし、七七年、鄧小平復活以降その指導力は弱められた。

*36　李先念（一九〇九―一九九二）　湖北省紅安県の出身。一九二七年、中国共産党に入党。内戦期は中原野戦軍司令として各地を転戦。建国後は長く財政部長を務める。文化大革命中は副総理として批判されたが、迫害をまぬかれ、周恩来総理とともに経済活動を行ない、葉剣英らとともに四人組逮捕を画策した。八三年、国家主席に就任。

の一人で毛沢東の後継者とされていた比較的若い華国鋒[*37]であった。彼はほとんど無名に近い人物で、毛沢東の生地、湖南省の書記にすぎなかったところを毛に見いだされ中央に抜擢されたものである。毛沢東に忠誠を誓い、死せる毛のあらゆることば、あらゆる行動に従うことを宣言することで後継者とみなされていたが、しかし、彼は「四人組」グループではなかった。ということは毛が死去して四人組が権力を握れば、いつ権力の座を追われるかわかったものではなかった。この矛盾を葉剣英らは突いたわけである。

林彪・四人組裁判

上記したように、林彪と「四人組」とはその出自、活動歴、文化大革命において果たした役割、その運命など、まったく異なるグループである。共通しているのは、文化大革命で毛沢東を支持し、毛沢東個人崇拝を天まで高く持ち上げ、それによって自分たちも権力の高みに昇ることができたという点である。

「四人組」の最大の誤りは、共に協力しあってきた関係を断ち切り、林彪派に対抗して自分たちだけで権力を固めようとしたところにある。彼らには軍にも党・行政官僚にも有力な支持者がいなかった。生粋の文革派というものは、若い労働者や「紅衛兵」あがりの大衆運動出身者が多かった。彼らは思い上がった成り上がり者であり、しかも政治手腕は未知数であったから、もとの高級官僚（実権派の生き残り）だけでなく軍幹部にも、対立してきた大衆運動の指導者たちにも信用がなかった。そのことを十分に意識していれば、おそらく林彪派を追放するような下手なまねはしなかったはずである。思い上がっていたとしかいいようがない。このように林彪派と「四人組」（文革派の中核的人々）という異

*37　華国鋒（一九二一―）山西省交城県出身。一九三八年、中国共産党に入党。四九年、北方で活動。五五年、農業に関する論文が毛沢東の目にとまり、台頭のきっかけとなる。その後、湖南省の党書記のときに毛に抜擢され、中央に進出。周恩来の死後の七六年二月、総理代行、同四月、総理に就任。第一次天安門事件（一九七六年）後、国務院総理兼党第一副主席となる。同年一〇月、葉剣英らとともに四人組を排除、党主席、中央軍事委員会主席となるが、鄧小平との党内闘争で敗北。

なる性格の二つのグループを、十把一《じゅっぱひと》からげにして裁こうとしたのが「林彪・四人組裁判」であった。それは一九八〇―八一年にかけて行なわれた。

中国にはそれまで、刑法とか民法、商法などの法令がなかった。ほとんどすべての反党反政府の言動は「反革命懲罰条例」といった条例によって裁いてきた。しかし、文化大革命によって引き起こされた大混乱ののち、人々の心と生活の安定をはかるには、ちゃんとした法令によって党員をも含むすべての人々が平等に民主的に扱われ裁かれることを内外に宣言する必要があった。そこで「林彪・四人組」という超法規的事件、権力闘争に際して――まさにそれこそ権力闘争の勝利者が「反革命懲罰条例」を適用するのにふさわしい出来事であった――大急ぎで刑法をつくり、その第一号として適用しようとした。

この裁判の模様はテレビによって全国と全世界に報道された。それは新しい権力者たちの、いわゆる「民主と法制」を守るという意気込みを内外に宣伝するものではあったが、同時に、中国の権力闘争のすさまじさ、裁判の不条理さをも赤裸々に暴露してしまうものでもあった。林彪一派の主犯たちは死亡していたから、裁判の主犯・主役は毛沢東夫人の江青であった。

彼女は裁判官たちに向かって、お前たちに私を裁く権利はない、私を裁くことは毛主席を裁くことだと鋭く非難し、「革命には道理がある、造反は理にかなっている（造反有理）」と絶叫した。文化大革命という中国人民にとっての大災難が終わった段階では、このことばも空々しい「ひかれ者の小唄」に聞こえたが、言っていることは筋が通っており、この裁判の茶番劇的性格をはっきりと示したものといえよう。[*38]

私の個人的な考えでは、「林彪・四人組事件」裁判なるものは、中国の政治・経済・文

*38　この裁判については、私は戸張東夫・稲子恒夫との共著『ドキュメント林彪・江青裁判』（日中出版、一九八一年）で語っている。

化などの前進のために、「四人組」排除後の毛沢東の後継者たちの英断だったと思っている。しかしそのやり方は、いかにも稚拙で拙速だったとも思う。第一に、毛沢東への個人崇拝を残したままでは、その忠実な側近グループであり継承者を自認する者たちを裁く正当性も論理性もない（毛沢東批判は裁判の判決がくだされた同じ一九八一年の「建国以来の若干の歴史的問題に関する決議」によって初歩的に提起され、文化大革命が毛の誤りによるものと断定されたが、毛個人の功績は、誤りよりも大きいとされた）。また、「民主と法制」というスローガンと志しは正しいとしても、裁判そのものに民主主義も法治主義も貫徹されていない。どのように見ても、見せしめと復讐劇にすぎなかった。

しかし時代は、この裁判より前の一九七八年一二月の中国共産党第一一期第三回中央委員全体会議での政策転換を経て大きく変わりつつあった。裁判は、それを人心の安定をはかるという面からオーソライズしようとしたものだともいえる。これからの政治は文化大革命のような乱暴な超法規的なやり方、権力闘争ではなく、民主主義と法治主義によって行なわれることを内外に宣言したという意味では、きわめて重要な意味をもっていた。ただし、それが本当に実行されるかどうかは、ついに二〇〇〇年を迎えた今日でも証明されてはいない。

第四章　現代中国と中国革命

「魑魅魍魎《ちみもうりょう》図」　文革大革命期には劉少奇，鄧小平のほか多くの革命の指導者が批判・攻撃された（中国の文革派の漫画より）。

はじめに――「革命いまだ成らず」か

この章で語りたいこと

序章において、「革命いまだ成らず」という孫文の最後のことばが正鵠《せいこく》を射ていることを指摘した。「ブルジョア民主主義革命」（民族民主革命）であろうと、「プロレタリア革命」であろうと、残された課題があまりにも多すぎるし大きすぎるからである。その一つの典型的な事例として、第三章で大きすぎる個人的権力――個人崇拝のことを述べたが、もちろんこれだけが歴史的に継承されてきた問題（引きずってきた古い時代の残りかす）ではない。

他方、もちろん私は、現代中国の古臭さとか遅れているところだけを強調したいわけでもない。革命によって変革され新しく生まれ変わったものと、古い残りかすとが残存し、はなはだしい場合には拡大再生産されたりする、その両者の兼ねあい――せめぎあいと共存、生成と消滅と再生、憧れと憎しみなどなど、現実の政治面、精神面と感情面に繰り返し現れてくる現象――のなかにこそ、現代中国は存在しているということ、またその苦悩があるがゆえに、それとは矛盾するような向上し発展しようとするエネルギーが生まれ、ある場合には爆発するのだということを言いたいのである。そういうわけで、この章では歴史の産物としての現代中国の成り立ち、およびそこに内在されている政治、社会の矛盾とその現れ方について語ることにしたい。

毛沢東の警告

有名な話だが、毛沢東は「矛盾がなければ発展もない」といった意味のことを語っている。彼の場合は、そのことばを文字通りに政治に適用しようとして、無理やり政治と社会のなかに矛盾を見いだし（人為的につくり出し）、それを消滅させると称して、乱暴な「プロレタリア文化大革命」を発動した。それがいかに乱暴で凶暴な論理であり実践であったかは、今日の中国では常識化していて、いまさら指摘する必要もないほどである。彼がこのように考え行動したのは、革命がまだ終わっておらず、これからも繰り返し「革命」をやらないと古い残りかすが立ち現れ拡大再生産してしまうと恐れていたからである。毛沢東理論と文化大革命に批判的な私でも、その現状と将来に対する認識については理解できるように思うのである。現代中国にはまさに毛沢東が危惧していたような現象が生じているのではないか、毛沢東理論を否定するのに急で（建前は毛沢東思想を奉りながら実質的には否定している）、彼の指摘していたことについてあまりにも無警戒ではないかと、最近では思わせられている。

死去する直前に「革命いまだ成らず」と孫文が言ったとき、建設されて間もない中華民国は軍閥政権によって換骨奪胎《かんこつだったい》され、その理念も具体的な国家建設も累卵《るいらん》の危うきに瀕していた。民族解放（民族主義）は達成されておらず、民主主義（民権主義）に至る道程は「三序」のうちの軍政段階にあってほど遠く、民衆生活の向上（民生主義）は「耕す者に土地を」のスローガンさえ現実性が疑われるような状態にあった。その三民主義実行の端緒についたばかりの国民革命の最初の段階で、孫文は死去したのである。「革命いまだ成らず」ということばの重みと、それを口にした孫文の気持ちの奥底がいかなるものであったか、今日の私たちから見ても容易に推し量ることができるように感じられるのである。

孫文の「遺嘱」あるいは衣鉢《いはつ》を継いだのは蔣介石であったが、国民党左派の人々と中国共産党は、蔣が「真の三民主義」と革命的な「三大綱領」を守っていないとして非難し、われこそは真の後継者なりと宣伝していた。

蔣介石の国民政府がいかなる性格の政権であれ、全国統一と不平等条約の撤廃、すなわちナショナリズムを曲がりなりにも実現しつつあったことは事実である。彼の立場からいえば、中国共産党こそ当時のことばでいえば「共匪」（共産党匪賊）なのであり、全国統一を阻む「反革命」なのであった。それゆえ彼は、最大にして緊急の任務を、一貫してその「共匪討伐」であるとしたのは当然であった。ソヴィエト政権の討伐を進めつつあったときに日中戦争が起こるが、そのときでさえ「安内攘外」（先に国内を平定し、そののち外国の侵略者を打ち払う）という有名なスローガンを掲げ、日中間の全面的な戦争を回避しようとしたのである。

中国共産党が自らを孫文の真の後継者と自負したのは、「三民主義」と「三大綱領」を再解釈し、それを理論的にも実践的にもマルクス・レーニン主義と結合させることに成功したと考えたからである。毛沢東は「マルクス・レーニン主義を中国の実情に適合させた偉大な指導者」だといわれ、その思想＝毛沢東思想は「中国化したマルクス・レーニン主義」だともいわれるが、そこでいう「中国の実情」とか「中国化」ということばのなかには、孫文の三民主義の革命的再解釈が含意されている。

国民党にせよ、中国共産党にせよ、「真の三民主義」の実現を「革命」だとするならば、それはいまだ成功していないことは明らかである。「民族主義」は外国からの侵略、干渉およびその特権を排除して完全独立を達成するという意味では実現した。しかし、台湾の統一に固執するかぎり、完全な統一はまだ実現していない。「民権主義」は、いまだに「訓政」的性格の政治段階であって、「民主と法制」といいながら、憲法よりも一党独裁が優位にある。「民生主義」にいたっては、やっと「先に富む者」から順次豊かになってゆけばよいという割り切り方が定着して、そのかわりに貧富の著しい格差が生じて、社会主義の理念と抵触しつつある。

「真の三民主義」は社会主義に通底すると信じたからこそ、中国共産党は単に人気取り政策ではなく三民主義の継承者たることを宣伝したのであろう。だとすれば、社会主義革命、社会主義社会の建設こそ「真の三民主義」の実現を意味することになり、したがってそれもまた現実には実現していないということになる。すなわち、やはり「革命はいまだ成らず」である。

三民主義とか社会主義とかいう概念を中国の歴史の伝統からいえば、「大同の世」の実現ということになるだろう。それを鄧小平のように「小康を保つ」ことを今世紀末までの達成目標とすると公言するのは、自ら「大同の世」が実現されていないことを認めているからだともいえる。このように、伝統的観念からしても、やはり「革命いまだ成らず」なのである。

中国の共産主義者で「革命いまだ成らず」と認識していたのは、ほかならぬ毛沢東であったと私は思う。あの「プロレタリア文化大革命」のころに定式化された「連続革命」論がそれを表している。社会主義社会においても階級と階級闘争は存在する、しかもそれは中国共産党内に修正主義という形で鋭く現れますます激化する、したがってそれを打倒するための革命がどうしても必要である、とする理論である。この理屈でいえば、革命は永遠に続くことになる。すなわち「永久革命」論だとされるわけである。

もともとこの連続革命論（二段階連続革命）というものは、すでに第二章で語ったように、古い「資産階級（ブルジョア）革命」から新しい「ブルジョア民主主義革命」を経て「プロレタリア革命」に至る、一連の間断なく連続した革命の総過程を想定したものであった。毛沢東においては、中華人民共和国の成立は中国革命の勝利ではあっても、高度の共産主義社会はいまだ実現していないから、終了あるいは完結を意味してはいなかったのであろう。この高度の共産主義社会の実現ということ自体は、今日の中共指導者たちにも共有されるものであるが、そこに至るまでの「階級と階級闘争がますます激しくなる」という認識論と、一歩一歩平和的に生産力を高めてゆくことによって実現できるとする方法論の点において、大きな相違がある。

文化大革命は結局「奪権闘争」に集約されるような大混乱に導かれ、中国人民に一〇年にわたる大災難をもたらすだけに終わったが、権力を掌握したのちの中国共産党内に思い上がった自惚れ、特権意識、官僚主義など、およそ革命精神とかけ離れたよくない傾向が大きくなり、そのことを毛沢東がきわめて重視し憂慮していたことは事実であろう。そしてその後継者を自認する人々もこれを引き継いだわけだが、そのかわりにこの問題を解決するのに別の党内グループ、人脈、そして毛沢東個人崇拝を極端に利用したために、なんら積極的で建設的な道筋を提起できなかったのである。

本章の構成

本章では、「革命いまだ成らず」という認識を前提に、中華人民共和国の歴史における中国共産党の苦闘と建国の道筋について概観する。その際、私はすでにいくつか書いたり語ったりしてきたことがあるので（そしてそれらは大きな誤りを含んではいないと考えるので）、若干の削除と字句の修正だけにとどめてそのまま再掲載することにした。

第一節の「中国共産党の七〇年」は、一九九一年の建党七〇周年に際して『季刊中国研究』誌（第二五号、一九九一年夏季号）に依頼されて書いたものである。ここでは中国共産党の「新しさと古さ」、革命の過程で得たものと失ったもの、そしてそれらが今日（一九九一年当時）の中国になにをもたらしているかという観点から、七〇年を大ざっぱに回顧したものである。それから一〇年たった今日、中国共産党自身の現状認識と将来展望も変化しているが、私の考えでは長い歴史的な経過から見た場合、それほどの大変化（たとえば、一九七八年一二月の第一一期三中全会での「改革と開放」政策への転換のような）はないと思うので、あえてここに転載するものである（注も発表当時のものである）。

また第二節は、一九九五年の戦後五〇年に際して、歴史学研究会の要請によって中国共産党だけではなく、それをも含めた中華人民共和国の歩んできた道筋を、社会主義の理論と実際に引きつけて語ったものである。党の七〇年と中華人民共和国の五〇年とは当然重なる部分が多いが、観点の違いがあるのでこれもあえて再掲載した。第三章までに語ってきたことを、私なりにおさらいし再確認したものと受け取ってくだされば幸いである（原載は、歴史学研究会編『戦後五〇年をどう見るか』青木書店、一九九五年）。

第一節　中国共産党の七〇年

はじめに——いま中国共産党の七〇年を問う意味

中国共産党（以下、中共と略す）が成立してから七〇年、さらに執権の党となってから四〇と一年の歳月が流れた。この間、中共は革命の党から執権の党に変わった。今日、冷戦体制が崩壊し世界的に社会主義の存在理由《レーゾンデートル》が問われているなかで、中国国内にも中共の一党独裁体制と「社会主義的民主主義」への赤裸々な疑念が表明されるようになっている。しかし中共自身は依然として「四つの基本原則」なるものを前面に押し立て、その前衛性と指導性とを国家の存在と発展の所与の前提条件のごとくに主張している。*1 中共は前衛政党としての自覚と誇りのもとで革命運動と国家建設とを推進し、その帰結として「四つの基本原則」を打ち出しているわけであるが、新たな情勢のもとではこのような主張はア・プリオリに容認されるものではなく、少なくとも「プロレタリアート」あるいは人民の支持を得るためには、彼らに対してつねにその正当性および正統性を説明し証明し続ける必要性と責務とがある。

ところで中国国内のかかる疑念は、さしあたり経済建設の困難さとそれにともなう党の腐敗・堕落など当面の失政に対する素朴な疑問や反感に基礎をおいているように見える。それゆえ党自身は、表面的で一時的な政治・経済政策の手直しや暴力による鎮圧によって当面を切り抜け、かつそれによって党の権力と権威とを保持できると考えているかのようである。しかし、いうまでもなく今日の問題はそれだけにとどまるものではなく、そこか

*1　中国共産党が「前鋒軍」ということばを使ってその前衛性を示したのは、一九二二年六月一五日の「中共中央第一次時局についての主張」であったと思われる（中共中央書記処編『六大以前』一九八〇年九月、北京）。党創立大会では「最初の綱領」と「最初の決議」があったとされるが、そこでは「前衛党」という性格規定はなかったようである（趙生暉『中国共産党組織史綱要』一九八七年、安徽）。それ以後は今日の党規約（一九八二年九月六日の第一二回大会で採択、八七年の一三回大会で改正）にいたるまで基本的には

ら出発してより根源的な問題、すなわち「ブルジョア民主主義・自由」といわれてきた民主主義・自由・人権などの政治原理とプロレタリア独裁との関係、「社会主義的民主主義」と社会主義そのものの意味、および階級政党として成立・発展し、階級の廃絶と階級国家の消滅とをめざしてきた中共党が、なにゆえ依然として、かつ半永久的に「プロレタリアート独裁」の必要を、またそれゆえに本来は「独裁＝執権」とは同義ではない一党独裁の必要を主張しているのかといった根本理論へと遡及している。*2

それは中共党の七〇年の結果として、社会と人民の一定の成長もしくは成熟によって党に投げ返された党の正当性と正統性への問いかけであるとさえいえよう。したがってそれは、中共自身の深刻な自省と危機感の自覚を迫る性質のものであるが、他面では、まさしくこの党の指導の成果でもあるわけで、党としては喜びと誇りの上にかかる自省と自覚をもってしかるべきだと考えられるのである。しかし、目下のところこの党には、そのいずれをも認識している兆候はない。それどころか、最近ではかかる内外の状況に対して「ネオ・マオイズム」とでもいうべき何新のような「理論」が大いにもてはやされ、*3社会と人民の主体的自立的な成長への理解を著しく欠いた姿勢を提示することによって、自己の権力を固持するとともに、権威の再編成をも試みようとしている。

中国共産党七〇年の歴史の一つの決算として、このような状況が示していることは中国にとっての進歩なのか堕落なのか、前途への希望なのか絶望なのか、人類の歴史への貢献なのか反動なのか。小論はこのような疑問と感慨をもちながら、さしあたり七〇年の歴史を筆者なりに概括し次世紀への展望の縁《えにし》ともしたいというささやかな試みである。

同じである。この前衛性は、建国直前の毛沢東「人民民主独裁を論ず」では「労働者階級が（共産党を通して）指導し労農同盟を基礎とする人民民主独裁」となって、国家権力における中共の権力独占の正当化の問題に直接転換させられている。

*2　魏京生から方励之にいたる一連の中共批判論文を念頭においている（尾崎庄太郎訳『中国民主活動家の証言――魏京生裁判の記録』日中出版、一九八〇年）。

*3　何新と矢吹晋との対談「当面の世界経済情勢について」（『北京週報』一九九〇年一一月二〇・二七日号、一二月四日号）および『人民日報』一九九〇年一二月一一日付「世界経済情勢と中国経済問題」。

何新は毛沢東的貧富論の立場から世界経済を分析してみせ、さらに冷戦構造のもとで必然化した国家の干渉・介入を正当化

七〇年の「新しさ」とそこでの獲得物

七〇年の総括という場合、クロノジカルに整理したり党大会ごとや何か大きな事件を区切りにして整理するのも一つの方法であろう。しかし、それではとうていこの小論では書き切れない。ここではごく抽象的に一般論を展開するほかないのであるが、その場合の基本的観点は中国の全歴史過程における中国共産党の到達点はどこにあるか、またそれは今日の全世界的な規模での政治動向のなかでいかなる意味をもっているか、あるいはもとうとしているかということである。

中国共産党が中国の歴史における新しい創造物であったことは確かである。その新しさとは、まずなによりも世界が資本主義体制によって支配され世界的規模での階級対立と世界戦争が発生するようになったという世界史的条件のもとに、中国自体にもプロレタリアートが発生し、それが世界革命の一環として組み込まれるとともに、自らをプロレタリアートの前衛と位置づける主体的意識・思想を形成したことに見られる。第二に、この前衛党が自己の課題として民族民主革命（独立・統一・自由と民主および豊かな新中国）の達成を掲げ、その運動を通して新しい権力を樹立し、さらにその権力のもとで社会主義革命を遂行することを明確に意識し活動するようになったことである。

以上のような新しい意識・思想および活動を通して中国共産党が得たものはなんであったか。第一に、それはプロレタリアートを含む多数の民衆の支持、民衆の間に確立した威信もしくは権威の上に獲得した政治権力であった。逆にいえば、中国共産党の権威と権力とは、中国と民衆の解放を至上課題とした民族民主革命の達成に中共が「前衛」として指導的役割を果したということ以外にはなく、今日にまで及ぶ中共の権力の正統性はまさ

する集権的計画経済の必要性を引き続き強調し、それゆえ世界的潮流としての政治的自由・民主を否定している。

なお、何新と同様に「ブルジョア的民主と自由」を批判して党の統治を正当化しようとするものに、楊発民「試析資産階級自由化思潮泛濫的軌跡根源和教訓」、銭宗範「浅論中華民族的民族精神和文化伝統」（『求是』一九九〇年第二三、二四期）や「中国、人権の尊重を促進」（『北京週報』一九九一年第四号）などがある。

にこの点に求められるわけである。またここでは、中国人民の解放が中国の「独立と統一」によって基本的に達成されたという理解から、中共の政治権力のもとにこの独立と統一を維持し発展させることが人民の指導者としての自らの必須の課題であり、正統性保持の基本要件だとみなされるようになる。

第二に、中国共産党が得たものは「革命的伝統」として総括されうるような歴史的経験そのものである。他のところで論じたように、[*4]それは暴力革命至上主義、世界戦争不可避論といった革命認識、「三つの宝」（武力・党建設・統一戦線）という形で総括される革命方法論から、さらに大衆路線とか自力更生といわれる運動論、刻苦奮闘とか「一に死を恐れず二に苦を恐れず」といった精神論、各個撃破と殲滅をめざす戦術論など、多岐にわたる。このような「革命的伝統」は今日でもおりにふれて蒸し返され、そのことを通しても中共の正統性が強調されることになる。

第三に得たものは、国際的支持である。それは歴史的にはそもそも中共の出自（ロシア革命やコミンテルンとの密接なかかわり等）から発し、抗日・反ファッショ闘争の過程で中共が身につけてきたはずの国際連帯の精神、国際主義ともいうべきものである。そしてそれは新中国の成立後は、激しい敵意に囲まれながらも国際的に中共の正統性と「革命的伝統」とが一定程度認知され、またそれへの憧憬《どうけい》が広がり、同時に新興独立国や第三世界が国際政治に一定の地歩を占めるようになるにつれて、中国の国際政治における役割が高く評価されるようになったことと密接に連動していた。[*5]

第四に得たものは、「富強」である。より正確には中共が中国人民にもたらした物質的な豊かさと強国化である。中国革命の課題あるいは新中国の国家的目標が「富強」であっ

＊4　拙著『中国—民主化運動の歴史』（青木書店、一九九〇年）。

＊5　ここで念頭においているのは、周恩来外交やバンドン会議など五〇年代の中国外交の活躍ぶりである。

た以上、中共がもしこの点を実現しなかったならば、中国人民から見放されて当然であった。見方を変えると、中共の正統性を保証する物質的基盤がここにあったといってもよい。だからこそ中国人民にもたらしたものを、ここに中共の獲得物として位置づけてもよいといえるわけである。

第五に得たものは、「人才」である。革命の過程で中国共産党が中国の最も先進的で純潔で賢明な、総じていえば多くの最良の人材を結集しえたことは疑いえない。彼らは革命という破壊と建設の過程で大きな事業を献身的に成し遂げてきた。中共の正統性を人的に保証してきたのは彼らであるといってよい。その先進性・純潔性・賢明さをもった人材を権力獲得後も持続することができるかどうかは、中共の正統性保持のための決定的に重要な条件であったとさえ考えられる。

七〇年の「古さ」と喪失物

以上のような「新しさ」と獲得物、換言すれば中国共産党の到達点がそのまま継承され発展させられていたなら、文字どおり「中共の天下」は安泰であり、かつ世界的にも「現存社会主義」のよいモデルとして社会主義社会の前途を明るく照らす灯台の役割を果たしたかもしれない。だが歴史はしかく単純で単線的発展を遂げはしなかった。「新しさ」は中国の歴史のなかの「古さ」のなかから生まれたが、決してその「古さ」を止揚しつくしはしなかったし、新しい獲得物を永遠に善的存在としての「新しさ」にとどめておくこともできなかった。両者は一定の条件のもとで相互に転換しあうものであった。中国共産党の権力は新しいものではあったが、古い専制王朝体制の体質を温存させ、資本主義世界体制の包囲と脅威のもとでスターリニズム的社会主義と結合することによって、半永久的な政治権力の独裁体制をつくり出した。こうして内外の諸要因と諸条件が「新しさ」のなかに隠されていた「古さ」を露呈させ、それが世界情勢の新たな展開に即応できないことが明らかになることによって、ますます中国民衆にその「古さ」そのものを意識させるようになった。

上述の「新しさ」をもう一度見てみよう。中共権力の正統性は社会主義政権の段階でのそれをア・プリオリに保証するものではなかった。また、それは「連合独裁」のなかでの指導性を承認するものとして出発しているのであるから、当然権力は諸他の階級階層と分有されるべきはずのものであった。[*6] したがってそれは正当な手続きを経て形成されることが前提条件となっていた。行政機関としての官僚体制もそのような権力に奉仕するものとして構築されるし（真の意味での公僕）、かつそのようなものとして選抜されるべきはずのものであった。軍隊と警察もかかる官僚体制の一環として新しい国家権力に奉仕するものとなるはずであった。

また「独立と統一」というブルジョア民主主義の課題にしても、日本の侵略と中国国民党の圧政に反対したすべての人々、とりわけ少数民族から見れば、強固で独占的排他的な中央集権的政治権力を無条件に中共に全権委任することを意味してはいなかった。ましてや、チベットのように新中国の成立以降でさえ独立を維持していた人々にとっては、なおさらである。[*7]

詳細を論じる余裕はここではないが、とにかくこのようにいうとかならず中国の、または中国革命の特殊性を理解していないという反論が予想される。もちろん、筆者がこの特

＊6　ここで念頭においているのは一九四五年四月二四日「連合独裁論」から建国当時の憲法を代行した「中国人民政治協商会議共同綱領」までの流れである。

＊7　よく知られているように、中国共産党はその創立当初（第二回大会当時）、モンゴル・新疆・チベットの「平等と自決」を認め、これらを「自治邦」として成立させ、「中国本土（満州を含む）を統一し、ひとつの真の民主共和国」を打ち立てたのち、両者が連合して「中華連邦共和国」とするとしていた。この考え方は少なくとも一九三一年一一月に成立した中華ソヴィエト共和国の憲法大綱にも「中国の領域内の少数民族の自決権を承認し……自ら独立国家を樹立する権利をも承認する」という形で継承されていた。しかしその後、このような考え方はなくなっている（前掲『六大以前』および日本国際問題研究所中国部会編『中国共産党史資

殊性を無視・軽視するものでないことは行論からも明らかだが、それを絶対視したり教条化すると、一般的普遍的な真理とか、正義、人権、自由と民主などが「中国化されたマルクス・レーニン主義」のもとに隠蔽もしくは抑圧されてしまうのである。この「中国化された」ものが生み出したのは、中共の一党独裁的権力の正統性を他の人民に押しつけることを合理化した理論だけであって、マルクス・レーニン主義の普遍的意味さえも体現していないことは多言を要しない。

第二の「革命的伝統」もまた「中国化されたマルクス・レーニン主義」と表裏一体をなしている以上、革命の時代にもっていた普遍性を喪失してその特殊性のみを突出させ、中共権力の正統性を合理化するのに奉仕するだけの意味しかもたなくなってしまった。こうなることによって「革命的伝統」は革命性を失って社会進歩の桎梏《しっこく》となっていった。少なくとも中共が「開放」政策を掲げて国際政治経済に参入し、そこで一定の役割を果たそうとする以上、「革命的伝統」も特殊中国的であるばかりでなく、現代の国際的な普遍性をも考慮にいれなくては国際場裡で話しあいも協調も成り立たない。そればかりか中国自身が主張するマルクス・レーニン主義の普遍性さえ証明できなくなってしまう。そのことは第三の国際主義の問題と密接に結びついている。

中国共産党の国際主義も本来「革命的伝統」の一つに数えられるものであった。しかし、それは二つの面から本来の性格を変え国際性そのものを失ってゆく。一つは自らの主体性を「中国化されたマルクス・レーニン主義」と規定することによってスターリン的な一国社会主義建設の道に没入していったことである。それはもう一つの面、つまり周囲を敵意で囲まれていたことによって「自力更生」を国家建設の主たる方法とせざるをえなかった

料集』第五巻、勁草書房、一九七二年)。これらに関連する文献で興味深く参考になるものとして、平野健一郎ほか編著『アジアにおける国民統合』(東京大学出版会、一九八八年)所収の平野「中国における統一国家の形成と少数民族」、岡部達味「東アジアにおける政治的統合と分化」を参照。

なお、筆者のこのような見解には、中共に協力してきたアペイ・アワンジンメイ氏のように一九五〇年以来、中央政府の統治の実効性を強調する見解もある(『北京週報』一九九一年第一五号)。

こととも密接に関連していた。仕方がなかったと自己正当化することができるとして、複雑で流動的な国際情勢のなかでそれを絶対化することは、自らを狭い枠のなかに閉じ込め近視眼的な世界観を形成させることになってしまった。マルクス・レーニン主義の世界史的普遍性を強調しながら、その世界史的潮流に背を向けてしまったわけである。

このような姿勢は、一方で階級的世界観としての社会主義世界体制の崩壊を早くから指摘しながら（少なくとも一九七四年）[*8]、他方で資本主義世界体制から隔絶した社会主義体制の存続、単独の発展の可能性を主張するという、矛盾した世界観を生み出している。それと同時に、その単独の社会主義体制を固守するために、ますますかつてブルジョア的課題として革命の中心に据えられていた「独立と統一」が強調されて、国境・領土問題、域内民族問題、地域住民・市民の自主性・主体性問題などに対してますます求心的（集権的）政治権力の必要性を説く姿勢を強めるようになっている。[*9] 国権主義的もしくは国家主義的社会主義への加速化である。国際主義的世界観の喪失はよき「革命的伝統」をして古き「歴史的伝統」の中華思想・中華意識と癒着せしめ、古きものを突出的に拡大再生産せしめている。

第四に触れた国家と人民の「富強」については、その実態も両者の矛盾についてももはや多言を要しないであろう。つい最近の第一三期七中全会でも「中国の特色をもつ社会主義の道は、中国の実際に即した、国を強くし民を豊かにする道である」とあらためて強調されている（『総会公報』[*10]。ここではかつてのように「民豊かにして国強し」でさえないことに注目したい）。この指摘自体は別段中国共産党の指導性云々の枠組みのなかで議論されるような性質のものではない。中共や社会主義であろうと自民党や資本主義であろうと

＊8　一九七四年四月一〇日、国連特別総会で鄧小平中国代表団団長（当時副首相）は、「戦後の一時期に存在していた社会主義陣営は、社会帝国主義が現れたため、すでに存在しなくなった」と演説した（『世界政治資料』一九七四年六月上旬号）。

＊9　「六・四天安門事件」以降の中国要人の諸演説・論文（たとえば、李鵬首相が「八・五計画」の「指導的思想」として論じた「努力して市場を始動させ生産の適度な発展を促進させよう」（『求是』一九九〇年二〇号）や、前掲の何新の対談記録。またこの点について中国とはまったく異なった観点からマルクス・レーニンの国家論を分析している加藤哲郎『東欧革命と社会主義』（花伝社、一九九〇年）を参照。

＊10　『北京週報』一九九一年一月八日号による。「民富国強」とその逆の論理つまり「国強民

「国強民富」という国家目的それ自体に変わりはないからである。もしこの点が云々されるとすれば、むしろ建国四〇年を経ていまだに民を貧しい状態に、あるいは民自身が貧しいと意識せざるをえない状態においていること自体に、中国共産党の指導性のまずさが問題にされるべきであろう。換言すると、中共でなくてもいまの程度くらいの経済生活だったら、だれにでもやれたのではないかという疑念を、民衆自身にもたせてしまったということである。

第五に述べた「人才」の問題についていえば、いまだに数多くの若者たちが善意で献身的に党に結集していることは否定すべくもないが、しかし他方では、「六・四天安門事件」に見られるように多くの心ある、国の未来を憂える若者たちが、その多様な批判的精神ゆえに、その現状に満足しない進取的な精神ゆえに、権力から排除され官僚体制から排除され党の手足・耳目となることを拒否されている。このような状況は党の清新はつらつとした拡大発展を阻んでいる。党はいまや、権力ぼけした無能で無責任な官僚主義者によって占拠され、古い官僚体制に固有の命令主義や形式主義、それに派閥主義に支配されているかのように見える。

より「新しきもの」を求めて

こうして中国共産党の「新しさ」＝到達点が旧来の「古さ」と結合・癒着し生命力を喪失して政治・経済・文化など各面の軛《くびき》へと転化していったのである。それは中国にかぎらず「現存社会主義」一般の敗北の一つの標識としても記憶にとどめておかれるべきものかもしれない。だが、社会主義の当面の敗北が確かであるにしても、それが資本主義の半永

貧」論については、林彪事件との関連で述べたことがある（『中国の政治と林彪事件』日中出版、一九七四年）。また「国強＝強国」論については、小杉修二『現代中国の国家目的と経済建設――超大国志向・低開発建設・社会主義』（龍渓書舎、一九八八年）を参照。

久的な勝利を物語るものでないことも確かである。この点に関してだけは何新らのような中国側の主張も首肯できる面をもっている。だが、それでは当面の中国の当権者が主張するような「四つの基本原則」といった形で社会主義は生き残り、かつ再生することができるのだろうか。それは如上のように「喪失物」があまりにも大きいために、不可能である。

筆者はかつて自著のなかで中国共産党の自浄化能力について述べ、その可能性を肯定的に論じた。[*11]概してこのような見解には、善意にせよ鼻の先で嘲笑するにせよ、疑問視する向きの方が多いように思われた。だが、はたしてそうであろうか。この地球的規模での自然破壊・環境汚染の進行、自然資源をめぐる激しい葛藤と無政府主義的な分捕り合戦、財・資本と貿易の不均衡やその他の要因による貧富の差の拡大、人種差別とマイノリティーへの軽視、依然として横行する大国主義と民族ショービニズム、新たな局地的紛争の発生条件の存在等々、どれ一つをとってみても人類の破局を招きかねない危機的状況が刻々と迫り来つつある今日ほど、人類一人一人の叡智の結集が望まれている時機はない。

このような時にあたって、中国共産党を含む社会主義もまたその数十年の経験の失敗を踏まえて、その理念と経験とをこれからの人類史に生かしてゆく方向を模索することが不可避の課題となっている。なぜならば、社会主義こそはかかる人類の破局の救済者として、あるいはその最終的解決の方法として想起され実践されてきたものであり、当面の失敗は明らかであるにせよ、その再生は社会主義そのものにとってだけでなく、全人類にとっても一つの希望ではあるからである。

だが、そのためには社会主義は本来の理念・思想性と立場に立ち戻って、なさねばならぬことがあまりにも多く大きすぎるように思われる。とりわけ中国共産党にとって、そう

*11　前掲拙著。また、丸山昇『中国社会主義を検証する』（大月書店、一九九〇年）は、この著者の内面の大きな苦悩を示しつつ中共を厳しく批判しているが、やはり中共自身の自浄化に期待を捨て切れないところに筆者は共感するものがある。

である。社会のなかから生まれながら社会の上に立つにいたった党は、本来の姿に立ち戻って、その権力の源泉たる人民に繰り返し信を問うべきであろう。少なくとも建国以来、偏狭といえるほどに峻拒するだけであった「ブルジョア民主主義」を今日の時点に立って真摯に再検討することは、傾きつつある人民のなかでの権威の再生をはかるためにも必須の課題であろう。それは「大衆路線」という名目で上からの大衆動員をかけるようなものであっては、いつまでたっても真に人民大衆の支持は得られないであろう。また人民大衆が政治的多元主義を欲するなら、その実現のために大衆を教育し結集してゆくことこそが、党の「前衛性」という権威を残すほとんど唯一の方法となるだろう。中国共産党が主張している「民主（社会主義的民主といっているが）と法制」も一党独裁が存在するかぎりありえず、すべての人々が法の前には平等だという観念を党自身が身をもって証明することが絶対的に必要である。このようにしてこそ軍事・警察・官僚国家とか、戦時兵営共産主義という悪名も解消されてゆくはずである。それと同時に初心にかえって、共和国の構成者たる諸民族・地域住民もまた平等の権利と自由をもつことを認識し、彼らが自立・自決を要求するならば、現在のように「大一統」以外のいかなる自治・分権も認めない問答無用式の抑圧ではない、対話の姿勢が必要となるであろう。[*12]

経済発展は以上のような政治社会の改善ののちに、はじめて真の実現が期待しうるのである。過去十数年の経験が証明しているように、すべての経済改革は政治的・社会的障害によって失敗を余儀なくさせられている。資本・技術・資源・人材などの活用ができないからである。とりわけ新しい時代、新しい世界情勢に正確に対応できるような人材・知識・情報・理論が、自由に民主的に議論され登用もしくは採択されるような態勢と条件が

＊12　前掲＊7を参照。『北京週報』一九九一年一月二九日号の「中国、人権の尊重を促進」はおよそ現実の中国の姿とは縁遠いものだが、そのなかで「平等な権利を享有する少数民族」という項があり、少数民族の区域自治を「中央と地方」という観点でとらえ、かつ「国家の政治生活に参加したいという各少数民族の願望を満たし」ているものととらえているのは、なおさら現実のチベットなどの要求とは縁遠いもののように思われる。
　なお、「大一統」とは、伝統的な中華世界の大統一――中華思想・意識を表現したことばである。

欠如していることが致命的である。一方で当面の世界資本主義体制の優位性を承認するからこそ、そのシステムを利用した（少なくとも目的意識的には「組み込まれた」のではなく「利用している」つもりなのである）「開放」政策をとっていながら、他方では人類史上の普遍的価値、創造物に背を向け、国際法や国際慣行を無視軽視した態度、したがってそれらの基礎にある「ブルジョア的自由・民主・法律」の精神・思想と制度を峻拒する姿勢をとるという矛盾は、社会主義を世界情勢から切り離された孤絶した世界システムとしてとらえ、いつでも「自力更生」という美名の自給自足の鎖国体制に戻せるという、きわめて事大主義的で功利主義的な中華思想にもとづいているといえる。

筆者はかつて中国の上述のような姿勢と精神とを「スターリニズムと中華帝国の専制主義との血のアマルガム」と表現し、その最も根本的で最後まで残る「慣習の力」は中華思想・華夏意識といわれる部分であるとした。*13 そのような議論の当否は別として、中央集権的で求心的な政治体制とその基礎にある精神と思想を絶対的に正しいものととらえ、それへの批判や自省を排除しているかぎり、中国および中国共産党のめざす社会主義が世界情勢と中国国内の政治動向、社会運動あるいは社会と人民の要請に応えうるものにはなりえないことだけは確かであろう。少なくとも筆者は、社会主義の再生が人類の未来に大きな意味をもつと信じるゆえに、また、中国の社会主義もまたそのような脈絡のなかに位置づけられると考えるがゆえに、中国共産党の自省とそれにもとづく自浄化とを強く期待するのである。

*13　前掲『中国—民主化運動の歴史』を参照。

第二節　戦後五〇年と中国社会主義

はじめに

この歴研アカデミーの開講にあたり、当初、私が委ねられた課題は「戦後五〇年と社会主義」ということであった。私にはそのような大きなテーマで語るだけの研究蓄積も資格もないということで断ったが、もう少し範囲を縮めて「中国の」という限定つきでもよいから話せということなので、あえて「冒険」させていただくことにした。

ところで今日では、社会主義というだけで、「なんでいまごろ？」という風に顔をしかめる向きもあり、かつて社会主義は進歩・変革の象徴のように言われていたが、いまでは「保守」・頑迷固陋《がんめいころう》の象徴のように言われるようになっている。そのうえに現存社会主義諸国のイメージとして暗い、貧しい、強権的である、閉鎖的で秘密主義的である、などなどのマイナス・イメージがついてまわる。こうして社会主義ということばを使わないことが、一種の流行のようになっているように見受けられる。たとえば最近出版された何頻の『鄧小平後の中国』[*14]（上下）は五〇人の中国人学者らにインタビューしたものであるにもかかわらず、そのだれもがほとんど社会主義について語らず、なおのこと社会主義の未来の展望に触れる者はいない。まるで中国には社会主義はなかった、社会主義者はいない、いわんや社会主義の勝利などはありえないとでも言わんばかりである。そのうえに「六・四天安門事件」があり、最近では核実験とか軍備拡張、台湾への強硬な姿勢とかがクローズアップされている。さらに『林彪秘書回想録』[*15]とか『毛沢東の私生活』[*16]といった内幕物が

*14　現代中国事情研究会訳、三交社、一九九四年。

*15　張雲生著（徳岡仁訳、竹内実監修、蒼蒼社、一九八九年）。

*16　李志綏著（新庄哲夫訳、文藝春秋、一九九四年）。この本については中国側から事実と異なるという批判が出されている。

続々と出され、そのいずれもが一定の事実としての信憑性をもっていて、中国政治のうちの最も忌むべき部分——個人崇拝、情実政治、人治主義といった問題を赤裸々に暴露しているので、いっそう、中国社会主義に対する信頼と社会主義そのものへの信念を揺るがせることになった。

かく言う私は、中国のように共産党イコール社会主義者であるかのような言われ方をするなら、まったく社会主義者ではないが、社会主義の未来あるいは人類の未来が、当面、社会主義とか共産主義のような姿しか描くことができないという意味では、社会主義者であるといえる。近代経済学の泰斗《たいと》ガルブレイスは、いみじくもこう言っている。「マルクスの影響ほどひどく誤解されているものはない……マルクスはその体系を受けいれない人にも深い影響を与えており、その影響を全然受けていないと思っている人にも影響を及ぼしている。……これは社会理論におけるマルクスの業績がおどろくほど偉大であったことの結果である。人間の行動のいろいろな要素を取り出して総合した点で、後にも先にもマルクスの右に出たものはない」[*17]。この学者の大胆な率直さこそ驚くべきもののように思われるが、しかし彼は、決してマルクス主義者でもなければ社会主義者でもない。その彼でさえこのように述べてマルクスを高く評価し、その業績への信頼を揺るがせていないのである。世の中の社会主義者と自称してきた人々の慌てふためきぶりが、時期は異なるものの嘲笑されているようにさえ思われる。

そのように言いつつも、私自身の社会主義理解というものも実はかなり貧弱でいい加減なもので、せいぜい生産手段の私有制を廃絶し、搾取と不平等をなくし、労働の疎外から解放された人々が真に自由で民主的で平等な人間関係の上に豊かな生産力の発展を保証し、

*17　ジョン・K・ガルブレイス『ゆたかな社会』（鈴木哲太郎訳、岩波書店、一九八五年、一一七—一一八ページ）。また、『経済学の歴史』（鈴木哲太郎訳、都留重人解説、ダイヤモンド社、一九八八年）でも同様の評価がなされている。

豊かな生活を享受しており、そんな社会のなかで人々は自然との調和をはかり、階級、国境、人種、民族、宗教などの相違を越えて（あるいはその相違や境界をなくして）平等・対等な交流を実現する、そんな程度の社会像である。それはいってみれば中国史を研究している者ならだれでも知っている、いわゆる「大同の世」というユートピア程度にすぎない。しかしこのユートピアは、単に空想・夢想の産物ではなく、古今東西を通じて無数の人々が追求し、それに近いものを実現しつつある、あるいは一時的には実現したと信じていた社会なのである。それがいまや空中楼閣《くうちゅうろうかく》のように消え去りつつあるかのようであるが、私が確信しているところでは、このような社会が実現しないかぎり（それを社会主義と言おうと言うまいとにかかわらず）、人類の滅亡は必至である。したがって私としては、流行遅れであろうと非現実的な夢想であると謗《そし》られようと、子々孫々の生存と繁栄を願うかぎりは、今後とも社会主義のことを言い続けなければならないと考えている。

ともあれ社会主義一般についてこれ以上語るとボロが出るので、これくらいにしておいて、以下、「戦後五〇年と中国社会主義」について語ろう。

中国にとっての「戦後五〇年」の意味

中国にとっての「戦後五〇年」といっても、だれでも知っているように日本とは異なり革命の時期と国家建設の時期とがある。つまり戦後の内戦を経てなぜ中国に社会主義政権が樹立されたのか、それはどのような特徴をもっていたか、あるいは、もたざるをえなかったかということである。日本の敗戦後、国民党の政権が打倒され、中国共産党政権が樹立されるわけだが、中国にとってこの日本の敗戦というのがきわめて重大な意味をもっていた。私の考えでは、この抗日戦争（日中戦争）は辛亥革命による中華民国の樹立と並んで、「中国」という国家の成立にとって決定的に重要な意味をもっていたと思う。国民とか国家という概念が「民」自らによって形成され、そしてその樹立のための主体者として「民」自らが政治活動を展開し始めたのである。さらに日中戦争という外圧のもとで、この国民・国家という概念はいっそう固められ普及されるようになった。つまり、近代国民国家の成立が中国において理論的にも実践的にも可能になったということである。

このような意味からすれば、国民党との最後の内戦は社会主義の道か、非社会主義の道かで戦われたわけではなく、「独立と統一、民主主義、自由、富強の新中国」の新国家建設、換言すればナショナリズムにもとづく国民国家の建設の仕方をめぐって戦われたのである。すなわち、孫文の「民族主義・民権主義・民生主義」の三民主義理念のうち、「民族主義」は達成されたといえるが、それは中国共産党が否定していた資本主義発展の道、中間派が主張していたところの「第三の道」である。中国共産党はこれを否定しつつも、このような主張を展開する中間派の人々の支持を得るために、彼らに歩み寄る形で、社会主義への道は前面に押し出さなかったのである。そして同時に、このようなスローガンで実現するはずの新しい権力構造においても、この中間派の人々を優遇して権力を分有することを提起していた。決して一党独裁体制を主張していたわけでもなく、中間派を騙していたわけでもなかったのである。国民党の敗北は、主として当時の政権政党としての国民党が戦後の物資不足、極端なインフレ、ファッショ的体制と政策を抑制することができず、それ自身の腐敗・堕落・無能力を暴露して中間派の人々および民衆の人心と支持を失ったことによる。中国共産党の政策の正しさとか、アメリカ帝国主義の国民党支援に対する反帝国主義運動の盛り上がりといったことがいわれるが、そうしたものがなかったとか重要ではなかったとはいわないまでも、決定的な要因ではなかったと思う。

以上が「戦後五〇年」の第一段階であるが、その特殊性を考えると、第二段階である中華人民共和国の成立の課題も自ずから明らかであろう。すなわち「独立と統一、民主主義と自由、富強（富国強兵）の新中国」という、いわゆるブルジョア的課題こそ建国の精神であり任務であったということである。しかし不幸なことに、建国の前後にこの国は厳しい内外情勢、条件に縛られていた。権力の座についた中国共産党は、戦後だけでなく一九二〇年代から続いてきた内戦による国力の疲弊、民衆生活の極度の貧窮と民心の動揺を急速に回復し新国家の建設に収斂させる必要があったし、同時に、建国直後の朝鮮戦争に始まる「中国封じ込め」という西側世界からの脅威・圧迫に耐えなければならなかった。〝富国・強兵〟こそが新中国の第一の関心事とならざるをえなかったのである。「民権（民主主義）と民生」は後回しにされざるをえなかった。それはロシア革命ときわめて似通っていた。この点についてウォーラーステインは簡潔に次のように述べている。

「敵対的な世界のなかで存続するということが、権力についたボルシェヴィキの一貫した動機であった。この必要と、この必要についての主観的評価とが、制度化された一連の優先順位を指し示した。……優先順位の第一は、党の権力を国内の反対派から守ることであった。このことは、一党国家の創出、国家官僚制一般、およびとくに警察装置の強化、そして、情報宣伝の統制をともなう。優先順位の第二は、国家それ自体を外敵から守ることである。これには、国家の軍事的ならびに経済的基盤の強化が必要である。このことは、急速な工業化、そして、これの歴史的付随物として、農民階層の搾取をともなう。それはまた、敵の軍事力を少なくとも中立化させうるだけの軍事機構の創出をともなう。……優先順位の第三は、ソ連共産党の存続と世界社会主義運動の一般的志向とを両立させうるような理論モデルを発展させることであった」。そしてこのような国家が、「社会主義の段階から共産主義の段階に進むために、なおなすべく残されていたことは何であったか？　おそらくひとつのこと、それもただひとつのこと、すなわち、もっとも〝先進的な〟資本主義国においてさえこれまで達成されていないようなあるレヴェルまで、生産諸力を完全に発展させることであった。実際、ソ連共産党はそれから、マルクス主義的装いのもとに、対抗する国家に〝追いつけ〟〝追い越せ〟という重商主義的戦略を推進した」。

このように述べたうえで彼は、ソ連以後の「共産党によってコントロールされた政府」をもつ国家の大多数も、「実質的に、ソ連がとったと同じ戦略を採用した」として中国のことも示唆している。[*18]

また、和田春樹はやはり建国直後のレーニンのソ連が、なぜ「独裁権力」となり「〝戦争社会主義〟」が「戦時共産主義」にならざるをえなかったか、さらにそのような体制のもとで、社会主義といえば「計画・計画経済」といわれるようになったかを、歴史的に明らかにしている。[*19]

これらの指摘は、中国が建国当初、なぜ強力な集権制をとり、そのなかから一党独裁が樹立されたかを、世界史的な規模において明らかにしているといえよう。強いられた状況のもとで中国は新国家の建設に邁進したのであり、ある意味では当初の意図とは異なって強いられて社会主義の道へと進まざるをえなかったのである。しかしそのことは、中国がソ連の影響を受けソ連型の社会主義に進んだということを意味してはいない。最近の中国

＊18　I・ウォーラーステイン『世界経済の政治学』（田中治男ほか訳、同文舘、一九九一年、一四一―一四三ページ）。

＊19　和田春樹「〝社会主義圏〟の歴史的位置」柴田三千雄ほか編『シリーズ・世界史への問い』第九巻（岩波書店、一九九一年）。

の研究でも、建国当初の中国の国家建設はソ連と異なっていたことを強調するものもあるが（後述）、それはともかく、両者の相違は五〇年代後半から六〇年代前半にかけて毛沢東によって意識的に追求されることになる。その場合の特徴は、ソ連の影響云々以前の問題、すなわちこの国の古い独自の歴史的特質によって彩られたものであった。それはまさに私が「スターリニズムと中華帝国の専制体制との血のアマルガム」としたものであるが[*20]、民族問題を除くと中国自身もそのことは十分に心得ていたのであり、中国での最初の毛沢東批判ともなった一九八一年の「建国以来の歴史的事実に関する若干の決議」でも率直に語られているところである。[*21]

これをひとことで定式化するのはむずかしいが、要するに農業・小農民社会を基盤とした自給自足的な長い封鎖的孤立的社会のなかで形成されてきた社会的経済的後進性と、その上に築かれた政治的文化的な上部構造（つまりは中華帝国の専制体制である）が強固に存在していたということ、そしてこうした歴史的特質が止揚される前に、ロシア革命が発生し、それだけが中国を解放する方法だと観念され、急激な政治革命によって旧体制は崩壊し、ソ連式の「戦時共産主義」と直接にドッキングされることになったということである。この場合、「中国化されたマルクス・レーニン主義」である毛沢東思想を特殊化する必要はない。まさにそれこそ、中国の歴史的伝統とスターリニズムとが旧社会の特質を解体しないまま、直接に密接に結合されたものにほかならないからである。

*20　前掲『中国―民主化運動の歴史』を参照。

*21　この「決議についての批判的見解は、拙稿「中国のプロレタリア文化大革命」歴史学研究会編『講座・世界史』第一〇巻（東京大学出版会、一九九五年）で述べておいた。

中国の社会主義の特質

建国後の中華人民共和国の置かれていた位置、それによって付加されざるをえなかったこの国の社会主義の特質について大ざっぱに述べた。そこで次にこの中国社会主義の変遷について、もう少し詳細に検討しておこう。

第一の段階からいえば、中国に成立すべき政権はかならずしも社会主義でなくてもよかったし、また中国共産党による一党独裁的な統治を正当化するものでもなかったはずである。しかし、中国革命は「第三の道」の可能性を閉ざし、建国後の選択肢を「強いられた」社会主義への道だけにしてしまった。そしてその社会主義政権の経験はソ連しかなかった（東欧はユーゴスラビア以外には、まだ存在感を与えていなかった）。学ぶべきものがソ連しかなかったということは事実であり、それと中国革命の経験とがミックスされたのが、中国型社会主義建設であった。ひとことで言えば、それは自力更生、貧窮・絶対平均主義的革命を理念とし軍事・警察を基礎とした強力によって中央集権政治を確立し、そのもとで私有制の廃絶と公有制を急速に実現するために集権的計画経済を採用した結果、「軍事兵営的戦時共産主義」とならざるをえなかったということである。

ところでこの初期の社会主義改造・建設は、ソ連型とは違っていたという見解もある。たとえば、林浣芬論文は次のように論じている。最初の七年、三つの段階で形成された中国の社会主義の特徴は、「新しい経済体制がまったくソ連モデルに倣《なら》ったものという観点は歴史の実際に一致していない」。第一に、集中統一の原則のもとに中央と地方の二つの積極性が結合されていた。第二に、計画管理を主としながらも、同時に市場管理も重視された。第三に、計画管理上、多種の計画類型を実行した（直接計画、間接計画、採算性計画）。第四に、マクロ調整、総合的均衡を比較的に重視した。このような中国的特徴をもった計画経済体制の積極的な役割は、「まず短期的に旧中国が残した経済の悪性波動……

財政枯渇、通貨膨張、を鎮静させた」。「次に、経済発展水準が低く、建設資金が著しく不足し、国力に限界があるという条件のもとで、限界のある資源を重点建設に集中し、国民経済の良性の循環の物質的基礎を確定した」。しかし、国家権力の力量の役割には一定の限界があり、これを超えるとマイナス効果を生じることになった[*22]。

この論文は、たしかに過去を反省しつつも、そのなかから今日につながる積極的要素を見いだそうと努力している点で見るべきものがあるが、やはり今日の「四つの近代化[*23]」をめざす「改革と開放」政策へ、その一つの帰結として公有制のもとでの「社会主義の初級段階」における「社会主義市場経済」へと発展戦略を変えてきた現状を前提に、その必然性を過去に求めようとしている点で、相当無理をしているとの感をまぬかれがたい。むしろ過去のこの経験を通してなにを教訓として汲み取るかという点では、中国の最初の憲法である五四年憲法で、「国家は経済計画をもって国民経済の発展と改造を指導し、生産力を不断に高め、こうして人民の物質生活と文化生活とを改善し、国家の独立と安全を強固にする」ものとされていたことに注目すべきであろう。この憲法で明らかなように、生産力を高めるという課題は市場経済を強く主張するようになった今日に始まったことではないが、同時に、生産力最重視と国の威信をかけた「追いつき追い越す」ことを至上命題とした「重商主義」でもなかったのであり、人民の物質的文化的生活向上と人民民主主義の実現こそ中国社会主義の目標であり、その実現のためにこそ生産力の発展が絶対的条件だと観念されていた。

以上に述べてきたところを整理すれば、中国の社会主義が不可避的に刻印されざるをえなかった特質は二つある。一つは世界共産主義運動＝ソ連の経験であり、もう一つは革命

＊22　「わが国の経済計画体制の基本的形成とその歴史的特質」『党的文献』一九九五年第二号。

＊23　工業・農業・科学技術・国防建設の四つを指す。

運動を含めた中国の歴史的伝統である。両者の止揚の必要性を認識していながら、しかしそれを止揚できなかったのは、もう一つの条件、すなわち成立時の国際情勢である。これらの特質と条件を考慮に入れて、建国以来の中国社会主義の建設を論じなければならない。こうして中国は今日の「社会主義市場経済」論、換言すれば社会主義のより高次の段階への不可避的な（と中国が考える）過程を提起するにいたる。このような発想と理論化は、はたして上記のような特徴を止揚しうるかどうか疑問の余地があるが、それらを考える前に、「社会主義市場経済」が登場するまでの過程を中国自身のことばで聞いてみよう。その代表的なものは、右とほぼ同時期の過程を中共自身が整理した、中国共産党第一四回大会（一九九二年）での江沢民報告である。けだしこの報告は、「社会主義市場経済論」を最初にオーソライズしたものである。これによると、中国の社会主義建設は大きく分けると三つの段階があるとされている。

㈠　一九四九年から五七年までの、過渡期の総路線と呼ばれた中国革命の勝利から生産手段の改造が基本的に終わるまでのあいだ、ソフトランディングをめざした時期（五つのウクラードの存在を認める）。

㈡　一九五六年の八全大会の路線が毛沢東によって恣意的にねじ曲げられ、一九五七年以来、社会主義建設が加速化される。そして文化大革命。しかし、この時期は今日から見てマイナス要因ばかりではない。社会主義の理論とあり方、修正主義、未来への展望、国際連帯などのありさまをめぐる国際的な論争などがあり、今日、ほとんど顧みられないからこそいっそう意味があるとされている。

㈢　生産力の最優先視、「四つの近代化」をめざす経済建設が主要な課題となった段階。

報告はこのように建国後の社会主義建設の過程を整理したうえで、結論的部分で次のように述べている。「社会主義の根本任務については、社会主義の本質は生産力の解放と発展をかちとり、搾取を根絶し、両極分化を解消し、最終的には共に豊かになる状態を実現することにある」。「現段階におけるわが国社会の主要な矛盾は人民の日ましに増大する物質的文化的需要と立ち遅れた社会的生産との矛盾であり、われわれは生産力の発展を最優先させ、経済建設を中心として、社会の全面的進歩を促すべき」である。「経済体制の改革は、公有制と労働に応じた分配を主体とし、これを他の経済要素と分配方式で補うやり方を堅持し、その土台の上に社会主義の市場経済体制を確立し、それを完全なものにする、これがその目標である」。「わが国の経済体制改革の目標は社会主義の市場経済体制を確立し、生産力のさらなる解放と発展を促進することにある」。これを実現するためには、「社会主義の外的条件については、平和と発展が現代世界の二大課題であり」、「独立自主の平和外交政策を貫き、……有利な国際環境をかちとるべきこと」が必要である。

この報告は、この同じ一九九二年一―二月に南方各省を視察したときの鄧小平の談話を下敷きにしていることは明らかである。*24 鄧小平はここにおいて「改革と開放」政策のいっそうの推進、それもスピードを加速化させることを強調しているのが注目される。また「基本路線は百年堅持しなければならず、動揺してはならない」。「たとえ新しい考えがなくてもよい。とにかく、変えないようにし、人々に政策が変わったと思わせないようにすることだ。これができさえすれば、中国は大いに希望がある」として、この政策の不変性を強調している。このような路線を貫徹するために彼は現状を辛辣に批判して次のように述べている。

*24 『北京週報』一九九四年六、七号。

「改革・開放で大きく足を踏み出せず、突き進む勇気がないのは、とどのつまり……資本主義の道を歩んでいるのではないか、と恐れているからだ。その急所は資本主義のものか、社会主義のものかの区別ができないことだ。判断の基準は主として、社会主義社会の生産力の発展に有利かどうか、社会主義国の総合国力の増強に有利かどうか、人民の生活水準の向上に有利かどうかであるべきだ。……われわれは強みをもっている。国営大中型企業があり、郷鎮企業があり、それより重要なのは政権を握っていることだ」。「計画が多いか、それとも市場が多いかは、社会主義と資本主義の本質的区別ではない。計画的経済イコール社会主義ではなく、資本主義にも計画はある。市場経済イコール資本主義ではなく、社会主義にも市場がある。計画と市場はともに経済手段である。社会主義の本質は、生産力を解放し、発展させ、搾取をなくし、両極分化をなくし、最終的には共に豊かになることである。……社会主義の道を歩むのは、共に豊かになることを逐次実現するためである。……先に豊かになった地区が利潤と税金を多く納めて、貧困地区の発展を支持することである。もちろんそれを急ぎすぎてもならない。いまは発達地区の活力を弱めてはならず、〝大釜の飯（悪平等）〟を奨励してもならない」。

鄧小平が現状をこのように批判しつつ改革派を激励する背景には、「現在、周辺の一部の国と地域の経済発展はわれわれよりも速い。もしわれわれが発展せず、あるいは発展があまりにものろいなら、大衆がちょっと比較してみるとすぐ問題が出てくる。……効果を重んじ、品質を重んじ、外向型経済をやりさえすれば、なにも心配することはない。低速度は停止に等しく、いや後退にさえ等しい。機会をつかまなければならない。いまこそ好機である」という焦りが明瞭に看《み》て取れる。さらに語を継いで「われわれのような発展途上の大国にとって、経済発展は速くなければならず、いつも平静、穏当というわけにはいかない。……安定と調和とは相対的なもので、絶対的なものではない。発展こそ根本的道理なのである」と強調するとき、彼の目標は社会主義の実現というよりも、むしろ中国を大国化することにあるようにさえ見られる。

このようにして中国共産党（鄧小平）の方針は、一四回大会の翌年一九九三年三月一五日から開催された第八期全国人民代表大会第一回会議で、一九八二年に制定された現行憲法を改正するという形で明文化された。その要点は、「国家は社会主義公有制を基礎として、計画経済を実行する」を「国家は社会主義市場経済を実行する」に変え、また前文に中国は社会主義初級段階にあるというくだりを書き入れたことである。これが今日の中国社会主義の到達点なのである。はたしてこの理論的実践的到達点は、あの建国前後に中国共産党と中国社会主義を特徴づけていた歴史的特質を止揚したと言いうるであろうか。とりわけ今日のように「冷戦」が終結し、中国自身が内外に平和的な安定した環境を欲するような状況のもとで、短期的な歴史における「戦時共産主義・軍事兵営共産主義」と長い歴史的伝統である「中華帝国」的特質を止揚しえているかどうか、あるいはその方向を提起しているかどうかが、われわれの関心事である。

「戦後五〇年」と中国社会主義の将来

最後に今後の方向性と日中関係の将来について述べておきたい。中国の将来の見通しについては、長期的・短期的の両方からさまざまな見解が出され論じられている。長期的見通しについて最も楽観的なのは、すでに紹介した鄧小平の「南方巡視時の談話」であろう。

もともと彼は八〇年代の初頭に、今世紀中には国民総生産を四倍化し、一人当たり所得を千ドルに引き上げて「まあまあの生活水準（小康）」とし、さらに二〇五〇年には四千―五千ドルの中水準の国にすると同時に、軍事力をもソ連並みにすることを主張していた。そのためにこそ、なによりも生産力の発展と人口増加の抑制を強調し、またそのために、中国の国内だけでなく周辺の国際関係をも平和的に安定させる必要があるとしていたのである。この基調はさきの「談話」でも変わっていないだけでなく、さらに社会主義の不変と勝利を強調するとともに、アジア周辺諸国を意識して生産力のスピード・アップという点を大胆に主張するにいたっているわけである。このおりの展望は今日では実現不可能であることは明らかだが、その後に発表された中国科学院の二一世紀末にいたる発展戦略では「国の総合力」についての壮大な展望が提示されている。[*25] それによれば中国は二〇二〇年から二〇三〇年までに国民総生産（ＧＮＰ）が世界第一位となり、二〇四〇年から二〇五〇年までには国民一人当たりのＧＮＰなどの重要指標が二〇世紀末時点での先進国レベルに達し、第三段階の二一世紀末には先進国に追いつくとされている。

ところでこのような壮大な展望は、社会主義の未来との関連で提起されたものであることは明らかであろう。鄧小平「談話」の結論部分では次のように語られている。「世界でマルクス主義に賛成する人が増えるものと確信している。それはマルクス主義が科学であるからだ。……社会主義は長い過程をたどって発展し、必然的に資本主義にとって代わるであろう」。またこの「談話」を受けた第一四回党大会での江沢民報告の最後尾部分では次のように述べられている。「社会主義は人類史上のまったく新しい社会制度であり、社会主義はかならず資本主義にとってかわる。それは社会の史的発展の全般的傾向である」。

＊25　『毎日新聞』一九九五年五月二一日付。

「いまから来世紀の中葉までは、祖国の繁栄、興隆と社会主義事業の隆盛、発展にとって、きわめて重要かつ貴重な時期である。……九〇年代末には、われわれは新しい経済体制を初歩的に打ち立て、まずまずのレベルに達する第二段階の発展目標を達成しなければならない。さらに二〇年の努力を経て、党創立百周年の頃になれば、われわれは、各分野でより成熟し、より定型化した制度を生み出すことになろう。この基礎をふまえて、来世紀中葉の建国百周年の頃になれば、社会主義現代化がほぼ達成されるにちがいない」。

しかし、このような壮大な長期的展望と確信を示す一方で、鄧小平は中国共産党の存続とその指導性を中核とした「四つの基本原則」を強調するとともに彼の死後のことを非常に懸念していた。「カギは人にある」とか「つまるところ、カギは共産党内部を立派にやることだ」と繰り返し強調しているということは、換言すると、一方で政治と経済の分離、党と法治主義との厳密な区別・分離などを主張しながら、プロレタリア独裁が二一世紀にもずっと続き、しかもそれは一党独裁であるのみならず、そのなかでの人と人との関係が最も重視される体質（人治主義）というものが残り続けるということであろう。社会主義への明るい展望と、「中国の特色をもった社会主義」が共産党の天下の永続に直接結びつけられているというところに私としては矛盾を感じざるをえない。

では、このような中国共産党の一党独裁的体質に変化の可能性はないのであろうか。私は前掲の自著『中国—民主化運動の歴史』において、この党の自浄化能力が一定程度は残されているとして、その条件を論じたことがある。

さきに紹介した『鄧小平後の中国』という本のなかでは、有名な作家の劉賓雁《りゅうひんがん》が次のように語っているのも、私と異なった観点からではあるが、ある意味では党の自浄化を指摘したものと受け止められる。「鄧小平のこのような偏った奇形の経済成長というものは、毛沢東時代のそれととてもよく似ていると思います。毛沢東は政治のみに力を入れその他のことを考えず、反対に鄧小平は経済以外のことを考慮していないのです。その結果、どちらも人間を歪めることになったのです。これはあらゆる問題のなかでも最も憂慮すべきものの一つです」。党は鄧小平以後も「依然として軽視できない力として存在します。なぜかというと、比較的政治経験の豊富な人たちというのはこの党のなかにしかいないからです」。「この党の健全な勢力が分裂し、とび出すことができれば、この党は今後もやはり中国の第一の党となりうるでしょう」[*26]。

*26　前掲『鄧小平後の中国』下巻。

「戦後五〇年」における日中関係の諸段階

長期的短期的展望については、なおたくさんのことを言わなければならないが、時間がなくなってきたので、ここで最後に、戦後五〇年における日本と中国との関係、およびすでに述べた中国の将来展望と日本とがどのようにかかわってくるのかについてお話ししておきたい。

さて、戦後のほんのわずかな一時期、東アジアにおいては連合国による秩序安定が模索されていたから、米ソの協調は曲がりなりにも維持されてきた。そのもとで日本軍国主義復活の阻止のために、軍閥・財閥の解体をはじめ上からの民主化が進められた。このような国際的状況のもとで、中国における国共内戦の危機もしばらくは回避され、国共協力による「独立と統一、民主主義・自由と富強の新中国」をめざすいわゆる「平和と民主主義の新段階」が可能となっていたが、それも両党間の対立の激化に加え冷戦の深刻化とともに最終的な内戦の勃発となり、ついに新中国の成立となった。そしてそれが社会主義陣営に属することを明白にするにつれて、日本の再軍備と保守反動化が急速に進められた。

今日から見て、この過程が日本人の精神構造と感情に決定的だったのは、新中国がナショナリズムにもとづく国民国家の創設の過程で成立したことを十分に理解しないまま、アメリカの世界戦略のなかに組みこまれ、そしてヌクヌクと成長しつつ反共意識を定着させてしまったこと、そのことが戦後の民主主義の徹底化を中途半端なものにするとともに自らの侵略戦争への反省と自省とを欠如させ、さらに中国とアジア諸国への戦争責任を希薄化させてしまったことである。まさに「共産主義という妖怪」が、アメリカの核の傘のもとで日本の急速な経済復興と政治の方向とを正当化したというべきであろうし、同時にそのことが中国の社会主義を、すでに述べてきたようにきわめて特異なものにしたのである。

これを中国との関係でいえば、このような過程こそが台湾の中華民国を中国の唯一の正統政府とする欺瞞《ぎまん》を二十数年間も続けさせた原因であり、逆に一九七二年以降は、二千万の人民が一定の独自性を保持して実効支配している台湾を、中国の内政問題だとする欺瞞をとり続けさせた原因ともなったと思われる。きょうのテーマは冷戦を論ずることではないので、これ以上触れないが、要するに冷戦に見られたような戦後の東アジアの特殊な国際的環境が、中国の運命を決定づけ、社会主義政権を誕生させたのであり、その同じ環境が日本の経済復興と高度経済成長を可能にした反面で日本人の精神構造と感情を形成したといえよう。

これを「戦後五〇年」のあいだ、中国そのものの変遷を見続けてきた日本人の「目」と姿勢という観点から簡単に再整理してみよう。さきに紹介した江沢民の中国社会主義建設の三つの段階を思い起こしていただきたい。

第一の段階（中華人民共和国の成立から一九五七年まで）。日本は冷戦と「中国封じ込め」体制の重要な一環として位置づけられていた。朝鮮戦争は中国の社会主義建設を否応なく加速化させるとともに、「戦時共産主義」的な性格をいっそう強くもたせることになった。他方日本は、アメリカの庇護と支持のもとで朝鮮戦争を利用して経済復興、再軍備、保守化を強行した。しかし、一部では政経分離で経済関係にかぎった交流が日中間に芽生える。社会主義・共産主義への恐怖が日本の世論の主流だが、日中国交回復運動も始まっていた。この運動の基本理念は、いうまでもなく大陸を実効支配している北京政府を中国の唯一合法的な政権として承認するという至極当然な要求であるが、それを阻んでいる反共主義への反発と社会主義への畏敬の念が強く作用していたことも否定できない。インドのネルーとの関係、バンドン会議などに見られる中国のいわゆる周恩来外交といわれる「封鎖」孤立からの脱出をめざす努力に対する共感も、背景にあった。

第二の段階（一九五七―七八年まで）。自力更生という名の閉鎖的社会主義建設への没頭、いうなれば毛沢東型社会主義の実験が進められる。この時期、せっかく芽生えていた日中交流が長崎国旗事件（一九五八年五月）で途絶したり、台湾海峡事件（一九五八年）が発生したりして日本の軍国主義化への警戒心が高まる。一九六〇年代の日米安保条約改定反対運動への支持・支援、アメリカによるベトナム戦争への反対などの国際情勢への外向きの鋭い感覚は、「政治闘争・階級闘争至上主義」（文化大革命）という内向きの姿勢によって歪められ、外側世界でなにが進んでいるのかを、とくに日本の高度経済成長とアジアＮＩＣｓ諸国の経済発展を理解できなくさせてしまった。

他方、日本ではアメリカの世界戦略・帝国主義支配に反発する勢力において、中国への理解と共感が一定程度進んでいた。社会主義への理解と共感も進み、日中国交回復運動がベトナム支援の国際連帯運動と結びついて盛り上がっていた。この情勢を途絶させたのは中ソ対立と文化大革命であった。政治的共感と連帯意識は恐怖心と疑念に変わった。一九七二年のニクソン訪中、田中訪中によって米中、日中関係の急速な進展が見られたのは、日中両国のこれまで積み上げてきた下からの人民連帯と友好運動の結果ではなく、アメリカのベトナムでの敗北、ドル危機を打開しようとする努力と、文化大革命によって打撃を受けた中国経済、とくに民衆の生活の悲惨さを基礎に、ソ連に対する脅威感をもって孤立から脱出しようとする中国側の認識とが一致したためである。西側からいえば、地球上最後に残された「唯一の単一市場」としての中国がクローズアップされたのであり、中国側からいえば、孤立と経済危機の打開には世界システムに参入するしかないという認識が芽生え始めたといえるかもしれない。西側との経済関係の促進によって、中国はまだ閉鎖的社会だが、水が浸透するように外側世界の空気が流れ込み始める。しかしまだ毛沢東の在世中は大胆な政策転換は行なわれず、「社会主義と資本主義という二大陣営」は崩壊したとしてソ連を主要な敵とするにいたったものの、アメリカ帝国主義にも反対するという警戒心はまだ強く残っていた。

第三段階（一九七八年以降）。中国が経済建設中心に方向転換したことによって、一気に日中関係が進展した。横山宏章は、「この二十年間に大きく変わった日中両国をとりまく内外環境は、整理すると、⑴東西冷戦の終焉、⑵中国における社会主義からの離脱、⑶台湾の経済的台頭と政治的多元化、⑷日中の競合化現象、の四点に要約」できるとしている。[*27]大きな流れとしては妥当な指摘だと思う。いずれにせよこの時期、中国を社会主義国家と見るかどうかよりも、巨大な市場としての価値の側面を重視する観点が横行する。このような過程を経て、一九七八年以後、中国は経済発展戦略に転換し、西側諸国（資本主義）に中国ブームが起こる。資本主義市場として期待が高まっただけでなく、それが具体化し現実のものになってきたからである。

しかし、中国の姿勢は、毛沢東時代であろうと鄧小平時代であろうと、一貫して諸外国の思惑と平和的環境を利用しつつ自国の至上課題である「富国強兵」を達成しようというものであったから、日本などが期待し夢想するほど甘いものではありえなかった。日本の侵略を忘れたわけではないことを知らせる一九八二年の教科書問題、八九年の天安門事件での人権抑圧批判に対する九一年の「人権白書」のような反批判があり、九五年「独ソ戦勝利五〇周年」での江沢民のモスクワ演説でも厳しい日本への姿勢がチラついていた。村山首相訪中に対する中国側の反応、台湾総統の訪米についての中国側の強い態度、「戦後五〇年」についての日本の「国会決議」に対する態度、さらには激しい反日本軍国主義キャンペーンなど、日本にとって考えさせられる問題が次々と生じた。このうちとくに「国会決議」は、日本の戦後五〇年に対する日本人としての一つの総括を示すものであるから、そこに見られる日本人特有の「甘さ」、独りよがりで他人の精神や感情を理解しようとしない姿勢、それでいて他人に依存し「腹芸」的に理解させようとする甘ったれた根性、こうしたものに中国側が厳しい目で厳しく反論してくるのは当然予想されたところである。

結局、戦後五〇年、以上に述べてきた「中国の社会主義建設における三つの段階」に対する日本人の対応は、この「国会決議」に端的に表れているということになるわけである

*27　横山宏章『日中の障壁』（サイマル出版会、一九九四年）。

が、この間に、日本人の思惑とは違って、中国の経済発展戦略は世界市場をめぐってだけでなく政治的にも日本との対立的競争の様相を呈してきた。換言すれば中国が強国化・大国化をめざしているのは明らかであるということである。この点について、ある中国人外交官が次のように語っているのはきわめて示唆的であろう。「毛沢東、周恩来から鄧小平まで中国の指導者は、中国は超大国にならず、と繰り返してきました。……中国が貧しいうちはその誓いを立てるのはたやすいことですが、将来強大化しても守り切ることができるでしょうか。……中国が大きな実力を有した世界的な大国になり、……意のままに牛耳るようになったその時、世界の出来事に参与または対処するに当たって、そんなに慎み深くいられるでしょうか」[*28]と。

日中関係の将来について

さて、最後に、日中関係の将来ということであるが、今後、中国は「社会主義市場経済」を志向するかぎり、ますます外側世界と密着することになり、日本との相互依存・相互援助もますます重要になってくるのは当然である。しかし他方では、そうこうするうちに中国の強国化・大国化がいっそう進んでくるのも必至である。そうすると一つの問題はこのような中国と日本とは本当に末永く仲よく付き合っていけるかということと、もう一つの問題は、このような中国に未来の人類の理想的な社会主義像を求めることができるかということである。

このような設問には、かならず反論がなされる。つまり、自分勝手な社会主義像を描き、それに合致しないから社会主義ではない、というのは間違っているというのである。これ

＊28　前掲『鄧小平後の中国』下巻。

は一面では正しいが、他面では誤っていると思う。なぜなら、冒頭でも言ったように、社会主義とは一つの原理にもとづいて本来あるべき人間社会の究極的理想像、美しい人類の未来を語るためにこそ、この世に生まれ、そして運動体として具体化されたものである。したがってその原理を失った、あるいは捨て去った場合、ことばでなにを言おうと、それは社会主義ではない。たしかに中国でも中国なりのあるべき社会主義像を求め、それの実現をめざして社会主義建設に進んできたのであり、その経験と反省のうえに立って、さきに紹介した鄧小平のように、少なくとも二一世紀半ばまでのものを朧《おぼろ》げながら描こうとしているのである。したがって中国は限りなく資本主義に近づいているとはいえ、中国が社会主義像を描かなくなったとか、社会主義を捨てたというのは間違っているかもしれないが、その最終目標が「強国化・大国化」であり、そのうえ政治体制としては、漸進的な「社会主義的民主主義」への過程が展望されうるとしても、鄧小平にせよ江沢民にせよ、どうしても「プロレタリア独裁」という名の「共産党一党独裁」を続けることが社会主義だと言っているように聞こえてしまう。もしそうだとすれば、これはちょっと社会主義の理想像ではないのではないかという、ごく自然で当然の疑念をいだかざるをえないのである。

現実的問題としても、経済発展の一つの帰結としてアジアにおける中国の政治的・軍事的プレゼンスはかならず強まるだろう。そのようなものとして中国が大国化・「社会主義強国化」すると、それは「スターリニズムと中華帝国の専制体制との血のアマルガム」という伝統をひきずった「中華帝国的大国主義」、換言すれば「中華ナショナリズムにもとづく中華世界システム構築への志向」としかいいようがなくなってしまう。そのもとでは中華民族を構成している諸民族の自立自決はますます遠のくであろう。そしてその場合の中華民族の「凝集」軸は、やはり日本への対抗意識を中心とした中華民族意識・感情への訴えかけであろう。私はそれを非常に恐れている。これが予想される最悪のシナリオである。しかしそうはいっても、「四つの現代化」をめざして「改革と開放」政策を遂行していけば、そのかぎりにおいて「開放化、自由化、民主化」も一定の必然性をもって進行するであろう。つまり「社会主義的民主主義の漸進的な発展」である。私たち外国人は、一方で「中華帝国的大国主義化」を率直に厳しく批判しつつ、中国との対話と協調、相互利益の追求を通して、「社会主義市場経済」による「開放化、自由化、民主化」を支持し、それが促進されることを期待するほかに方法はない。さて、その行き着く先がどのようなものになるのか、中国人を含めてだれにも明らかではない以上、また最善のシナリオがいまのところ期待できない以上、私たちとしては最悪のシナリオだけは回避するという気持ちで、中国を見守ってゆきたいものである。

付記

本講演以降、一九九七年九月に中国共産党第一五回全国代表大会が開かれ、公有制の実現形態の多様化、資本主義の利用などの新たな模索が見られた。また一九九九年九月の第一五期四中全会では、国有企業の改革と発展について重要な決定がなされている。これら九五年以降の国内動向については、ここでは触れられなかったが、大きな流れが決定的に変わっているとは考えられないので事実の指摘にとどめる。それとは別に、中国の周辺問題では大きな出来事があった。一九九七年七月一日に香港が返還されたことと、台湾の総統選挙で国民党が敗れたことである。香港返還によって中国のいう歴史的な「統一」への道程が加速化されたように見えたが、しかし、二〇〇〇年三月の台湾の総統選挙で国民党が敗れ、万年野党といわれた民主進歩党が勝利したことは、中国と台湾とが一体であるという虚構の象徴であった「中華民国」の終焉が近づいているとの感を世界中に与えた。だからといって、ただちに台湾独立のブループリントが作成されるとは思えないが、台湾住民の意向がどの辺にあるかはある程度推測可能であり、この点を中国もしっかりと見据えてもらいたいものだと思う。これにつき論じたいことはたくさんあるが、ここではその余裕がない。ただ一人の日本人としては、中国の武力統一といった恫喝だけは一刻も早く放棄してもらいたい、もしそうでなければ、いくら中国が台湾問題は内政問題だといっても、アジア全体への影響の大きさからして黙視しえない性格をもっているとだけ、指摘しておきたい。

終章　中国革命神話の終焉か新たな始まりか

長安路を天安門前広場に向かって行進する「支援」の中学生たち。後ろに北京飯店が見える（1989年５月17日　筆者写す）。

私の願い——日中両国の不変の平和と友好

中国革命についての長いお話しを、そろそろ終えなければならない。じいさまばあさまが語ってくれる冬の夜話というほど面白くもなかったかもしれない。しかし、私の気分から言えば、六〇を越える歳月を生きてきて、そろそろ中国研究の店じまいの準備をしなければならない時期に来ているので、若い諸君のじいさまみたいにシミジミと来し方行く末を語っておきたかったというところである。

私が諸君に中国革命のことを語っておきたかった本心は、ただ一つの願いからである。日中両国間の永遠の平和と友好のために、また一人一人の日本人と中国人とが末長く仲よくしていくために、中国の近現代史（本当は「両国の近現代史」といいたいところだが、私の専門外なので禁欲して）、とりわけ中国革命の歴史を知っておいてほしいということである。

序章でも述べたように、日本人はあまりにも中国のことを知らなすぎる。いやもっと正確にいえば、現代日本人に直接関係のない古い時代の歴史——それは百済への出兵、モンゴルの来襲、秀吉の朝鮮出兵を除けば、両国間に戦争や紛争がなかった前近代あるいは古代のことである——は、やたらと詳しいのに、戦争や紛争が多発した近代以降の歴史は知ろうとしない。古い歴史をよく知っている老人たちの多くが、近代の歴史のなかで日本人が中国・中国人にどのような酷いことをしたかという話をすると、途端に「中国人は大袈裟にものをいう、白髪三千丈式だ」などと知ったかぶりをする。そして悲しいことに、若い世代の諸君がこうした話を真に受けて、たとえば「南京大虐殺なんてなかった、ということを初めて知った」などと、とんでもないことを言い出す始末なのだ。

私は、こういう老人や学者といわれる人々に心から言いたい。ウソを教えてはいかん、南京大虐殺がなかった、中国人のデタラメだなんて、まともな人間の言うことではない。歴史は事実を教えなくてはいけない。ナチス流にウソも繰り返し教えていたら真実のようになってしまうが、そのツケは早く死んでゆく私たち老人ではなくて、二一世紀の若者たちに回ってくるのだと。

歴史の事実は事実として、きちんと教えればよいのであって、それをどのように判断するか、その判断と認識によってどのように日中関係を構築してゆくかは、次代の諸君に委ねるしかないのである。それをシャカリキになって否定して回ると、中国人のほうは、どうも日本人はうさん臭い、なにか隠していてまた同じことをしようとするのではないか、などと痛くもない腹を探られたりする。

私がこのように言うと、きまって「お前は中国人の言いなりになっている、中国人の言うことはなんでも信じてよいのか」などと、トンチンカンなことを言って非難してくる。私がこれまでに書いたもの、語ったことを読んだり聞いたりして、そういう馬鹿げたことを言うなら、まだわかる。ぜんぜん読みもしないで、ごく一部だけをとらえてわめき立てるのである。

中国の近現代史を知ろう

以上のようなことが、実は序章でも述べた「日本人の歴史好き」の一端なのであろう。私は逃げも隠れもしない。私は中国と中国人が大好きだ。しかし、それは人種的民族的な好き嫌いではない。大切にしたい隣の友人だからだ。友人たるものは、お互いの事情をわかりあい、こちらの言い分もはっきりと言うし、先方の言い分も虚心坦懐《きょしんたんかい》に聞く耳をもたなくてはならない。たしかに、本文で語ってきたように、中国人も歴史事実を書き換えたり修正したりすることもある。しかし、中国の内部事情がいろいろあって、そうせざるをえない事情もよくわかるし、その理由についても語ってきたつもりである。しかし、中国人の心と体に傷を負わせたという歴史上の事実は、内部事情ではなくてこの百年間の悪しき日中関係のせいだ。このことを忘れて十把一《じゅっぱひと》からげに物事を見てはいけないだろう。

そのような意味からも、日本人がいちばん見るべき、また知るべき中国の歴史は近現代史だということを繰り返し強調したい。それを直視しないで中国・中国人を語ると、かならず間違いを起こす。訪中する学生、学者はもちろんのこと、ジャーナリスト、商社マン、外交官などは、恥をかきたくなかったら学習して行くべきだ。中国にかぎったことではない。外国に行く人たちは、その国の歴史と地理くらいは最低限、常識程度には学習しておいてほしいものである。二〇〇〇年二月、オーストリアに極右勢力が台頭して政権の一部を構成したとき、ヨーロッパ諸国がどのように反発したか、それはなぜなのか、知らない日本人はほとんどいないはずだ。それはナチスが半世紀前に、ヨーロッパでなにをしたかを知っているからだ。しかし他方、それと同じころ自分の国も同じようなことをやったのだから、ひょっとするとアジア諸国からそのように反発されるかもしれないと考える日本人は少ない。

中国の近代史を知って、日本の過去の侵略の事実はきちんと認め、謝罪するところは謝罪する。それなしには、われわれ日本人が現代中国についてなにか批判めいたことを言うと、かならず「君たち日本人は過去になにをしたか、その反省もしないでわれわれに偉そうなことを言うな」と反撃される。それに対して胸をはって堂々と反論できない。そんな経験をした日本人は多いのではないか。なかには質《たち》の悪い中国人がいて、自分たちが日本人に対して少々悪いことをしても、過去に日本人がやったことに比べれば大したことじゃない、などとひどいことを言う者がいる。これもまたウソだ。過去について反省も謝罪もしないじゃないかと言って批判するのと、現在なにをしても許されるというのとは、まったく意味が違う。こういうことを言う中国人は信用しないほうがよい。

そんなわけで、私には中国人の友人たちが大勢いるし、お互いに大切にしあっていると信じているし、過去と現在のこととは基本的には区別しながら（もちろん過去を前提にしながら）付き合っているつもりである。そう言いつつ、他方で私は随分と手ひどく中国のことを言いすぎたかもしれないとも思う。とくに中国人がいちばん触れたがらない中国共産党の姿について、いちばん尊敬しているはずの毛沢東についてなど。

私は事実をしっかりと見るべきだと言った。中国共産党と毛沢東を神聖視したり神格化したりしてはいけないという心である。中国には神話が多い。神話といって悪ければ、触れてはいけないタブーである。延安神話、毛沢東と中国共産党の無謬性の神話、そして最近では鄧小平神話までつくられつつあるように思われる。

さきに「革命いまだ成らず」といったが、それは革命家たちの革命に対する謙虚な純粋性、献身性をも表現しているように思われる。「いまだ成らない」からこそ、中国革命の精神は生き続けるし、生き続けなければならない。毛沢東はその意味では正しかったが、そのように断定してしまうと、こんどはこのことば自体が一つの神話に転化してしまう。むずかしいものである。

中国革命を語るむずかしさ

むずかしいものと言えば、講義をしたり著述したりしていて、しばしばとても気になるむずかしい問題にぶつかることがある。それは学生に試験で答案を書かせると、はっきりと表れる。本書で語ってきたことに引きつけて言えば、次のようなことである。

まず第一に、近代以降のナショナリズムと前近代において形成されてきた「中国・中国人」およびその「中華意識・思想」との関係である。私の考えでは、近代以降の帝国主義に抵抗する民族解放運動（ナショナリズム）の精神的な基盤として、自分たちを世界の中心だと意識し、それを輝かしい中華の伝統として誇りに思う認識が存在していた。それがあったからこそ、ひどい侮辱や犠牲に耐え抜いてこれたのだろう。それは決して狭量で頑固で融通のきかない排外主義的な精神・思想ではなかった。それどころか、来るものは拒まず、たとえ周辺の民族であろうとも、やって来て中華の世界の一員となりたいと思うものは、みな融合同化して世界の中心である中華の民となりえた。「中華民族」とはこのように幅広い融通無碍《ゆうずうむげ》な性格をもち、それだけに広くて重層的で多元的な文化文明を形成しえたわけである。

ところが近代以降は、その様相が変わってきた。「中国」は固定され、それまでにそこに入ってきていた人々は囲いこまれ、固定された概念のなかで「中華の民」はそこから出てゆくことが許されなくなった。チベット、モンゴル、ウイグル、それに台湾などがそうである。そうなると、かつての融通無碍な中心と周辺の関係も、多様で多元的な文化文明も、一定の動かしがたい形にはめこまれ固定した価値観となってしまう。それは外見上、はなはだ頑固で融通のきかない保守性の象徴みたいに見える。学生たちは、しばしば中華意識・思想を中国の発展（近代化）を遅らせる精神的思想的な元凶のように考えてしまう。ここでは前近代と近代とが断裂してしまう。中華世界の精神的感情的基盤のうえに築かれた国民国家が内包する矛盾、といえるかもしれない。

　第二に、中国の近代と近代化の説明の問題である。本文でも語ったように、私は近代とは資本主義の発展によって世界が一体化されはじめた時代のことだと考える。そして近代化とは、工業化を柱とした資本主義の大量の商品生産とその大量消費、およびそのような社会構造が形成されてゆく過程で、人と人との関係や、人の精神・思想・感情などが大きく変わってゆく状況を総体として示すものと考えている。それは観点をかえると、資本主義の社会構造が形成されることによって、その資本主義から疎外され搾取され抑圧される人々、民族、国が出てこざるをえないということをも示している。

　中国革命の発端である（そして現在も続いている）ナショナリズムは、被抑圧民族の側からする世界資本主義へのもの言い、抵抗であった。このことがわかっていないと、近代化とは資本主義への過程そのものだという認識をひろめてしまう。それだけならよいのだが、近代化はどこの国でも絶対に必要であり必然であると考え、したがってそれは善なるものであり、したがってまた、それをもたらす資本主義化も絶対的な善だと信じこんでしまうという、三段論法が定着する。

　第三の問題は、社会主義というのは、上記のような資本主義の恩恵をこうむるどころか、むしろ厳しい状況に追いこまれる人々の解放のために出現した思想であり、運動であり、夢であったということである。それは究極の人間精神の解放をめざしていたという意味で、真の自由と民主主義の実現なのであった。そして社会主義・共産主義の思想と運動はナショナリズムをもとりこんだ。換言すれば、中国革命はナショナリズムに始まり、その実現のために社会主義を借り、そして真の自由と民主主義を体現したインターナショナリズム（国際主義）を形成してゆくはずであった。つまり第二と第三の問題設定は、実は表裏一体の関係にあるということである。

第四に、現存社会主義は現実には解放の夢を実現しておらず、それどころかすべての社会主義国家が戦争と革命の時代のなかで生まれ育ったことから、さまざまな歪みと矛盾をかかえこむようになり、それが一党独裁や個人崇拝や官僚主義を再生産・拡大再生産する形で定着してしまった。そのために多くの人々は、社会主義を自由と民主主義を否定しその対極に位置するもののように受け止めるようになった。そしてその反動として、資本主義社会こそ自由と民主主義が実現された社会、時代だと信じこんでしまった。近代化イコール資本主義化イコール絶対的善という図式に対するに、社会主義イコール反近代化イコール絶対的悪という図式が描かれることになる。

以上の四つの問題は、それぞれ個別の特有の性格をもつと同時に分かち難く結びついている。しかし、現実の世界の政治社会状況（とりわけ社会主義体制が崩壊し、社会主義国家が世界市場経済に参入してきている状況）からすると、このなかでも資本主義体制の絶対的な優位性（そして善なる存在）、資本主義の不滅の神話が突出して、それを多くの人々の心のなかに、とりわけ若い人々のなかによりいっそう強固に定着させてしまったかのようである。

この個別性とそれぞれの相互関係、歴史における特殊性と普遍性の関係を理解してもらうことが、なかなかむずかしいのである。なぜわかってもらわないといけないかというと、中国がナショナリズムに走らざるをえなかったのはわかるが、社会主義に走ったのが失敗であり、社会主義に進んだから自由と民主主義がなくなってしまったのだという、短絡的な結論に行き着いてしまうからである。ここでは社会主義の理念の普遍性と、戦争と革命の時代に生まれ育った中国固有の特殊な社会主義とが混同されている。そのような結論の根底には、日本に固有の伝統的な反共主義の深い影響もあるし、不況にあえぎながらも、あるいはそれだからこそ余計に現状肯定に走る新保守主義ともいうべき状況を示しているのかもしれない。

私はこうした状況を一概に否定的に論じようとしているのではない。そうではなくて、短絡的で感情的な認識を排して、世界の歴史の動き、その構造を科学的に論理的に把握する理性・理知を若い諸君に期待したいだけなのである。したがって、話の重点がどうしても資本主義を相対化し客観視することになるが、それは学生諸君から見ると社会主義擁護論に聞こえるらしい。

神話の終焉か始まりか

かつて世界と日本の多くの若者の心をとらえた社会主義神話は、間違いなく崩壊しているが（そのようなものが存在したこと自体が、現代の若者たちには不可思議であるらしい）、他方で資本主義不滅の勝利の神話をも信じきれない人々も、当然のことながら多い。

神話は夢と憧れの表象である。中国人たちが革命に憧れ、その勝利とそれによってもたらされる未来の幸せを信じたとき――すなわち、すでに語ってきた伝統的なイメージでいえば「大同の世」の実現である――、それをこの世にもたらしてくれると多くの人々、とりわけ中国の圧倒的多数の住民である農民が信じたとき、中国共産党と毛沢東への無謬性の神話が成立した。

だが、現実の貧しい生活に直面し、その一方で権力者たちの恣意的で特権的な生活の上にあぐらをかいた醜い権力闘争をしょっちゅう見せつけられて、多くの人民は幻滅を感じ夢と憧れを喪失していった。それは神話とそのなかの神々を地上に落としめた。しかし、現実が酷いものであればあるほど、人民はさらなる夢と憧れをもちたがるに違いない。すなわち、神話は決して消滅しないのである。しないどころか、逆に復活再生する可能性が大きい。ここに当今の権力者たちの矛盾がある。かつて神話をつくってそこに人民を結集させたが、今度は逆に過去の神話の亡霊が、現在の権力者の失点を暴くかもしれないからである。ここにおいて「革命いまだ成らず」ということばと認識もまた、ある種の神話となる。

私たち日本人が、中国人の心のなかにまで踏み込んで忖度《そんたく》するのは僭越《せんえつ》であろう。私たちは他人の神話をとやかく言う前に、自分たちの精神、思想、感情をしっかりと見据えるべきであろう。日本にも天皇制にまつわる建国神話が存在したし、いまだにそれを信じたがっている人々がいる。それは明らかに中国近代の神話とは異質のものである。日本の神話が人々、とりわけ普通の庶民に幸せをもたらしたことはない。

他人は己の鏡である。私は中国のことを学び、とりわけその近現代史を学ぶことの意味はそこにあると思っている。もちろん中国史以外の外国史を学ぶことも大事である。本書が、このような私の気持ち、思いを少しでも多くの人々、とりわけ若者たち、学生たちに伝えてくれることを心から願う。

付　中国革命の世界史的意義

注記　序章に記した、一九七三年までの香港滞在から帰国して間もなく、私は関東学生中国研究会連合で講演する機会を与えられた。あの訪中旅行に参加させてもらったお礼の意味もこめて、大学院生に毛が生えた程度の学習程度ではあったが、引き受けた。初訪中以後の出来事と香港での研究、および日中国交正常化の意味を自分なりに考え整理しておこうという気持ちが強かったのだと思う。文化大革命の大混乱を目のあたりにして、困惑している私自身の内面的な葛藤を露呈している拙い見解――若気の至り――であり、当時の通説に従っているので（たとえば、「半植民地・半封建社会」論、「四大家族」論など）時代遅れと言われるかもしれないが、ここで述べている「世界史的意義」そのものについての考え方は基本的に変わっていないように思うので、あえて巻末に収録して俎上《そじょう》にのせることにした（原載は『中国研究』第五五号、一九七四年一〇月）。

中国研究の原点として

きょうのテーマは「中国革命の世界史的意義とその今日的意味」ということですが、これは大変むずかしいテーマです。というのはわれわれ研究者が中国革命を研究してゆくうえで最初に考えるのがこのテーマであり、研究を深めてゆく過程でつねに立ち戻ってくるのもまた、このテーマであり、したがってこれは中国研究の出発点でもあり終着点でもあるからです。ですから、きょう私が述べることも、ここから出発して試行錯誤的に研究を行なっている私の中国史研究の中間報告であると考えていただきたいと思います。

ではなぜ、われわれ研究者にとどまらず、一般に中国に関心をもつ人々が、こういうテーマを考えざるをえないのか。これは単純に考えれば明らかなわけで、中国革命を特殊的に取り上げて評価するということでなくても、世界史の巨大な流れのなかに占める中国史の比重、そのなかで中国革命の比重、そしてまた今日の世界のなかに占める中国の地位・位置ということを考えるとき、いやおうなしに考えざるをえないわけです。しかし同時に、中国革命が勝利した段階における世界史的な意味と、今日においてもそれが一貫して同じものなのかどうかという問題とは、いささか違っていると思います。それは、たとえばロシア革命を考える場合においても、ロシア革命が世界史的に果たしてきた役割・意味と今日のソ連が現実に果たしている役割・意味とが同質なのかどうかという問題を考えたとき、同じ疑問が当然出てくると思います。

四つの矛盾のからみあい

本論に入ります。まず最初に中国革命の時代とその特質ということを振り返ってみましょう。中国革命が展開される時代的な背景について簡単に述べておきますが、ふつう中国革命というのは五四運動（一九一九年五月四日）からと言われています。この時期、つまり一九一九年前後の世界情勢で強調しなければならないのは、第一次大戦（一九一四—一八年）とそのひとつの結果として出てくるロシア革命（一九一七年一一月）です。よくいわれる毛沢東のことばに、「十月革命の一発の砲声は中国にマルクス・レーニン主義をもたらした」というものがありますが、これに象徴されるようにロシア革命が中国革命に与えた影響ははかり知れないものでした。

では、第一次大戦とロシア革命によって世界はどのように変わったのか。私は四つあると思います。一つは帝国主義体制が一部において崩壊したこと。二つめに社会主義体制と帝国主義体制の対立の時代に入ったこと、つまり一九世紀末から二〇世紀はじめにかけて帝国主義が成立した、帝国主義の時代に入ったとするならば、一九一七年以後はその帝国主義体制の一部を掘り崩して、二つの体制が対立する時代になったということです。この点は中国革命を考えてゆくうえでも十分認識しておかなくてはならないことです。逆にこれを認識せずに中国革命そのものだけに目を向け、中国革命を特殊的に取り上げようとする傾向が強まっていることからも、世界史的な構造的な問題としてとらえてゆくことが必要であると思います。三つめにこの二つの根本的な問題から導き出されてくる問題は、ロシア革命の影響により資本主義国においても社会主義革命をめざす運動、あるいは一般的労働運動の高揚が見られること、同時に四つめに帝国主義体制が一部で掘り崩されたことにより民族解放運動が盛り上がってきていることです。

二つの体制が存在し、対立・抗争することによって、これ以後の世界には四つの矛盾が存在することになりました。すなわち帝国主義と社会主義の矛盾、帝国主義と植民地・従属国の矛盾、資本主義国内部での階級的矛盾、帝国主義間の帝国主義同士の矛盾、この四つの矛盾が一九二〇年代に入る前にできていたと思います。したがって、これ以後の世界史は四つの矛盾が複雑にからまりあいながら動いてゆくわけです。革命勢力の側からいうと、このからまりあいに応じて世界革命の戦略と戦術を立ててゆくわけです。もちろんこの四つの矛盾は複雑にからみあっていてその矛盾の現れ方というのは国によって、あるいは民族によってさまざまな違いがあります。中国革命に引きつけて言うならば、段階ごとにこの矛盾の現れ方が違っているわけです。だから各国、各民族における各時期の四つの矛盾を基本にした、いろいろな複雑なからみあい、その現れ方をじっくり見てゆく必要があります。この点を抜きにして、単に一国史における現象的な面だけを追ってゆくと、その現象を非常に特殊化したり、逆に特殊な事例を一般化してしまったりする誤りが生じてくるわけです。

中国でもやはり四つの矛盾が存在していました。しかし、中国の社会体制は「半植民地・半封建社会」であったといわれるように、帝国主義対民族の矛盾と、もう一つの矛盾、封建制度[*1]対一般民衆——この一般民衆のなかには民族ブルジョアジー、小ブルジョアジー、農民、プロレタリアートなどが含まれる——という階級矛盾が主要なものでした。主として、この民族矛盾と階級矛盾の二つの矛盾がからまりあって中国革命を彩ってゆくわけです。そしてこの二つの矛盾の現れ方によって、つまりどちらが「主要な」矛盾になるかによって中国革命の性格は規定され、戦略・戦術も決定されるわけです。

それでは中国において、中国固有のこの二つの矛盾と中国を取り巻く世界的な四つの矛盾がどのように現れているのでしょうか。

まず、この「半植民地・半封建体制」というものは一体どういうものか。世界の帝国主義列強が複合的に中国を支配している、ということが基本で、つまりふつうの植民地のように一国の支配下にある植民地ではなかったということです。たとえば義和団事件のときに八ヵ国が干渉戦争を行なったように、少なくとも八つの帝国主義がそれぞれ中国に権益を持っており、これらが自己の権益を守ってゆくために中国国内の封建勢力と結びついて

*1　中国が封建制という場合、明らかにヨーロッパや日本のそれとは異なる。皇帝—封建領主—農奴という関係は周の時代にあったとする説もあるが、ヨーロッパのような契約関係ではない。したがって、中国には封建制といわれるような実態も形態もないが、「封建遺制」と見られるような古い社会の仕組み、慣習は強固に残存していたのであり、これをマルクス主義史観の発展段階説に当てはめようとして、強引に地主階級を封建領主層に想定した「封建制」と理解しようとしたのである。あえていうならば、「中国的封建制」とでも表現すべきであろう。経済的社会的な規定というよりも、政治的な規定——階級勢力の配置と革命の戦略戦術の必要性による——と考えるべきかもしれない。

いる、という関係になるわけです。つまり中国革命はふつう反帝反封建闘争といわれていますが、帝国主義に反対する場合は、国内における軍閥に反対し、軍閥つまり封建勢力を打倒することを通してはじめて帝国主義と対抗してゆくという関係になって出るわけです。だから、反帝反封建という中国革命の二つの課題は具体的には軍閥つまり封建勢力、軍閥の経済的基盤をなしている地主勢力、これを打倒することなしに達成することはできなかったわけです。この点に特色があったと思います。

換言しますと、中国の民衆が直接に打倒する目標は封建階級・封建勢力[*2]でしたが、同時にその背後にあって中国を支配している帝国主義——帝国主義というものは世界的なブルジョアジーです——を終局的な目標とするナショナリズム運動であったということです。この点にこそ、中国革命がプロレタリア革命の時代に生まれた民族民主革命（ブルジョア民主主義革命）であるという世界史的意義を与えられる最も根本的な理由があるわけです。

*2　封建制についてはすでに述べた。ここでいう封建階級とは、古い政治社会勢力である「軍閥・地主」を指している。中国がわざわざ「半封建」といったのは、すでに資本主義の混入がある程度古い社会構造を解体しつつあることを認めているからであり、「半資本主義」といってもよかったわけである。

広義の中国革命の時期区分

ところで、一般的に中国革命という場合、一九一九年の五四運動から新中国の成立までを指すのですが、より広義にはアヘン戦争以来の近代以降今日までを指す場合もあります。かりに広い意味でいった場合には、これを三つの段階に分けることができます。すなわち、旧民主主義革命、新民主主義革命（さきの民族民主革命、ブルジョア民主主義革命を毛沢東流に表現したもの）、社会主義革命です。

この旧民主主義革命というのは、農民の土地獲得の要求を基本に、清朝という封建体制を打破しようとした戦いです。たとえばよく知られているように、太平天国とか、義和団とかいうものも、基本的には農民の土地所有をめざす、封建勢力を打破しようとする動きです。しかしそこでは革命の指導者、あるいは指導方針が明確でないために、太平天国のようにすぐれて鋭く農民の要求を提起していていた戦いにおいてすら、あたかも王朝体制、封建王朝の再構築と見まがうばかりの結末に至ってしまうわけです。太平天国が近代的なブルジョア革命を志向するものだったかどうかということは議論になっていますが、要するに封建体制を打破しようとしたことは確かなわけです。けれども明確に封建体制打破というスローガン、方針といったものを提起することができなかったし、提起できるような指導者がいなかったために、太平天国王朝のごときものをつくって潰されてしまわざるをえなかったのです。しかしその場合でも、義和団事件や辛亥革命期には、すでに世界が帝国主義段階に入っていたことと関連して、農民の排外主義的暴動という、帝国主義の側からいえば野蛮な一揆主義的な運動さえもが、客観的には民族主義的な反帝運動となっていたということです。農民の排外主義的な暴動が、帝国主義列強の真の姿を中国人民の前に明らかにしてゆく役割を果したことは否定できません。

辛亥革命（一九一一年）については、ご存知のように孫文らの革命派の役割が著しいわけですが、彼らは清朝に反対する運動と、排外主義運動に見られるような民衆の反帝国主義運動を十分に結合させることができず、結局、帝国主義に利用された軍閥、袁世凱だとかいった帝国主義にあやつられた軍閥勢力によって、革命の成果を奪われてしまったわけです。ここでは、明確な革命のスローガンが欠けていたということ、それから反封建と反帝国主義の二つの闘争の結合が不十分であったということ、さらに排外主義的な農民運動や税金に反対する運動というのはたくさんあったわけですが、そういう農民運動をこういう一つの政治的な方向に結集させてゆく力というのが欠けていたこと、つまりそれを提起するような階級、政治勢力というものがまだ十分に成熟していなかったということ、こういったことが旧民主主義革命における農民を中心とした一般民衆の敗北の主要な原因であったと思います。

このような欠陥は、たとえば、最も革命的なブルジョア民主主義者といわれる孫文においてもずっと存在していたのであって、彼も一九二四年の国民党一全大会に至るまで、民衆のエネルギーを反帝反封建の方向へ結集してゆくという問題などについて十分認識していなかったというのが実情です。孫文が民衆のエネルギーであるとか革命性というものを認識するのはロシア革命以後のことです。その意味でもロシア革命の意味は大変大きかったと思います。孫文はそれまではある軍閥を利用して他の軍閥を倒そうとしたり、あるいは帝国主義のお情けというか同情をかって、それでもう一方の帝国主義を押さえようとしたりして、労働者、農民と密着してゆこうという姿勢は、非常に弱かったといえると思います。

次に第二段階、いわゆる新民主主義革命の段階です。その第一の特徴は、すでに述べたようにロシア革命により国際的なプロレタリアートの援助が期待できたということです。レーニンがコミンテルンの第二回大会（一九二〇年）で、国際的なプロレタリアート、ソ連を先頭とする国際的なプロレタリアートの援助があれば、遅れた後進国あるいは後進民族においてもソヴィエト権力を樹立することができる、というふうなことを言いました。今日ではコミンテルンやソ連の役割が軽視されていますが、一九二〇年代、五四運動以後の中国ではロシア革命の成功と国際的なプロレタリアートの援助が期待できたということは、理論的にも実践的にも大きな意味をもっていたと思います。

第二の特徴は、これも第一次大戦によって導き出された中国における民族産業の発達という問題です。この民族産業の発達によって民族ブルジョアジーが成長し、その指導下にボイコット運動だとか国貨＝国産品愛用運動だとかいうような運動、あるいは反帝運動が盛りあがったと思います。

第三に、民族ブルジョアジーが成長するということは、ブルジョアジーの対極に同時的に出てくるプロレタリアートの力も強くなったということです。この民族産業の発達、プロレタリアートの成長が五四運動のなかではじめて政治的に表面だって出てくるわけです。そういう意味で、五四運動において中国のプロレタリアートがはじめて政治の舞台に登場してきた、といわれています。言い換えれば、反軍閥の闘争においてプロレタリアートが先頭を切って闘えるような状態になってきたということです。中国のプロレタリアートは先進的な諸国のプロレタリアートといささか異なって（もちろん階級的規定はなんら異なるところはないのですが）、半植民地・半封建の状況下に置かれていたという点、すなわち単に自分の国の資本と対抗するというだけではなくて、帝国主義企業のもとで働いていたということから国際的なブルジョアジー、国際的な資本と直接に対抗するという関係になっているわけです。

最初に述べたように、これは中国の特殊な政治・社会構造からくる中国のプロレタリアートの特殊性ということになるかと思います。単純な生活擁護の闘争とか単純な民主主義を守ろうという闘争すらもが、それだけにとどまらず、世界のブルジョアジー、金融資本と直接に対抗せざるをえないという関係にあるので、中国のプロレタリアートというのは生まれながらにして帝国主義に反対するという性格、闘争課題を意識せざるをえない状況にあったわけです。したがって、先進的な国々における社会民主主義政党とか労働貴族といったものが中国に生まれる余裕はほとんどなかったわけです。

同時にまた、中国の労働運動というのは最初アナーキストによって支配され、それにアナルコ・サンジカリズム、労働組合主義的な傾向が非常に強かったのですが、それが第一次大戦以後のプロレタリアートの増大とその地位の向上という過程を経て、徐々にサンジカリストやアナーキストの影響から離れてゆき、それ以後は、だいたい中国共産党の影響下に入ってゆきます。もちろん蔣介石政権下の御用組合――中国流にいうと「黄色組合」ですが――そういうものがなかったわけではありませんが、民族改良主義的な、あるいは社会民主主義的な改良主義や妥協主義というものが、帝国主義の収奪があまりに厳しいために、資本のおあまりをいただいて一部のプロレタリアートが労働貴族化していくという構造がほとんどありえず、そういう意味でプロレタリアートは資本だとか帝国主義に対して幻想をもつことができなかった。賃上げなどを通しても帝国主義と真正面から対立せざるをえない性格だったわけです。

以上述べたことは、広い意味での中国革命における階級的配置、中国革命の課題とその動き方が基本的にどういうものであったかということです。ここでは狭義の中国革命――「新民主主義革命」――を対象として論じることが主題なので、その具体的な過程に即してみておきましょう。

中国革命の過程と特徴

最初の段階は国民革命とか大革命、第一次国内革命戦争時期といわれます。この段階にはいくつかの特徴がありますが、まずプロレタリアートの成長と、その前衛として中国共産党が生まれました。それは国際的なプロレタリアートの援助、つまりコミンテルンの指導のもとではじめて生まれたということ、これが第一の特徴だろうと思います。第二の特徴は、ふつう国民革命といわれるように、民族ブルジョアジーが大変革命的な姿勢で参加してきているということです。プロレタリアートとブルジョアジーのヘゲモニー争いは中国革命の始まりから終わりまで一貫して存在しているわけですが、しかしこの国民革命の段階では、民族ブルジョアジーが革命的であったことによって、はじめて第一次の国共合作が可能だったわけです。したがって、第三の特徴は、プロレタリアートとブルジョアジーの統一戦線としての国共合作が成り立ったということです。ただし、ふつう統一戦線といえば国共合作といわれるのですが、統一戦線の形態というのはたくさんあって、たとえば中華人民共和国が成立する直前にできた政治協商会議というものも新しい権力をつくっていくための統一戦線の形態でした。実はこの一九四九年の政治協商会議の一つの先駆的な形態というものがこの国民革命の時期にすでに出ていて、それをふつう「国民会議」といっております。また有名な五・三〇運動、一九二五年五月三〇日に全国を巻きこんだ大民族闘争のなかで出てくるのが工商学連合会です。すなわち、この国民革命の段階では統一戦線の形態として三つあった。国共合作、国民会議、工商学連合、こういういろいろなパターンの構想があって、全国民的な結集をめざす反帝反封建のための統一戦線がつくられていったわけです。この統一戦線のめざすところは、統一戦線を基礎にした民族民主連合政府をめざす闘いであったといえます。

民族民主連合政府というといろいろ議論があって語弊がありますが、要するに封建勢力と帝国主義を除いたすべての国民諸階層、諸階級を結集した統一戦線、その上に打ち立てられるべき政権が、すでに中国革命の開始の段階で出てきていたということです。これは大変すばらしく驚くべきことであったと思います。今日、〝中国革命の原点は井岡山にあり〟という人たちがたくさんいますけれど、私は国民革命原点説です。原点という場合、主要なメルクマール、革命の主要な目標は権力の奪取であり権力の新しい構築であるということから、この国民革命で統一戦線にもとづく民族民主連合政権のようなものが打ち立てられたという点で、やはり原点をここに置くべきだろうと考えるわけです。それは広東の国民政府とか武漢の国民政府などに実例を見ることができます。もっと進んだ形態では上海の労働者政権ができていたし、わずか三日で崩壊しましたが広州コンミューンというものもありました。さらに国民革命の時期には政権を打ち立てるために武力闘争が必要であり軍隊が必要であるという考え方もすでにできています。毛沢東が「中国革命の三つの宝」という形で提起した党、統一戦線、武装闘争というものは、実はこの国民革命の段階にすべて出そろっていましたし、革命の最終的な目標である新しい権力の樹立という問題までもがこの段階にできていました。ここに国民革命のすばらしさがあったと思います。

さて次に第二期のソヴィエト革命です。この特徴はひとことで言うと中国共産党が単独で指導した革命であるということです。つまり前の段階では、国民革命がプロレタリアートと民族ブルジョアジーの統一戦線による革命指導であったとすれば、この土地革命はプロレタリアートの単独指導による革命でした。それだけ革命の幅はせばまってゆくわけですが、そのかわり土地革命すなわち農民のエネルギーを底辺から掘り起こしてゆく、引き出してゆくという点では、革命が一層深まったといえるわけです。

そこで中国の最大の敵である帝国主義はこの段階になると、実際に自分らが手先として使っていた軍閥が統一戦線の前にもろくも崩壊していった事実を見ていますから、もはや封建的な軍閥、地主だけに頼ってはいられないという認識に達し、統一戦線を組んでいる革命勢力のなかに、反共、反労働者・農民的な勢力を見つけようとするわけです。それはだれかというとというまでもなく、四・一二クーデター（一九二七年）で労働者・農民の虐殺を行った蔣介石の勢力でした。

土地革命の時代における革命の対極的な存在である蔣介石政権というのは単純な軍閥ではありませんでした。ふつう「新軍閥」といっていますが、新軍閥という意味は、帝国主義に後押しされ、大ブルジョアジーと地主の連合した政権という意味です。これを「ボナパルチズム的性格の権力」という人もいるし、単に「新軍閥」という人もいます。この時期の蔣介石政権をどう性格づけるかという点においては、今日でもなお定説がありません。中国流には「郷紳、地主、買弁ブルジョアジーの政権」という三つも四つもついた長ったらしい性格規定が行なわれています。要するに、これは帝国主義に従属した大ブルジョアジーと地主の連合政権といえるわけです。

ところが、この蔣介石政権の矛盾は大変大きいのです。国民革命の正統を継ぐ正統派だということを言わなければならないため、反帝反封建ということを一方では唱えなければなりません。しかしそれにもかかわらず、いま述べたように、権力の基盤として封建的な地主をも包括しているわけですから、徹底的に反封建にはなれない。だから、たとえば二五減租（小作料引き下げ）なども減租減租というばかりで、実際には地主の集税機能、収奪を完全に保証してやるのです。そういう矛盾が根本にある。すなわち、それは、帝国主義にもおべっかを使わなければならないし封建的な地主にもいい顔をしなくてはならないということです。ブルジョアジーの利益の追求においては「四大家族」[*3]といわれるような一部の大ブルジョアジーにだけ、集中的に恩恵を与えることはできるが、下層の中小ブルジョアジーに対しては与えることができない。最初、革命勢力を恐れて反革命に走ったブルジョアジーも、蔣介石を見ていて、本当に自分らの利益は守れない、とみるようになるわけです。これらのことが蔣介石政権の本質的な弱みでありました。

以上は反革命政権のことを述べたのですが、革命という場合には必ず対極に反革命があるわけで、その反革命の分析なしには革命の性格規定や闘争内容はわからないはずですから、今後はこの分野での研究の促進が望まれます。

他方、この段階の中国共産党の側、革命の側は、統一戦線が崩壊したことにより幅がせばまってしまい、プロレタリアートと農民と小ブルジョアジーの一部だけを革命戦線のなかに包括していたわけです。しかし同時に、土地革命を推し進めることにより農民の深部にまで達するような革命の深化が行なわれます。

この時代の客観的情勢の特徴は、革命が低調期にあったということです。つまり一九二七年の蔣介石のクーデター以後、革命勢力は弾圧され沈滞してゆきました。

この時期は世界的に見てもちょうど革命の退潮期にあたり、同時にそこからファシズムが徐々に台頭してくる時期でもあります。一九二八年に行なわれたコミンテルン第六回大会でこの世界の情勢を規定するときに、小ブルジョアジーあるいは労働貴族のような社会

*3　蔣介石、宋子文、孔祥熙、陳立夫・陳果夫の四家族、一族を指していうことば。これもまた、実態というよりも政治的な規定といえる。一九四五年以後の内戦期に主として使われた。「ブルジョアジーを打倒せよ」と叫ぶよりも、「四家族の悪者を倒せ」と言うほうがわかりやすかったのである。

民主主義系の影響力を排除することを正面にすえて、いわゆる「中間勢力主要打撃論」を提起していきます。これはつまり、革命と反革命の中間に広範な階級、階層がいるわけですが、それが絶えず動揺している、この動揺しているのがむしろ危険なのだからこれをまず叩け、といった考え方です。

それで中国共産党においてもこの時期、中間勢力打撃論ということで民族ブルジョアジーとか小ブルジョアジー、農村でいえば富農、中農に対し、厳しい対決姿勢を打ち出します。これがいわゆる極左路線といわれるものです。これはコミンテルンの指導の誤りということもあり世界的な傾向でしたが、このなかで毛沢東は井岡山革命根拠地がなぜ生き残ることができるかという問題を提起したわけです。この毛沢東が提起した問題は大変すぐれたものであったと思います。しかしその場合、注意すべきことは、毛沢東が提起したシェーマというものは革命の退潮期において出されてきたものであり、国民革命期のような高揚期における戦略、戦術とは当然違ってきているということです。それからもう一つは、革命の根拠地が全中国的に見ても遅れた地域、辺境地帯にあったということです。

毛沢東は一九三〇年代初めの論文で、革命が負けて低調になっているときには、じっとこらえるんだ、こらえて時期を待つんだというようなことを言ってます。じっとこらえているときにこらえっぱなしでは、逆に叩き潰されてしまうのではないか、と言ったのが林彪などの悲観主義であったといわれています。それからこらえっぱなしでなく、大いに手を伸してどんどん出ていこう、というのが李立三などの極左冒険主義です。革命の低調期に一部の地域にじっとこらえて存在していこう、全国的に徐々に革命が盛り上がってきたときに、こらえていた革命の中核勢力が一挙にひろがっていくというのが当時の毛沢東の考え方だったろうと思うのです。大変に遅れた生産力、非常に厳しい条件のなかで革命の中核勢力を維持してゆくには大変な努力、いわゆる主観的能動性が必要であったわけです。そこで中国革命における主観的能動性が過度に強調されてゆく傾向が出てくるわけです。これについてはまたあとに述べます。

そういうわけで、このソビエト革命の時期というのは最も鋭い階級対立の時期であり、革命の内容も大変厳しいものがあったけれども、同時に大変重要な時期であったと思うわけです。

次に第三期の抗日戦争の時期は、毛沢東の言っていたこらえにこらえた革命の中核勢力が全国的な情勢と関連して一挙にひろまっていく可能性の出てきた時期です。

それは革命勢力が主体的に大きくなっていったものではなく、中国をめぐる世界の情勢が変わっていったことに第一の起因があると思います。すなわち反ファッショ統一戦線ができあがってゆく過程で、中国の抗日戦争もその中核として発展したということです。毛沢東のリーダーシップ、八路軍中心の抗日戦争の展開はすばらしいと思いますが、これは、世界の反ファッショ国際統一戦線の一翼として闘ったからこそ抗日戦争は勝てたのです。このことを押さえておかなくてはならないと思います。

この時期と抗日戦争の特徴を簡単に述べると、第一に、一九二九年に始まる世界恐慌が資本主義諸国に大きな動揺をもたらし、帝国主義列強の勢力分布の変更をめざす戦いが開始され、そのなかで日独伊のファシズムが台頭して世界制覇をめざす戦いを挑み、反ソ・反共を当初の目標、スローガンに掲げます。反ソ・反共のスローガンを掲げたという意味では帝国主義一般と一致する面があったわけです。しかし、ファシストが世界制覇の野望を明らかにしてくる段階では、結局、帝国主義内部の矛盾が激化して、帝国主義内部の矛盾、分裂ということとからみあって、反ファッショ国際統一戦線が結成される可能性が出てきます。

だから中国の抗日戦争を考えてみると、辺区（共産党の支配地域）と大後方（国民政府・国民党の支配地域）を中核にすえて、その周辺に結集した諸勢力による、抗日民族統一戦線が存在するわけですが、さらにこの周辺に世界的な反ファッショ統一戦線ができてゆく形になっています。

第二次大戦の末期にはファッショ勢力の敗北が決定的になり、その後始末をめぐる争いが出てきます。それが国内では蔣介石政権による抗日戦争がまだ終わっていない段階における内戦準備、抗日戦争の手抜きとなって現れてくる、これが次の内戦期の第一の特徴でもあります。

次に、内戦期は大体三つの時期に分けられます。内戦期初期は国際的な平和と民主主義の時代で、これを反映して平和的交渉の時代がありました。それから内戦、次に一九四九年に入ると社会主義の準備期です。中国革命の最終的勝利のための闘争の段階、これが内戦期ですが、世界情勢との関連でいうと、中国革命の最終段階はいわゆる冷戦構造のなかでとらえる必要があると思います。冷戦構造というのは、社会主義体制と資本主義・帝国主義体制との対立ということですが、二つの体制のどちらに中国が属するようになるのか、という点の争いが最終的な決着の段階として展開されるわけです。それは同時に、帝国主義に従属しながら、あるいは帝国主義の利益を擁護しながら独立と統一をかちとる、あるいは資本主義を発展させながら独立するという「第三の道」というものは決してありえない、ということが明らかになった時期でもあります。結局、中国の民衆、民族ブルジョアジーも含むほとんどの人々が国民党政権に見切りをつけて中国共産党側につくわけです。つまり真の独立、統一をかちとる過程でプロレタリアートのヘゲモニーを貫徹させることにより、独立と統一が社会主義への道に転化してゆくということを必然化するわけです。

中国革命の世界史的意義と今日的意味

最後に中国革命の世界史的意義について、時間がなくなってきましたので羅列的に述べておきたいと思います。これはよく言われていることであり、中国側の意見も、少なくとも文化大革命以前まではだいたい一致していたことです。

第一に、中国革命の勝利は二つの体制の対立において、社会主義体制の側を著しく強化したといえます。

第二に、中国革命の勝利、独立と統一ということは民族解放運動に大きな支援を与えました。単に支援を与えた、というだけでなく、この真の独立と統一をめざす闘いは非資本主義的発展の道を通って社会主義に至る可能性を現実のものとして示しました。すなわち一九二〇年にレーニンが提起したテーゼが、一九四九年の中国革命の勝利によってまざまざと現実化したということがいえると思います。

第三は、第二の点と関連して国際的に帝国主義あるいは資本主義国家におけるプロレタリアートの運動、あるいは平和と民主主義の運動に対して大きな力づけを与えた。それは日本の場合はとくに中国革命の勝利ということが伝えられ、共感の声がひろまり、日本の労働階級を著しく勇気づけました。それがあまり勇気づけすぎたばかりに、こんどは逆に絶対的な中国共産党への信頼ということで、極左路線をストレートに日本の革命運動のなかに持ちこんでくるような盲目的な誤りを犯すことも生じてくるわけです。

以上述べた中国革命の世界史的意義というものは、中国革命の普遍的な性格から導き出されてくるものだと思います。その普遍的な性格というのは、第一に、プロレタリアートが指導して労農同盟を中核とした統一戦線による革命、それこそが徹底した独立と統一をかちとることができるということです。したがって、第二に、ブルジョア民主主義革命においてもプロレタリアートはヘゲモニーを争って闘わなければならないし闘うことができるということです。第三に、その場合に国際プロレタリアートと社会主義国の援助が必須の条件であり、これなくしてプロレタリアートのヘゲモニーだとか勝利だとかはいえなかっただろう、ということです。

では、この普遍性に対して中国革命の特殊性というのはどういうものでしょうか。第一に、最も基本的なものは、中国が半植民地・半封建的であったこと、そこにおける革命であったということです。これが一切を決定していると思います。それが具体的にどのような特殊な状況として現れてくるかというと、帝国主義が複合的に中国を支配している、したがって軍閥が割拠する、つまり中国に統一した政権がないということで、その間隙をぬって農村では革命勢力の割拠体制が可能となりました。いわゆる農村革命根拠地の割拠ということですが、これが第二の特徴。このことは第三に、主力軍が農民にならざるをえないということ、都市の労働者が相対的に力が弱いということと関連して中国革命における農民的性格というものを際立たせることになります。

第四に、〝武装した反革命に対する武装した革命である〟という有名なスターリンの規定があるように、武力闘争と戦争が中国革命の闘争形態の主要なものであったということです。

以上のことから第五に、中国の党の建設と社会主義理論の構築において特殊性というものがはっきり出てきます。

特殊性と普遍性の相関関係についていえば、ここでは普遍性をことさらに強調しましたが、まさに特殊性と普遍性の結合においてこそ中国革命が勝利しえたのだという事実、この事実そのもののなかに特殊性の高い役割、位置づけが可能になるわけです。しかし、だからといって、この特殊性を高く評価しすぎて、中国革命の総過程を特殊性だけに埋没させてしまうことはまた大変な誤りを犯すことになると思います。たとえば、世界情勢、国際情勢との関連のなかで中国革命を位置づけてゆくという問題です。これは最近中国革命を研究する場合とみに希薄化してゆくようで、むしろ中国革命は純粋培養的に育てられ勝利していったというように説く人々すらいるわけです。その一つの特徴として、中国共産党史を研究する場合においても、毛沢東のリーダーシップだけをいえばあたかも中国革命が論じられるかのようにいう傾向があるわけです。私はこれは中国革命の世界史的意義を歪曲している、あるいはよくいえばこういう問題を無視してしまって無意識的に歪曲しているということになると思います。

最後に私は歪曲という大変きついことばを使いましたが、要するに私の言いたいのは、特殊性を一般化してしまうということは、むしろ中国革命の意義を低くみてしまうことになるということで、こういう努力をいつの頃からか中国は一生懸命やってきたわけです。とくにそれは一九五〇年代の中頃以後そうです。『毛沢東選集』の書き換えだとか中国共産党史の書き換えだとか、中国共産党あるいは革命史を党の権力闘争というように整理してしまい位置づけてしまうのがそれの一つの現れです。内部の権力闘争をあたかも一般的に起こってくるように言っているわけです。権力闘争というのは、これこそまさに特殊な、毛沢東のプライベートな問題も含めて、大変特殊な問題として出てくるという面をもっているわけですが、そういう問題を一般的に論じて〝階級闘争は永久に起こる〟とか、もっとひどいのになると〝階級闘争の幅はますます狭くなり波はますます高くなる〟という珍説まで出てくる始末です。

さらに、自己の経験を一般化するあまりに、社会主義国の資本蓄積と帝国主義国における金融独占資本とを一緒くたにして〝社会帝国主義の本質は国家独占資本主義である〟などという、ちょっと考えられないような珍説まで述べているのが今日の中国です。社会主義建設の理論に関しても永久革命論的な主張や上部構造と下部構造の関係、生産力と生産関係の問題などについて独自のシェーマを出してきていますが、そのなかでとくに問題になるのは、上部構造、意識形態における政治性の問題、あるいは主観的能動性といったことを、文化大革命以後とりわけ強調するようになったことで、これも中国革命の特殊性を一般化してしまっている証拠です。

そのほかにも、毛沢東の権威の絶対化、軍・戦争の役割の絶対化、統一戦線概念の歪曲(反米・反ソ統一戦線の主張など)があり、それに反対するもの、意見の対立を「二つの路線の闘争」ということで打倒目標にしてしまうのは、私ども日本人もよく知っていることですが、このようなやり方は、中国に社会主義的土台、諸関係が残っているかぎり、そこからの圧力と国際的な圧力によって必ず是正されてゆくでしょう。

こうした特殊化の傾向は、今日のたえず動揺し不安定な権力とその内部の闘争そのものの反映でもあります。しかし、私たちは歴史的にあるいは世界史的に見た場合には、中国革命の経験と教訓をどのように継承発展させてゆくかという問題設定のなかで、こうした特殊性を見なければならないと思います。私たちが外国史や外国の事情、動向をみる場合、たえずこの点に留意しておく必要がありそうです。時間の関係で最後のほうはすっとばしました。

（一九七四年春）

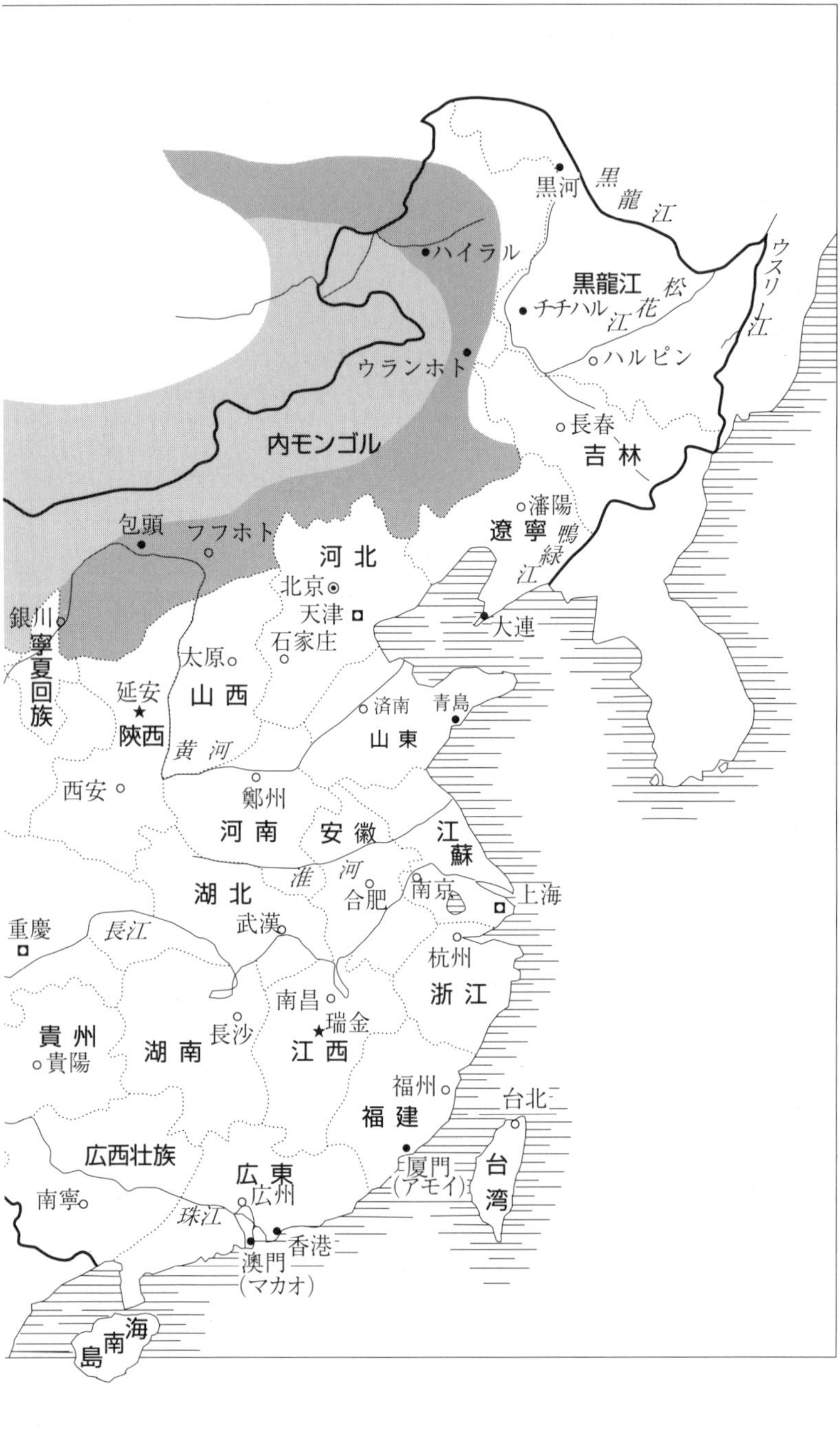
黒河
黒龍江
ハイラル
黒龍江
松花江
ウスリー江
チチハル
ウランホト
ハルピン
長春
吉林
内モンゴル
瀋陽
遼寧
鴨緑江
包頭
フフホト
河北
北京
天津
大連
銀川
寧夏回族
太原
石家庄
延安
山西
済南
青島
陝西
山東
黄河
西安
鄭州
河南
安徽
江蘇
淮河
湖北
合肥
南京
上海
重慶
長江
武漢
杭州
南昌
浙江
瑞金
貴州
長沙
湖南
江西
貴陽
福州
台北
福建
広西壮族
厦門
(アモイ)
台湾
広東
南寧
広州
珠江
香港
澳門
(マカオ)
海南島

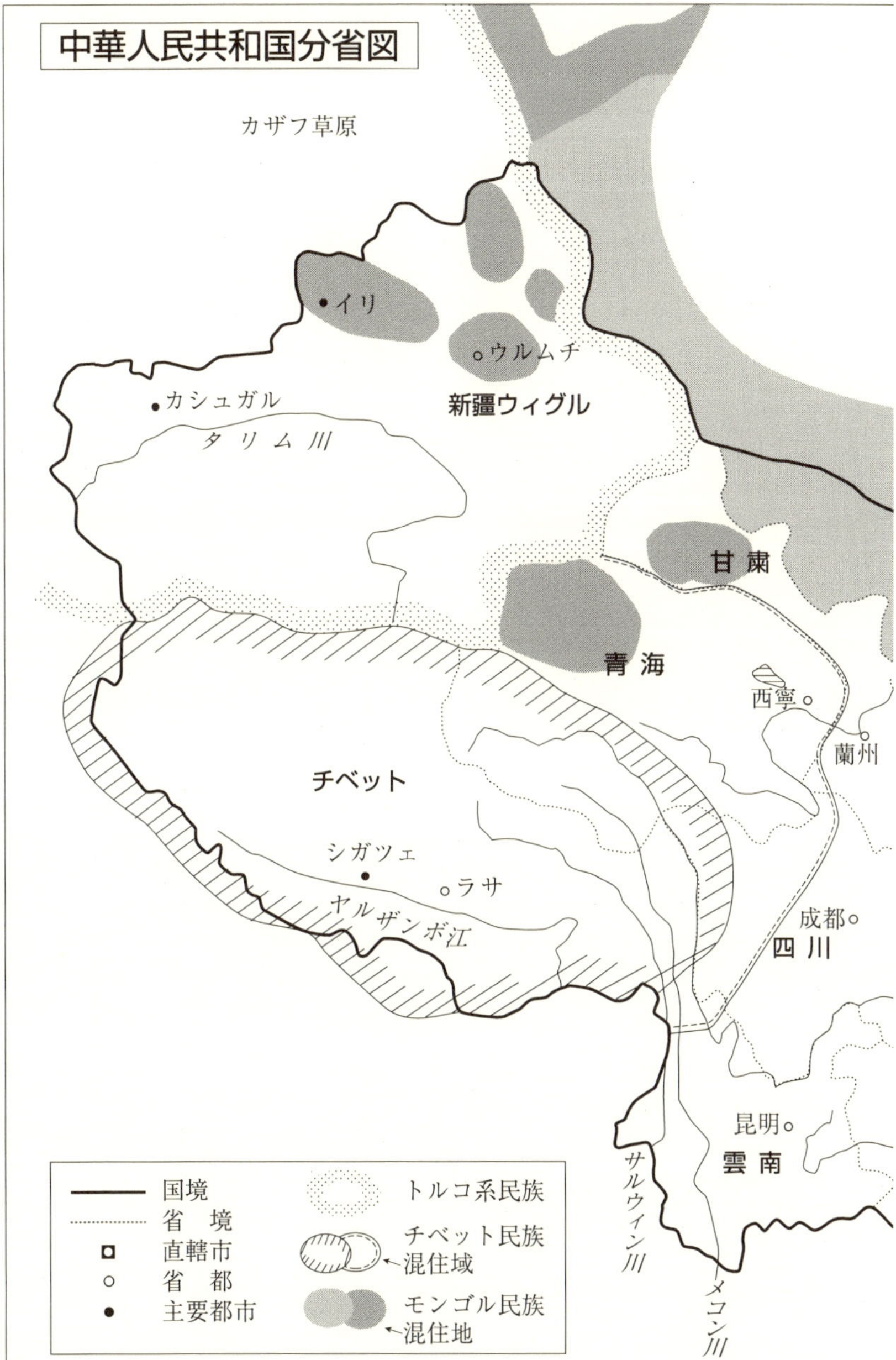

（出所）　姫田光義ほか『中国20世紀史』（東京大学出版会，1993年）に，端金，延安等追補。

参考文献

なるべく新しいもので日本文の一般的なものに限ったが、私にとって印象深いものは古いものでもあげておいた。学生諸君の参考のために掲げたので、かならずしも網羅的ではないことを、あらかじめお断りしておく。配列は刊行年順である。

オーエン・ラティモア（平野義太郎訳）『中国』（岩波新書、一九五一年）
エドガー・スノウ（宇佐美誠次郎訳）『中国の赤い星』筑摩書房、一九五二年
アグネス・スメドレー（阿部知二訳）『偉大なる道』岩波書店、一九五五年
B・I・シュウォルツ（石川忠雄・小田英郎訳）『中国共産党史——共産主義と毛沢東の台頭』（慶応通信、一九六四年）
スチュアート・シュラム（石川忠雄・平松茂雄訳）『毛沢東』紀伊国屋書店、一九六七年
仁井田陞『東洋とは何か』東京大学出版会、一九六八年
中西功『中国革命と毛沢東思想』青木書店、一九六九年
野村浩一『中国革命の思想』岩波書店、一九七一年
スタンレー・カーノウ（風間龍・中原康二訳）『毛沢東と中国』時事通信社、一九七三年
白川静『中国の神話』中央公論社、一九七五年
西順三編『原典中国近代思想史』岩波書店、一九七七年
徳田教之『毛沢東主義の政治力学』（慶応通信、一九七七年）
丸山昇『〝文革〟の軌跡と中国研究』新日本出版社、一九八一年
姫田光義ほか『中国近現代史』東京大学出版会、一九八二年
陳舜臣・司馬遼太郎『対談　中国を考える』文春文庫、一九八三年

石島紀之『中国抗日戦争史』青木書店、一九八四年
長尾龍一『アメリカ知識人と極東』東京大学出版会、一九八五年
小林多加士『中国の文明と革命——現代化の構造』刀水書房、一九八五年
安藤正士ほか『文化大革命と現代中国』岩波新書、一九八六年
中国現代史研究会編『中国国民政府史の研究』汲古書院、一九八六年
加々美光行『逆説としての中国革命』田畑書店、一九八六年
山極晃・毛里和子編『現代中国とソ連』日本国際問題研究所、一九八七年
菊池貴晴『中国第三勢力史論』汲古書院、一九八七年
P・A・コーエン（佐藤慎一訳）『知の帝国主義』平凡社、一九八八年
蘇暁康編（鶴間和幸訳）『黄河文明への挽歌』学生社、一九八八年
溝口雄三『方法としての中国』東京大学出版会、一九八九年
小島晋二編『現代中国』第四巻、岩波書店、一九八九年
毛里和子『中国とソ連』岩波書店、一九八九年
菊地昌典編『社会主義と現代世界』第三巻、山川出版社、一九八九年
石井明『中ソ関係史の研究』東京大学出版会、一九九〇年
姫田光義『中国—民主化運動の歴史』青木書店、一九九〇年
ジョゼフ・ニーダム（東畑精一・藪内清監修）『中国の科学と文明』思索社、一九九一年
天児慧『中国——溶変する社会主義大国』東京大学出版会、一九九二年
国分良成『中国政治と民主化』サイマル出版会、一九九二年
J・K・フェアバンク（蒲池典子・平野健一郎訳）『中国回想録』みすず書房、一九九四年
田中明彦『日中関係　一九四五—一九九〇年』東京大学出版会、一九九一年
西村成雄『中国ナショナリズムと民主主義』法律文化社、一九九一年
久保亨『中国経済一〇〇年のあゆみ』創研出版、一九九一年

中兼和津次『中国経済論――農工関係の政治経済学』東京大学出版会、一九九二年
横山英・曽田三郎編『中国の近代化と政治的統合』渓水社、一九九二年
緒方貞子（添谷芳秀訳）『戦後日中・米中関係』東京大学出版会、一九九二年
安井三吉『盧溝橋事件』研文出版、一九九三年
堀敏一『中国と古代東アジア世界』岩波書店、一九九三年
中央大学人文科学研究所編『日中戦争――日本・中国・アメリカ』中央大学出版部、一九九三年
姫田光義ほか編著『中国20世紀史』東京大学出版会、一九九三年
毛里和子『現代中国政治』名古屋大学出版会、一九九三年
ロイド・イーストマン（上田信・深尾葉子訳）『中国の社会』平凡社、一九九四年
毛里和子・国分良成『原典中国現代史』第一巻、岩波書店、一九九四年
宇野重昭・天児慧編『二〇世紀の中国』東京大学出版会、一九九四年
山極晃編『東アジアと冷戦』三嶺書房、一九九四年
村上哲見『中国文人論』汲古書院、一九九四年
高橋孝助・古厩忠夫編『上海史』東方書店、一九九五年
狭間直樹編『一九二〇年代の中国』汲古書院、一九九五年
岡部達味編『グレーター・チャイナの政治変容』勁草書房、一九九五年
野沢豊編『日本の中華民国史研究』汲古書院、一九九五年
G・I・ウルメン（亀井兎夢訳）『評伝ウィット・フォーゲル』新評論、一九九五年
L・K・フェアバンク（大谷敏夫・太田秀夫訳）『中国の歴史』ミネルヴァ書房、一九九六年
池田誠ほか編『二〇世紀中国と日本』上・下巻、法律文化社、一九九六年
高橋伸夫『中国革命と国際環境』慶応大学出版会、一九九六年
田中恭子『土地と権力』名古屋大学出版会、一九九六年
横山宏章『孫文と袁世凱』岩波書店、一九九六年

野村浩一『蔣介石と毛沢東』岩波書店、一九九六年
山田辰雄編『歴史のなかの現代中国』勁草書房、一九九六年
横山宏章『中華民国史——専制と民主の相克』三一書房、一九九七年
山極晃『米中関係の歴史的展開』研文出版、一九九七年
栃木利夫・坂野良吉『中国国民革命』法政大学出版局、一九九七年
小林弘二『二〇世紀の農民革命と共産主義運動』勁草書房、一九九七年
今井駿『中国革命と対日抗戦』汲古書院、一九九七年
横山宏章『中華民国』中公新書、一九九七年
渡辺利夫・小島朋之『毛沢東と鄧小平』NTT出版、一九九七年
佐藤慎一編『近代中国の思索者たち』大修館書店、一九九八年
可児弘明ほか編『民族で読む中国』朝日新聞社、一九九八年
毛里和子『周縁からの中国——民族問題と国家』東京大学出版会、一九九八年
ジョナサン・スペンス、アンピン・チン編（姫田光義監修）『中国の世紀』大月書店、一九九八年
尾形勇・岸本美緒『世界各国史3　中国史』山川出版社、一九九八年
天津地域史研究会編『天津史』東方書店、一九九九年
小島朋之『現代中国の政治』慶応大学出版会、一九九九年
松本ますみ『中国民族政策の研究』多賀出版、一九九九年
小島朋之・家近亮子編『歴史の中の中国政治』勁草書房、一九九九年
久保亨『戦間期中国〈自立への模索〉』東京大学出版会、一九九九年
深町英夫『近代中国における政党・社会・国家』中央大学出版部、一九九九年
奥村哲『中国の現代史』青木書店、一九九九年
上田信『森と緑の中国史』岩波書店、一九九九年
藤原彰・姫田光義編『日中戦争下　中国における日本人の反戦活動』青木書店、一九九九年

小島朋之『中国現代史』中公新書、一九九九年
国分良成『中華人民共和国史』筑摩書房、一九九九年
天児慧『中華人民共和国史』岩波新書、一九九九年
毛里和子ほか編『現代中国の構造変動』東京大学出版会、二〇〇〇年

その他の参考文献（本文中に紹介したものは省略）

増井經夫『アジアの歴史と歴史家』吉川弘文館、一九六六年
ロイ・メドヴェージェフ（石堂清倫訳）『共産主義とは何か——スターリン主義の起源と終結』三一書房、一九七四年
『江口朴郎著作集』青木書店、一九七四—七五年
石母田正『戦後歴史学の思想』法政大学出版局、一九七七年
『竹内好全集』筑摩書房、一九八〇—八二年
ヘゲデューシュ（平泉公雄訳）『社会主義と官僚制』大月書店、一九八〇年
藤田勇『社会主義社会論』東京大学出版会、一九八〇年
I・ウォーラーステイン（川北稔訳）『近代世界システム』岩波書店、一九八一年
歴史学研究会編『アジア現代史』青木書店、一九七九—八五年
柳田謙十郎『スターリン主義研究』日中出版、一九八三年
マルク・フェロー（井上幸一監修・大江一道訳）『新しい世界史』新評論、一九八五年
家永三郎『戦争責任』岩波書店、一九八五年
江口朴郎編『現代世界と民族』民族の世界史15、山川出版社、一九八七年
I・ウォーラーステイン（藤瀬浩司ほか訳）『資本主義世界経済——中核と周辺の不平等』名古屋大学出版会、一九八七年
ダブ・ローネン（浦野起央訳）『自決とは何か』刀水書房、一九八八年

藤原彰・今井清一編『十五年戦争史』青木書店、一九八八―八九年
J・K・ガルブレイス（鈴木哲太郎訳）『経済学の歴史』ダイヤモンド社、一九八八年
菊地昌典編『社会主義と現代世界』山川出版社、一九八九年
ジョージ・アシュワース編（辻野功ほか訳）『世界の少数民族を知る事典』明石書店、一九九〇年
柴田三千雄ほか編『シリーズ・世界史への問い』岩波書店、一九九一年
エレーヌ・カレール・ダンコース（山辺雅彦訳）『民族の栄光』藤原書店、一九九一年
I・ウォーラースタイン（田中治男ほか訳）『世界経済の政治学』同文舘、一九九一年
L・S・スタヴリアーノス（猿谷要監訳、斎藤文一訳）『新・世界の歴史』桐原書店、一九九一年
ポール・ジョンソン（別宮貞徳訳）『現代史』共同通信社、一九九二年
エドワード・サイード（板垣雄三ほか訳）『オリエンタリズム』平凡社、一九九三年
土屋健治編『講座・現代アジア1　ナショナリズムと国民国家』東京大学出版会、一九九四年
歴史学研究会編『国民国家を問う』青木書店、一九九四年
蓮実重彦・山内昌之編『いま、なぜ民族か』東京大学出版会、一九九四年
歴史学研究会編『講座・世界史』東京大学出版会、一九九五年
歴史学研究会編『戦後五〇年をどう見るか』青木書店、一九九九年
荒井信一『戦争責任論』岩波書店、一九九五年
『岩波講座現代社会学24　民族・国家・エスニシティ』岩波書店、一九九六年
吉田裕『現代歴史学と戦争責任』青木書店、一九九七年
林玲子・柳田節子監修『アジア女性史――比較史の試み』明石書店、一九九七年
古田元夫・木畑洋一・姫田光義編『南から見た世界』大月書店、一九九九年
藤田勇『自由・平等と社会主義』青木書店、一九九九年
田中正俊『東アジア近代史の方法』名著刊行会、一九九九年
岡部牧夫『十五年戦争史』青木書店、一九九九年
丸山昇『文化大革命に到る道』岩波書店、二〇〇一年

あとがき

学生時代から勘定すると、すでに四〇年ほども中国の過去と現在を見続け、それを書いたり語ったりしてきた。いまにして思えば、正直なところ、それらはどれ一つ取り上げてみても自分自身で満足のゆくものではなく、人さまに自慢できるようなものでもなかった。他方、齢六〇を過ぎて、内外のいろいろな書物・文献（それらの多くは友人知人たちのものである）を読みあさったり、いろいろな研究会で若い研究者の研究報告を聞いていると、それらがみな、たいへん面白くてしきりと感心させられることばかり多く、それにつけても自分の不甲斐なさをひとしお感じさせられる今日このごろである。本書は、そうした同学の成果を十分に生かしきれていないことに内心忸怩《じくじ》たるものがあるので、まずもってこの人たちに感謝と謝罪の意を表明しておきたい。

そんな私ではあるが、己の人生、生きざまについては後悔したり慚愧《ざんき》の念に堪えないというところはない。友人知人、家族親族に恵まれ、無数の愛情に包まれてきたと信じられるからである。とりわけ私は、一介の教師として不特定多数の学生諸君に心からの感謝の気持ちを抱きつつ日々を送ってきた。今年（二〇〇〇年）は中央大学の教職についてから早くも二五年目になる。今日こうして大過なく飢えることなく欲求不満もなく、過ごしておられるのも中央大学と学生のおかげであると思う。有名人好きの現今の学生の側からすれば、権力や権威に遠く、金もなく、有名でもない平凡な教師に不満があるかもしれない。

「名もなく貧しく美しく」生きることは、かならずしも真理の保持者ではないかもしれないが、真理の信奉者であることは確かである。そのような教師が諸君のそばにいて、諸君を愛し信頼し続けてきたということだけは信じてほしいし、社会に出て行ったときになにかの拍子に思い出してほしいと思う。

この本は、このようなつね日ごろ抱いている気持ちを、教師として、また研究者として表現するにはどうしたらよいか、どのように語り書けばよいかを悩み暗中模索しつつ、一気に書き上げた作品である。その意味で、この拙い作品を捧げるべき第一の人（人々）は私の教え子たちである。学生諸君の忌憚《きたん》のない批判を期待する。また本書はもちろん私のこれまでの研究と教育の集大成というほどおこがましいものではないが、一つの到達点を示すものではある。それだけに読み直して自分の力不足、勉強不足を痛感させられる。刊行するにあたり俎上《そじょう》の鯉の気持ちである。

本書は新興の出版社・桜井書店社長の桜井香氏のお勧めとご助力により刊行されるものである。この人は某中堅出版社の編集長までやった優秀な編集者であるが、当今の出版事情によってご他聞に漏れずリストラ厳しい折から、部下の首を切るよりは自分が辞めたほうがマシだとして退社した奇特な人である。その志しに共感し、新たなる出発へのはなむけとして、あえてそのお勧めにしたがった。心からの謝意を表すと同時にその成功を祈りたい。

二〇〇〇年三月　台湾の総統選挙の報を耳にしながら

姫《ひめ》田《た》光《みつ》義《よし》

中央大学経済学部教授
専攻：中国近現代史（中華民国史，中国共産党史，日中戦争史）
1937年10月2日，神戸市生まれ。兵庫県立長田高校卒業後，
1957年，東京教育大学文学部東洋史学科に入学，同修士・博士課程修了
1967年，日本国際問題研究所研究員，この間，日本国駐香港総領事館特別研究員
1975年，中央大学に転職，現在に至る
主要著書
『中国の政治と林彪事件』（武内香里のペンネーム，1975年，日中出版）
『中国革命に生きる』（1987年，中央公論新書）
『中国—民主化運動の歴史』（1990年，青木書店）
『中国20世紀史』（共著，1992年，東京大学出版会）
『三光作戦とは何だったのか』（1995年，岩波書店ブックレット）
『南から見た世界』（共編著，1999年，大月書店）
『戦後中国国民政府史の研究 1945～1949年』（編著，2001年，中央大学出版部）ほか

中国革命史私論 「大同の世」を求めて

2000年4月25日 初 版
2007年3月15日 第5刷

著 者 姫田光義
装幀者 林 佳恵
発行者 桜井 香
発行所 株式会社 桜井書店
東京都文京区本郷1丁目5-17 三洋ビル16
〒113-0033
電話 (03)5803-7353
Fax (03)5803-7356
印刷所 株式会社 ミツワ
製本所 誠製本 株式会社

ISBN4-921190-01-1 Printed in Japan